DER MANN VON PÖLARÖLARA

ALFRED KIRCHNER

DER MANN VON PÖLARÖLARA

Autobiografische Splitter

HOLLITZER

Mit freundlicher Unterstützung der
Heinz und Heide Dürr Stiftung

Alfred Kirchner: *Der Mann von Pölarölara*
Autobiografische Splitter

Lektorat: Sigrun Müller
Umschlaggestaltung und Satz: Daniela Seiler
Hergestellt in der EU

HOLLITZER

ISBN 978-3-99012-627-1

INHALT

BOMBEN AM HOHENSTAUFEN, DEM BERG FRIEDRICHS II.

Es war so: Alfred war trotz Fliegeralarms keineswegs im Luftschutzkeller, sondern spielte oben in der Wohnung mit seinen Soldaten „Schülerles". Diese Soldaten waren Postkarten zum Verschicken. Bilder von Mölders, dem Helden der Jagdflieger, von Prien, der mit seinem U-Boot zwei Schlachtschiffe in der Bucht von Scapa Flow versenkt hatte, von Hauptmann Marseille, dem Stern von Afrika, natürlich von Rommel, dem General, dem Unbesiegbaren. Es war eine ganze Klasse.

Der Unterricht verlief gut. Keiner musste nachsitzen, es gab keine Strafarbeiten. Nur wusste Alfred nicht – es waren die letzten Kriegsmonate und aufkommender Frühling –, dass seine Schüler da schon alle tot waren.

Er konnte nicht wissen, dass an diesem Vormittag 1.100 amerikanische Bomber, in England gestartet, Ziele in Süddeutschland angreifen sollten. Auch er war eines davon, wenn auch ein kleines, sieben Jahre alt. Er konnte nicht wissen, dass da oben über den milchigen Märzwolken viele junge Männer mit Bammel in ihren Maschinen saßen, sie mussten auf alles gefasst sein. Die Luftabwehr, zahlenmäßig unterlegen, kämpfte erbittert, nicht selten rasten die Piloten in die Gegner hinein, um sie zu rammen. Alfred war sehr stolz auf *seine* Soldaten, denn jeder, jede Postkarte, hatte immerhin zehn Pfennig gekostet.

Das Dröhnen sich nahender viermotoriger Bomber wurde immer intensiver und spannender, es klang, als ob die ganze

Welt von einem nun schon anheimelnd klingenden, weil Tag und Nacht gehörten, geradezu vertrautem Brummen erfüllt sei.

Mutter Alice meinte dann auch, Alfred solle vom Fenster weg, um nicht etwa von zerspringenden Glasscheiben verletzt zu werden.

In diesem Moment begann ein ungeheuerlicher Feuerzauber vor dem Wagners Wotan noch hätte das Staunen lernen können: Das Haus tanzte und sprang, wie besessen, die Bomben sah man tatsächlich wie klumpige unschöne dicke Riesenwürste aus Eisen niederkrachen; eine kleinere Schwester war im Gitterbett angeschnallt, schrie und jauchzte vor Vergnügen, wegen des tollen Brausens und Tobens, wurde von der Mama schließlich losgelöst und befreit. – Und hat von da an nie mehr ein Wort in ihrem Leben gesprochen.

Alfred stürzte sich derweil bäuchlings die Treppe hinunter und landete tatsächlich im Keller.

Das Haus war stehen geblieben, alle waren davongekommen. Die Nachbarmädchen und deren Mutter nicht.

Ein paar Kerzen flackerten. Der Schock schien den Raum vollständig auszufüllen, wie ein Geist, der sich riesig groß machen konnte.

Der alte Strähle, ein rauer Schwabe mit einem grauen Arbeitsmäntelchen und verschwitzter Schiebermütze, der den Kindern öfter mit hochgefährlichem Schwung seine Sense nachschmiss, wenn sie durchs Gras rannten und nur ein einziges Hälmchen berührten, er ergriff nun die Initiative. Niemand anderes hatte den Mut. Er schaute durch irgendeine Öffnung nach draußen: Totenstille. Jeder wollte wissen, ob es die Welt noch gibt. Dann die Meldung: „Beim Bauer Zeller brennt es."

Und in diese Stille krähte die zart hohe Stimme von Alfred: „Jetzt frisst dr Baurazeller da Käs mitsamt em Teller."

Da blieb niemand mehr sprachlos. Alle fielen über Alfred her, was er für ein unverschämtes, ekelhaftes, gottloses Kind, ja was für ein Saukerle er sei. Selbst die Eltern und Geschwister, außer der kleinen Annemarie im Bettchen, distanzierten sich von ihm. Vielleicht seien solche bösen, ungezogenen Menschen überhaupt schuld an überhaupt allem.

Gegen Abend, als man sich wieder aus dem Keller heraustraute, setzte sich Alfred zu seinen Soldaten, packte sie zusammen, schaute aus dem Fenster. Das war noch wunderbarer Weise heil. In der Stadt aber gab es schaurige Brände, die Einsamkeit des Todes, sonderbar fremden Geruch. Im Hintergrund der Hohenstaufen, der schon immer Zeugenberg genannt wurde. Seine Kaiser, die Staufer, herausragend Friedrich II., galten als Mythos, Wegbereiter des kulturellen Europas, der Toleranz. Und schon vor fast tausend Jahren war Friedrich Freund der Muslime. Es hieß zu seinem Tod:

„Untergegangen ist die Sonne der Welt/ Die den Völkern leuchtete/ Untergegangen die Gerechtigkeit/ Untergegangen/ Der Hort des Friedens."*

Nun saß man ziemlich belämmert vor dem in so wenigen Jahren schmählich zertrümmerten Mythos, vor der teils zertrümmerten Stadt: Schuldige und Unschuldige. Belastete und Minderbelastete, wie sie später im juristischen Terminus vor den Spruchkammern – den Gerichten – genannt wurden.

Der andere Stauferkaiser, Barbarossa, gilt, weil seine körperlichen Spuren sich in der Wüste nahe Jerusalem verloren haben, nicht als tot, gilt nur als entrückt und schläft der Sage nach tief in einem Berge. Erst wenn die Welt befriedet sein wird, kommt er wieder. Sein roter Bart – *barba rossa* – soll nun allerdings schon dreimal um den steinernen Tisch herumgewachsen sein.

---

* Die Klage König Manfreds von Sizilien über den Tod seines Vaters, Kaiser Friedrichs II. von Hohenstaufen (1250).

Das Blödeste aber war, dass es nach den Bomben nicht einmal etwas zu essen gab.

GRANDE SUCCESSO DEL MONDO
Mit Abbado in Wien

45 Jahre später. Man liest in Zeitungen, jede Inszenierung Alfreds im Musiktheater wäre bislang so etwas wie ein Fest gewesen. Jetzt sei er aber in der Wiener Staatsoper bei der Arbeit an *Chowanschtschina* von Mussorgsky zum General mutiert. Leider?

Seine vergleichsweise kleine, aber fürs Theater exorbitante Armee bestand aus fast 400 hochklassigen, teils auch so bezahlten Spitzenkräften der künstlerischen Welt:

160 Mitglieder, man kann auch sagen Damen und Herren, des berühmt-berüchtigten Staatsopernchores, 120 des Chores der Oper Bratislava zur Verstärkung, dazu 30 Extra-Chorherren, 80 Wiener Sängerknaben, 3 Top-Solistinnen des Balletts, 12 Bühnentrompeter, etwa 110 Wiener Philharmoniker, die phänomenal spielen konnten, wenn sie wollten, und 12 Statisten, die bei der religiösen Selbstverbrennung der sogenannten Altgläubigen in riskant körperliche Aktion treten sollten.

Der musikalische Leiter war der faszinierende Claudio Abbado, *General*-Musikdirektor, der immer, wenn er szenisch eine kleine Änderung erbat, die linke Hand auf die Brust und somit Alfred sein Herz zu Füßen zu legen schien und dessen Namen ganz zauberhaft italienisch aussprach: Alfrrre-dd. Der war aber auf der Hut, denn er wusste, dass selbst bei den tollsten Dirigenten das Verständnis fürs Szenische oft eine heikle Sache war. Besonders, wenn die Wünsche so liebevoll hinterhältig vorgetragen wurden.

Chowanschtschina in der brillanten Bearbeitung von Schostakowitsch und mit Strawinskys bewegendem Schluss war eine Welturaufführung.

Von Schostakowitsch existiert ein Bild von erbärmlicher Würde, wie er im belagerten St. Petersburg in einer Art Humphrey Bogart Mäntelchen Ausschau nach deutschen Flugzeugen halten muss. Gegen die Eiseskälte trägt er über seiner Nickelbrille einen alten, einstmals wohl prächtigen Feuerwehrhelm.

Die Aufführung ging auf einen innigen Wunsch Abbados zurück, der wusste, dass keiner besser als Mussorgsky so umfassend plastisch die russische Sprache, ihren Tonfall, ihre Melodie in Noten lebendig machen und bewahren konnte. Weil seine Neigung den einfachen Menschen gehörte, er ganz auf der Seite der Bauern stand, galt er als ungeschliffen und roh. Bis 1963 gab es nur eine von Rimski-Korsakow instrumentierte und im Sinne des damaligen guten Geschmacks sehr verharmlosende Klavierpartitur. Die neue Form zeigte nun ganz klar die Brisanz und Schärfe des Wortes und der Musik, – sie zeigte, dass es das Stück der Stunde war: Wenn man es in seiner ganzen Komplexität begriff, könnte man meinen, das Rätsel Russland in seinem auch heutigen disparaten Zustand zu verstehen.

Die Inszenierung ließ Alfred eine blühende Partitur kennenlernen. Mit weiten Melodiebögen, dunklen, satten Farben und Volks-Chören, die für Ungewohntes einnehmen, auch für das Fremde die Sinne öffnen. Weil die Musik mit ihren Sängern – sie kamen hier aus Russland, der Ukraine, Weißrussland, Georgien – so tief in die Seelen greifen kann, macht sie neugierig auf die phantastisch beschriebene Welt mit ihrer überbordenden Poesie und ihrem bunten, vielfältig archaischen Einfallsreichtum und weckt Zuneigung und Liebe für sie.

Und trotzdem ist Gewalt das beherrschende Thema des Stückes, bildet das heimliche Zentrum. Und Martyrium.

Chowanski wird ermordet, sein Gegner, der Fürst, ins Straflager verbannt, die Sekte der Altgläubigen stirbt den selbst gewählten religiösen, qualvollen Feuertod. Paata Burchuladze, der georgische Sänger, singt den Part ihres Anführers. Sein schwarzer, expressiver Bass wurde von Karajan mit Schaljapin verglichen. Paata gelingt es, inmitten des Verbrennens, Alfred am Regiepult von der Bühne herunter mit seinem großen, orthodoxen, goldenen Kreuz ein wenig zu blenden, ein wenig mit ihm zu flirten.

Abbado tritt ans Pult. Er ist so hübsch! Der Blick scheint zuweilen nach oben gerichtet, als ob er sich in den eigenen Kopf schauen möchte. Er dirigiert auswendig.

Das Orchester ist vollkommen eingenommen von seinem Charisma. Wenn die ersten Töne des Vorspiels erklingen, ist es nicht einfach Musik: Man meint, ein Wiegenlied des Todes zu hören. Doch diese Musik explodiert auch in wilden Ausbrüchen und erinnert an Hegels dramatische Perspektive der „Schlachtbank der Weltgeschichte" – also brutal an unsere gegenwärtige globale Wirklichkeit.

Der tolle Chor aus Bratislava singt in einer überwältigenden Szene, von keinem Ton des Orchesters begleitet, die Klage eines verlorenen Volkes. Der Klang der Stimmen steht für sich vollkommen ruhig, frei im Raum. Und berührt – berührt – berührt.

Alfred, am Regiepult der Wiener Staatsoper – da sitzt man auch nicht jeden Tag –, kommt sein Schwabenbruder Hölderlin in den Sinn:

„Ihr wandelt droben im Licht
Auf weichem Boden, selige Genien!
Glänzende Götterlüfte
Rühren euch leicht,
Wie der Finger der Künstlerin
Heilige Saiten. (…)

Doch uns ist gegeben,
Auf keiner Stätte zu ruhn,
Es schwinden, es fallen
Die leidenden Menschen (…)
Wie Wasser von Klippe
Zu Klippe geworfen,
Jahr lang ins Ungewisse hinab."

Dieses Gedicht, „Hyperions Schicksalslied", hatte er am Volkstrauertag vor der Klasse zu rezitieren, eine grüne Kriegsgräberkerze in der Hand. Beim Auspusten des Streichholzes erlosch die Kerze und musste noch einmal angezündet werden. Am Schluss des Vortrags saßen alle mit großen Augen da, entweder weil sie wirklich ergriffen waren oder weil Alfred, wie immer, mit aller, vielleicht auch etwas peinlichen, Intensität in den Vortrag dieser herrlichen Verse eingestiegen war. Dr. Koch, der Lehrer, mit seiner feisten, beringten Hand, grabschte jedenfalls nach dem Klassenbuch und verpasste Alfred einen Tadel mit den Worten: „Das also ist der Mann, der eine Kerze gleichzeitig anzünden und ausblasen kann. Dafür bekommen Sie in Betragen ein Ausreichend!" Das war die schlechteste mögliche Note, nicht ungefährlich bei der Versetzung.

„Das Leben ist von ungeahnter Gemeinheit", sagt ein sehr kluger Schüler in Wedekinds *Frühlings Erwachen*, „ich hätte nicht übel Lust, mich in die Zweige zu hängen."

Die Sänger waren die besten russisch singenden, die es gab. Nicolai Ghiaurov mit einer Stimme, gleich einem riesigen Cello oder zuweilen flüsterndem Kontrabass, war ihr Star. Dumm nur, dass er deshalb meinte, gar nicht zur ersten Probe kommen zu müssen. Dumm auch für die Autorität des Regisseurs, wenn er im wunderschönen, leeren Zuschauerraum, in dem jede Ritze von vergangenen musikalischen Großtaten erzählt, wenn er da sitzt und sein Hauptdarsteller nicht kommt.

Was tun?

Er schickt ein Telegramm: „Lieber Nicolai, selbst so berühmte Darsteller wie Burt Lancaster oder Jean Gabin kommen normalerweise zur Probe. Dein Alfred"

Nun ist aber Nicolai mit Mirella Freni verheiratet, die als beste Puccini Sängerin der Welt gilt und Verdis Traviata wie keine andere singt. Sie bricht einen großen Telegrammkrach vom Zaun – großes italienisches Theater –, wütet mit riesigen, man könnte sagen Zauber-Glubschaugen, wie einst die großäugige Pallas Athene, und schreit dramatisch giftig: „Ihr macht den Mann fertig, ihr ruiniert ihn! Er kommt aus New York, er hat Jetlag!"

Nun kommt Nicolai aber doch. Scheint zufrieden. Sieht das eisenharte Bühnenbild (von Erich Wonder). Registriert, dass bei seinem Auftritt, der zur erhöhten Bühnenmitte führt, immerhin – sowohl von rechts, als auch von links – zwei Flugzeug-Landescheinwerfer auf ihn gerichtet sind. Sie heben ihn, er ist tatsächlich noch etwas blass um die Nase, mit seinem markanten Kopf, in seinem noch leicht zerknitterten Anzug, mit seiner unvergleichlichen Stimme in eine phantastische Kunstwelt hinauf. Er kann noch nicht die Pyramide aus Schädeln auf dem Bild „Apokalypse des Todes" hinter sich sehen, sieht noch nicht das Verbrennen der sterbenden Altgläubigen (in Kostümen von Joachim Herzog). Sie winken aus weißem Nebel, der fast poetisch über einer Waldlichtung heraufsteigt. Schwer zu erkennen, ob sie im Feuer sind oder in tödlichem Eis. Er kennt noch nicht den Schleier, der sich über das Schlussbild senkt: ein eingemotteter Bomber, an dem Spinnweben wie Fetzen herunterhängen und man glaubt wirklich, dass er für alle Zeiten niemandem mehr den Tod bringen kann.

Ghiaurov kann auch nicht wissen, dass er von einem ehemaligen Nazi-Kriegskind so schön geleitet wurde.

Mit diesem schließt Abbado noch eine Wette. Er will, dass nach Schluss des ersten Aktes der Vorhang schnellstens, nach

20 Sekunden, wieder aufgeht. Alfred findet das wegen des schweren Umbaus unmöglich. Die Leute klatschen ja erstmal 45 Sekunden, sagt Alfred. Niemals – nach dem 1. Akt klatscht niemand. Wette: drei Flaschen Champagner. Die Wiener klatschen drei Minuten lang. Claudio hat die Wette zwar verloren, ist aber glücklich und gibt sechs Flaschen.

Am Schluss war der Beifall unglaublich frenetisch, er hielt über eine Stunde an, was wohl alle selten erlebt haben dürften, selbst ein begeisterter Leonard Bernstein kletterte aus seiner Loge auf die Bühne und küsste in der allgemeinen Aufregung versehentlich den Assistenten anstelle von Alfred.

Als Mirella schon einige Tage vor der Premiere gemerkt hatte, dass für ihren liebsten Nicolai doch wohl alles zum Besten stand, näherte sie sich Alfred, himmelte ihn an und sang mit ihren Zauberaugen: „Alfredo, Alfre-edo, di questo core. Non puoi comprendere tutto l'amore …" und war somit seine Traviata. Und Nicolai rannte hinter ihr her und prophezeite einen „Grande successo del mondo!"

DER MANN VON PÖLARÖLARA

Weil seine fünf Jahre ältere Schwester Lieselore, also Lilo, Spaß daran fand, ihn zu unterjochen, musste Alfred dringend etwas dagegen erfinden.

Lilo glänzte später als Frau Doktor der Archäologie, den sie an der Uni Bern erworben hatte, derart, dass sie nach vielen herausragend geschriebenen Zeitungsartikeln vom Schweizer Militär-Departement für dessen Geheimdienst als Fachfrau für Asien, und zwar im Range eines Oberst, engagiert wurde. Da sie (damals) eine tolle Puppenküche besaß, mit unzähligen kleinsten Küchenutensilien, war sie in der Lage, Essen zu schenken oder zu entziehen, einen kleinen Kuchen zu backen oder auch nicht, je nach Laune, wie eine Königin.

Alfred holte zum Befreiungsschlag aus. Er behauptete wie aus heiterem Himmel, völlig verblüffend und ohne jede Vorwarnung, er sei ab jetzt *der Mann von Pölarölara*. Auch der zwei Jahre ältere Bruder Julius war verdutzt. Die kleinste Schwester lag ja meistens noch im Gitterbett. Die Mama hatte für diese ganze Bagage das Mutterkreuz gekriegt. Es war ein nicht zu kleines Kreuz, leuchtend himmelblau und schön glänzend. Manchmal durften die Kinder die etwas dümmliche Auszeichnung angucken und sich dabei das eine oder andere denken.

Alfred musste tätig werden und sah seine Stunde gekommen, als er sich als Pölarölara in Form eines etwa vier Zentimeter hohen und sehr dünnen Männchens, das er von der weihnachtlichen Märklin Eisenbahn genommen hatte, einfach vor den daher rasenden Zug legte. Das konnte ein wunderbarer Güterzug sein, mit schwarzer Lokomotive, feuerroten Rädern und dem mannigfaltigsten, schönsten Kühlwagen, Wagen für Holz oder Kohle oder Bier, sogar einem Schlusswagen, der als solcher sehr wertvoll war, weil er zwei Rückleuchten besaß. Alles entgleiste natürlich fürchterlich, fiel um, auch Bäumchen und Häuschen, nur dem Mann von Pölarölara passierte nichts, er lag ohne Schramme auf den Schienen, weil er, obwohl sehr klein, sehr hart war.

Vielleicht musste man jetzt sogar, was Pölas Anschlag äußerst nervig machte, auch noch lange nach dem vom Unfall verursachten Kurzschluss suchen, in einem Gestrüpp von dünnen Kabeln, die durch unzählige Löcher unter der Tischplatte geführt worden waren. Es war die moderne, kleinformatige Spur 00. Den Kurzschluss zu finden, das dauerte schon mal ein oder zwei Stündchen.

Der Mann von Pölarölara konnte noch andere phantastische Kunststücke: Zum Beispiel Nudeln, die Lilo in der Puppenküche gekocht hatte, vom Boden essen oder einfach aufschlecken. Zum Erstaunen der übrigen Kinderwelt.

Das Weihnachtszimmer war ein geradezu wundersamer Ort. Alfred und seine Geschwister wurden vom Vater vorsichtig aus dem Kinderzimmer durch dieses Illyrien ins Esszimmer geschleust, wobei jedes Kind einen Kaffeewärmer auf dem Kopf hatte, damit es ja nichts von den Herrlichkeiten sehen konnte und die Spannung ganz furchtbar anstieg.

Weil man zwischendurch wieder wegen Fliegeralarms und weil es bereits Nacht war in den Keller rennen musste, konnte man sich mit der Frage beschäftigen, welcher Art die Phantasien wohl waren, die sich in dem Kaffeewärmerkopf gebildet haben könnten. Von Illyrien, dem geheimnisvollen Ort, kommt ja auch die Chimäre, die nicht nur ein Trugbild sein kann, sondern mit ihrem Löwenkopf und Drachenhinterteil für die Kinder mit einem Mal zu bedrohlicher Wirklichkeit wird. Im Gewölbekeller angekommen, war man aber doch bei Mutter und Vater und Geschwistern, die möglichen Trugbilder wurden so etwas minimiert, im Zaum gehalten – und auch der Volksempfänger funktionierte und machte damit den kalten, harten Raum etwas heimeliger. Zwar krächzend – der Funkverkehr wurde von den Alliierten durch Abwerfen von Stanniolpapier(Alufolie)-Streifen gestört –, aber doch, kam eine Stimme durch den Äther, von weither, wie aus dem Weltall, und dozierte eindringlich langsam, wie zum Mitschreiben:

Achtung … Achtung … Die Luftlagemeldung … Feindlicher Bomberverband nähert sich von Raum Nürnberg … Über Planquadrat soundso … Nimmt Richtung auf Großraum Stuttgart …

Da diese Strecke genau über Göppingen führt, wurde es still. Kribbel, kribbel. Gänsehaut. Da man aber ein deutscher Junge ist, lässt man sich auf keinen Fall etwas anmerken. Man passt auf, mit allen Sinnen, wie verrückt. Kann man von hier – wir sind doch tief unter der Erde, über uns ist ein schweres Haus –, kann man von hier ein Brummgeräusch erlauschen?

Die feindlichen Bomber … Wo sind die deutschen Nachtjäger? Abfangjäger?

Wenn nichts passierte, also der gleichbleibende, unheimliche Dauerton der Sirenen weit nach Mitternacht Entwarnung verkündete, war man heimlicherweise erleichtert, gleichzeitig doch auch enttäuscht, dass man sozusagen „unverrichteter Dinge" wieder ins Bett musste.

Spannender war es, wenn Stuttgart wirklich angegriffen wurde, man mit Vater Julius, der sehr schön Gedichte von Mörike bis Uhland vorlesen konnte, in ein höheres Stockwerk schleichen und jetzt ohne Kaffeewärmer hinausschauen durfte. Da war wieder Weihnachten! Sakrament! Es hingen in zirka 40 Kilometer Entfernung die wunderschönsten sogenannten Christbäume am schwarzblauen Nachthimmel. Das waren von Pfadfinder-Flugzeugen abgesetzte Leuchtkugeln, die einige Zeit in der Luft schweben konnten und für nachfolgende Maschinen die Ziele für den Bombenabwurf markierten. Man sah dann die Explosionen und den Horizont, der so unfassbar herrlich rot wurde und golden und tief violett.

Dazwischen die Abwehrversuche der deutschen Flak, die ihrerseits wiederum ihre Granaten in den Himmel schoss und die beim Zerplatzen wirkten wie Sterne zu diesem Fest. Der Tod zeigte sich sehr malerisch. Da fiel auch dem Mann von Pölarölara kein Kunststück mehr ein.

„Sofort vom Fenschter weg!", schrie es jetzt aus einer Nazi-Patrouille, saugrob wie üblich bei dem durchschnittlich-normal aggressiven Schwaben. Befehlsgemäß, doch völlig sinnlos, wurde die Verdunkelung der Fenster überwacht.

Am nächsten Tag ist Alfred allein zuhause. Es ist strengstens verboten, ins Weihnachtszimmer zu schauen. Er muss es versprechen. Natürlich öffnet er trotz des Verbots die Tür einen ganz kleinen Spalt weit: Grün! Grün von Tannen! Grün von den Bäumchen auf der Eisenbahn! Es ist wie ein Schlag, den ein Boxer bekommt. Aber Alfred fällt nicht. Er hätte in Ohnmacht fallen können, umkippen, es war keine Chimäre, es war Zaubertheater-Wirklichkeit. Er glaubte, einen „Fliegenden Hamburger", den schnittigen, modernen, blauen Triebwagen auf dem Eisenbahntisch erkannt zu haben. Hurra!

Dann doch noch in die Schule. Volksschule, 1. Klasse. Der Lehrer gab den Tipp, dass bei großem Hunger durchaus Maikäferköpfe aufs Brot gegessen werden könnten. Bei der Frage nach der Religionszugehörigkeit war es nicht mehr evangelisch oder katholisch in allen Fällen: Ein etwas dickes Kind sagte, es sei gottgläubig, und weil Alfred mondgläubig verstanden hatte, beschäftigte ihn das eine Zeitlang. Bis die Klassentür aufgerissen wurde und ein älterer Schüler, eine Karte in der Hand haltend, ziemlich trocken hereinrief: „Luftgefahr 9!"

Weil alle Luftschutzräume den auswärtigen Schülern vorbehalten und auch ganze Klassen aus dem zerbombten Stuttgart darin waren, rannte nun eine große Horde von Schülern zu den zugewiesenen Familien und deren privaten Schutzräumen. Alfred hatschte wegen der Polio-Gehschiene etwas, kam aber doch noch rechtzeitig zur Frau Alle, einer fülligen, äußerst weiblichen, blonden Klavierlehrerin. Alfred hatte sie schon im Freibad gesehen. Bei ihr war noch eine Freundin. Frau Alle hatte auch ein tolles, rotes Spielzeugauto, das auf dem Tisch fahren, aber einfach nicht herunterfallen konnte. Man munkelte, dass ihr Mann zwar beim Militär, jedoch Aufseher oder Wachsoldat in einem komischen „Lager" sei und keineswegs an der Front. Kaum war man in dem fremden Keller, da hörte man ganz klar ein lauteres Brummen als sonst. Frau Alle sagte, Alfred solle sich auf den Boden knien, den Kopf nach vorne gerichtet, und die beiden Frauen legten eine Decke über ihn. Aus den Augenwinkeln sah er neben sich eine Art Wand aus Holzlatten, hinter denen vielleicht Eingemachtes, Werkzeuge oder Äpfel waren. Die Frauen kauerten neben ihm und nun geschah etwas Sensationelles – äußerst Blödes. Das Brummen nahm schlagartig zu, der Ton wuchs unglaublich laut an, man meinte, die Flugzeuge kämen herunter, um auf den Häusern zu landen. Im Kopf mischte sich alles zu einem innigen Teig aus Todesangst, Bewunderung für den Feind, Sehnsucht nach den Eltern, Imagination des Begräbnisses. Uhlands „Ich hatt einen Kameraden", wurde oft auf dem Friedhof gesungen. Als dann das Geräusch den dunkel tiefsten Punkt erreicht hatte, krachte es und die Welt schien sich selber aufzufressen und zu verschlucken.

„Lebst Du noch oder bist Du tot – o sprich, o sprich, o rege Dich." – So ungefähr spricht Thisbe im Sommernachtstraum zu ihrem Liebsten Pyramus. Nicht tot waren Frau Alle und ihre Bekannte, nicht Alfred.

Nicht tot der Kreisleiter, der kurz vor dem Kriege mitverantwortlich war, dass eine Gruppe verblendeter Vollidioten, sogenannte SA-Männer, aus einer Kneipe in Geislingen mit einem klapprigen Kleinlaster, in den sie Stroh geladen hatten, zur Synagoge nach Göppingen fuhren, um sie niederzubrennen. Es war damals kurz vor Mitternacht. Einer von dieser Bande hatte den Termin verpasst, fuhr pflichteifrig mit dem Fahrrädle die 20 Kilometer hinterher, um doch noch rechtzeitig dabei zu sein. Die Leitungen zu den Weckern der Feuerwehrleute waren gekappt worden, die Feuermelder abgeschaltet, die Polizeistreifen auf die Wache zurück befohlen und der Feuerwehrhauptmann, der einen Löschzug alarmieren wollte, war mit der Waffe bedroht und daran gehindert worden.

Im Feuerschein des Brandes irrten, zum Teil im Nachthemd, jüdische Menschen durch die Straßen, teils von Schlägen entstellt und verletzt. Wieder ereignete sich das nicht Begreifbare, dass zuvor harmlos scheinende Kleinbürger und Nachbarn zu hinterhältigen Bestien wurden. Losschlagend gegen etwas, was sie sich in ihrem Kopf zusammengebastelt hatten oder immer wieder neu bastelten. Vielleicht hätten sie den Mann von Pölarölara auch für einen Ausländer, Flüchtling, „Zigeuner" oder Schwulen gehalten, schon wegen seines Namens.

Dem Chef der Feuerwehr, der darauf bestand zu löschen, und damit seinen Posten verlor, dem konnte Alfred Jahre später ein kleines Denkmal setzen, indem der groteske Feuerwehrhauptmann in Ionescos *Kahle Sängerin* einen so wunderbaren Auftritt hatte, dass die Stuttgarter Inszenierung nach Berlin eingeladen wurde.

Der Angriff mit den tiefliegenden Bombern löschte durch einen Volltreffer in den Schutzraum einer Buntweberei das Leben vieler junger Frauen aus, die als Zwangs- oder Fremdarbeiterinnen in das schöne Stauferstädtchen verschleppt worden waren.

Die schönste Fremdarbeiterin aber war Ljuba aus der Ukraine, die das Glück im Unglück hatte, nicht einer Fabrikarbeit, sondern einer Familie zugewiesen zu werden, um dort auf Alfred aufzupassen. Sie kam aus einem Viehwagen, völlig verdreckt und verlaust. Nach einem warmen Bade wurde sie immer wonniger und schöner und es entspann sich eine unsterbliche Liebe zwischen Ljuba Barantschenko aus Kharkow und Alfred, dem Mann von Pölarölara, sieben Jahre alt. Ljuba war nicht allzu groß, hatte wunderbar schwarzes, dichtes Haar und so etwas schön Fremdes – besonders in ihrem hart-weichen Sprechen. Wenn sie mit Alfred spielte oder ihn gar auf den Schoß nahm, strömte eine Sehnsucht aus ihr … wahrscheinlich dachte sie an Zuhause. Das war weiter weg als weit. Zwischen den Fronten, zwischen den Toten, zwischen den Ideologien. Wo ist sie geblieben? Wurde sie, wie so viele, von Stalin bei der Rückkehr umgebracht? Oder lebt sie heute auf der Krim oder in Kiew, kennt Klitschko? Putin?

Vielleicht war sie Lehrerin für Deutsch geworden, was sie zusammen mit Alfred gelernt hat. Und mit Vater Julius, der zunächst jedes Wort für sie gezeichnet hatte und dazu die Bedeutung schrieb: Strumpf oder Hand oder Tasse.

Als wir endlich am Ziel waren und sie gut sprechen konnte, sagte sie plötzlich: „Hitlerrr schläächt." – Und bekam vom Vater eins hinter die Löffel. Aus Überzeugung oder zu ihrem Schutz?

Ljuba heißt Liebe. Alfred vergisst sie nie.

MUTTER COURAGE

Der alte Strähle im grauen Arbeitsmantel und mit Sense, die er so gerne den Kindern nachwarf, er hatte auch eine Frau. Oder Freundin oder gar Lebensgefährtin, was damals sozusagen polizeiwidrig war. Sie hieß Marie, mit Betonung auf der ersten Silbe. Weil sie fast taub war, rannte der Alte zur Kontaktaufnahme hinter ihr her und schrie sehr grob: „Marie, hü!"

Wie zu einem Pferd, nur umgekehrt.

Das funktionierte. Unvermittelt blieb sie stehen, blickte einen Moment auf, brabbelte etwas Unverständliches und ging dann, wenn nichts Besonderes war, weiter ihres Wegs.

Mit ihren auffallend vielen Röcken und ihrem poetischen, kessen Knoten im Haar war sie ein Wesen wie aus einem russischen Film, vielleicht eine Vorbotin von 47.000 Flüchtlingen, die in die nicht sehr große Stauferstadt kommen sollten, viele barfuß, viele mit Kopftüchern und hungernd.

Was dachte Marie im Bombenkeller? Was bekam sie mit vom Krieg? Wie sie durch den Garten watschelte, hatte sie etwas Unvergängliches, hätte auch die Erda aus Wagners *Rheingold* sein können „wie alles war, weiß ich, wie alles wird, seh' ich".

Gruselige Einmachgläser standen hinter ihrem Fenster im Erdgeschoss. Nicht etwa voll schöner Erdbeermarmelade oder mit Birnenschnitzen, sondern mit größeren braunen Klumpen darin, die wie harter, pelziger Brei in die Gläser und die Flüssigkeit darin hineingestopft schienen. Einzelne winzige tote Tierchen schwammen in der Brühe noch herum, das ganze übrige Ameisenvolk klebte zusammen, eingelegt in Alkohol und ertränkt! Ein Lebenselixier gegen die Plagen des Rheumas. Marie rieb sich damit regelmäßig und sorgfältig ein. Hü!

Der Krieg war noch nicht zu Ende, die Amerikaner schon *ad portas*, nicht „ante", wie Pöla später in der Schule feststellen ließ.

Die Obernazis waren in ihrem Fluchtbus und mit vollen Hosen nahe Geislingen in den Straßengraben gekracht. Der herannahende unheimliche Geschützdonner ließ manchen verzagen, hatte die Nerven blank gelegt. Was werden die „Feinde" tun? Sie sollen SS-Leute erschossen haben, die sich schon ergeben hatten. Es sollen auch „Neger" darunter sein. Schneiden die einem die Zunge heraus, wie manches Großmaul zu wissen behauptete?

Während der Flugplatz, man war so stolz auf ihn, von Spitfire Jagdbombern mit acht Maschinengewehren in den Tragflächen meist in der Morgenfrühe kurz und klein geschossen wurde – man hoffte, dass wenigstens eine Spitfire mal abgeschossen würde –, versuchten Alfred und sein Bruder Julius zu retten, was zu retten war, rasten hysterisch, wenn sie nicht im Keller waren, mit allen Märklinzügen im Kreis herum, schrien und krähten: „Nachschub rollt nach Saint Nazaire." Auch das eine Spinnerei, weil die gigantischen deutschen Marinebunker am Atlantik längst zerstört worden waren.

Nicht explodierte Stabbrandbomben, sechseckige, nur einen halben Meter groß, deren Höllenfeuer ganze Städte aufgefressen hatten, schmiss man vor Wut in brennende Steinhaufen, damit sie beim Aufschlag doch endgültig verrecken sollten. Manchmal trugen die Kinder schwere Verletzungen davon, wegen eingebauter Sprengladungen, die das Löschen verhindern sollten. Der Mann von Pölarölara war also auch Bombenwerfer geworden.

Immer mehr Todesanzeigen in den Zeitungen, noch mehr Gefallene in den Familien, tote Schulkameraden, Mädchen oder Jungs, sich befreiende Kriegsgefangene aus Lagern mit Revanchegedanken: „Herr Kirchner, Herr Kirchner da isch an Pol im Garten und will meim Großvadder a Messer in Ranze steche."

Hunger, Hunger, Hunger.

Nachts im Keller, Matratzenlager, Halbschlaf, Warten auf das vielleicht Letzte, das Wunder, nach V1, V2, jetzt das Ultimative, die V3 ... deutsche Atombombe? Stattdessen nur riesiger Krach, Knall, Grollen, weit unter der Erde, schwäbischer Disput. Was war das? Die Rollbahnen des Flugplatzes waren es, die von der eigenen Besatzung in die Luft geblasen, gesprengt, für die Amis nun unbrauchbar gemacht worden waren. Baumstämme als Panzersperren in die Hohenstaufenstraße gerammt. Drei Feldjäger, wegen ihrer Blechketten um den Hals auch Kettenhunde genannt, poltern schwerbewaffnet mit Stahlhelmen in den Keller, bestialisch brüllend, packen Herrn Fröhlich im gestreiften Schlafanzug zur Erschießung, weil er hier sich „hundsföttisch" verkrieche, anstatt Panzer und Amis aufzuhalten; worauf dieser eine tolle Szene hinlegte und mit sich überschlagender Fistelstimme schrie: „Mein Herz, mein krankes Herz." Die drei ließen dann ihren Frust an der Kellertür aus und suchten jemand anderen, diesmal vielleicht zum Aufhängen.

Papa Julius, wie ein verunglückter „Fahrraddieb" aus dem Film *Ladri di biciclette* sah er rückblickend aus, mit seinem alten Fahrrad, kleinem Rucksack und mit riesigem weißen Kopfverband, wegen einer eben überstandenen Furunkel-Operation. Herzzerreißend verabschiedete er sich, um sich im Wald, der „Öde" hieß, mit anderen zum „Volkssturm" als letztes Aufgebot zu sammeln, zum lächerlichen Endkampf.

Diese arm-absurde Szene wurde von einem, bis dahin noch von keinem Ohr gehörten, überirdischen Knall ins Historische hinaufgehoben, denn gerade da durchbrach der erste Turbinen- oder Düsenjäger (Me 262) die Schallmauer und eröffnete damit ein neues Zeitalter der Flugtechnik.

Es war nun der 19. April 1945, ein Tag vor Einmarsch der Amerikaner. „Der Krieg, er dauert hundert Jahre/ Der g'meine Mann hat kein Gewinn." So heißt es in Brechts *Mutter Courage*. Zwischen vielen Patronenhülsen im Garten fand man in dem ganzen Schlamassel einen gelben Zettel, wohl aus einem gegnerischen Flugzeug, mit der Notiz: „In Waschenbeuren ... Enemy Vehicles observed ... Air attack!"

Wäschenbeuren, ein kleiner, sanft bergiger Ort am Rande des frühesten Schlosses der Herren von Büren aus dem 11. Jahrhundert, die sich später die Staufer nannten. Die Flugzeuge näherten sich ohne Pause, kopfüber, im Sturzflug dem Ort. Je länger und steiler der Flug, desto mehr wuchs die Geschwindigkeit an und mit ihr das tödliche Gejaule. Schülergruppen hatten gerade noch schreiend ihre Schutzräume erreicht. Riesiger, schwarzer Rauchpilz. Die äußerst traurige, auch groteske Veranstaltung neigte sich ihrem Ende zu.

Man brauchte nur noch ein weißes Betttuch zum Zeichen der Aufgabe oder Unterwerfung oder auch des Friedens aus dem Fenster zu hängen. Das war ein Befehl der Amerikaner, der mit auf die Häuser gerichteten Kanonenrohre ihrer Panzer überwacht und erzwungen wurde. Wegen der Tücher konnte man wiederum als Verräter von den Nazis erschossen werden. Beim Vorbeirollen der Panzer hörte man jedenfalls kein Sterbenswort. Es war totenstill. Dafür klirrten die Ketten eisenhart und überlaut künstlich durch den Abend, als ob sie vielstimmig sagen wollten: „Aber die dummen Menschen", wie es in Büchners *Woyzeck* heißt.

Während gefangene deutsche Soldaten gespenstisch hohläugig mit großen Lastern in Lager gefahren wurden, führte man eine Kolonne genauso müder und ausgehungerter Pferde auf den Fußballplatz des Sportvereins. Eines schnappte böse nach Alfred, wollte vielleicht was essen.

Die amerikanischen Soldaten brauchten Wohnungen, zogen ein, schmissen die Deutschen raus, spielten mit den Eisenbahnen, auch mit denen der Nachbarkinder vom oberen Stockwerk. Sie brachten, da sie Märklin keineswegs kannten, alles durcheinander und warfen diese Kostbarkeiten, also Schienen, Weichen, Züge, Bäumchen und kleine Menschlein auf einen Haufen vor und ja! sogar in die Toilette – wie sollte man das je wieder auseinanderdividieren? O Gott.

Der Soldat Mac war der erste Schwarze, den man sah. Seinen Stahlhelm lässig nach hinten hängend auf dem Kopf, ganz anders als bisher gewohnt, strahlte er Alfred mit blendend weißen Zähnen an, hielt ihm seine braune Hand hin, mit einem Wunder von Blutorange. Großes Staunen, Aufregung! Kann man die von einem „Feind" annehmen? Oder setzt es eine Ohrfeige, wenn es jemand sieht. Nach einem kurzen Moment drückte Alfred ein paar Wörtlein heraus und griff nach der Orange. Glücklich über sein herrlich duftendes Geschenk.

Marie hü, Marie hü, hü, hü. Noch größere Aufregung. Die Amerikaner, jeder sagte „die Amerikaner", hatten einfach Maries Backbleche, Kuchenformen, Pfannen und Töpfe aus deren Küche genommen und alles in einen Jeep geworfen, kein ganz normaler mehr, eine Nummer größer, also hinten schon ganz schön hoch. Was tun? Alfred musste Schmiere stehen, Marie, viel gelenkiger als man dachte, kletterte schnell, trotz der vielen Röcke, in den Feindeswagen und reichte ihre zurückeroberten Küchensachen heraus. Dazu klaute sie aber noch die Essensrationen der Soldaten, in Ölpapier eingeschweißte Päckchen, auf denen in Großbuchstaben stand: DINNER, SUPPER und ein merkwürdiges Wort: BRE-AK-FAST. Neugierig betastet wie ein Wunder von einem anderen Stern – da wird doch nichts explodieren – wurden sie äußerst vorsichtig geöffnet und jedes Kind bekam von Marie seine Belohnung. Hochgefühl.

Man wollte nun hinter das Haus, es gab da eine größere, sanft ansteigende Blumenwiese, man wollte ein kleines Fest mit seinem buttergleichen Schmelzkäse in olivfarbener, „angloamerikanischer" Dose veranstalten, man fühlte sich frei, nirgends krachte es, ganz leiser Frühlingswind.

Einem schlesischen Schriftsteller unter den immer zahlreicher werdenden Flüchtlingen war es gelungen, in der Göppinger Zeitung ein Memento zu schreiben: „Auf keinen Fall wollen wir dies vor euch sein, Wohltatenempfänger, denn wir haben ein Recht auf Hilfe, die nicht nur unserer Menschenwürde, sondern auch unseren bürgerlichen Fähigkeiten entspricht. Bedenkt, dass wir so etwas wie einen Bettlerstolz haben und der ist empfindlich. Mut, das muss das erste Wort sein, das wir auf die ersten Gewinnseiten unseres Lebensbuches schreiben. Mut, der umso größer sein muss, je größer die Not ist."

Auf 738 Kalorien pro Kopf sinkt die Lebensmittelrationierung.

Oma, die den schönen Namen Maria Emilie trägt, steht am frühen Morgen auf einer kleinen Anhöhe im Garten. Volles, graues Haar, Nickelbrille, blau-schwarzes Kleid mit weißen Punkten und Arbeitsschürze. Sie war nicht etwa wie Niobe zu Stein geworden, wegen ihrer getöteten Kinder. Aber ihre Hände umklammern eine Emaille-Schüssel mit Kleie und Kartoffelschalen für die Hühner. Es musste ein großes Leid geschehen sein, ganz schwach ruft sie: „Kommet, kommet!"

Der Marder hatte gerade jetzt, da man kaum was zu essen hatte, alle ihre Hühner umgebracht. Mit abgerissenen Köpfen lagen ihre Körper in einem Schlachtfeld von Blut und weißen Federn. Die ganz kleinen Küken – einfach verschwunden.

„Kommet, Kommet!"

DIE STUMME KATTRIN SINGT
(MIT JOHN LENNON)

Wer kann ermessen, was es für Alfred bedeutete, dass eine Generation später, Anfang der Achtziger, er und seine Kumpane hatten inzwischen ein Theaterwunder geschaffen, die Worte seiner Oma, „Kommet, kommet", auf der Bühne des Schauspielhauses in Bochum gesprochen wurden. – Von der tollen Kirsten Dene als Mutter Courage. Alfred war der Regisseur.

Sie kannte die Geschichte der Oma aus Göppingen und wollte, obwohl im Stück gerade ihr zweiter Sohn Eilif gefallen war, Alfred mit einer kleinen Hommage eine Freude machen oder die sehr ernsten Proben etwas auflockern.

Das Schöne, besser gesagt, Sensationelle ist, dass ein sehr feinfühliges Ohr das schwäbische „Kommet" mehr zum A hin verortet, das hamburgische „Kommet", wie es geschrieben steht, eindeutig zum E. Statt „Kommat, kommat", rief Kirsten „Kommet, kommet", was für Alfred vollkommen schräg anmutete, aber auch witzig und sehr liebevoll. Genauso wie das Kompliment, das sie ihm verpasste, als er eine selbstgemachte Mousse au Chocolat zur Probe mitbrachte, sie diese mit einem silbernen Löffel probierte und meinte: „Mmhh – köstlich, schon mancher hat seinen Beruf verfehlt!"

Wer konnte sich vorstellen, dass es wieder deutsches Militär gab, man nannte es die Bundeswehr, es gab einen Bundesverteidigungsminister und einen Nordatlantischen Verteidigungspakt, kurz Nato genannt. Wer konnte denken, dass der Oberste der Nato, der Generalsekretär, zwar in Brüssel residierte, aber privat in Wäschenbeuren wohnte. Was für ein Wahnsinn der Koinzidenz!

Nach dem Krieg wurde *Mutter Courage* im Berliner Ensemble (mit Helene Weigel) zum Welterfolg, wurde in den Jahren danach so übermäßig oft gespielt, dass mit gewisser Ironie schon von der Wirkungslosigkeit der Klassiker gesprochen wurde.

Alfred musste also auf dem Kiwief sein. Dauerte der Krieg in ihm, in seinem Inneren noch an? Wo waren die damaligen Bilder, was hat die Erinnerung im Kopf mit ihnen gemacht? Die Erinnerung ist wie eine Glocke, die in die Vergangenheit läutet. Er rief also den Verteidigungsminister Manfred Wörner ausgerechnet in Wäschenbeuren an: Er brauche ein Militärflugzeug für das eminent wichtige Stück von Brecht, um es für die heutigen jungen Menschen brisant, lehrreich und beeindruckend zu machen. Schwaben unter sich: völlig klar. Wenn man alle Bewaffnung entfernt, kann man eine Fiat G-91, ein Kampfflugzeug der Bundeswehr, bekommen, kann sich dieses auf dem Flugplatz in Oldenburg ansehen.

Dann stand es eines Tages auf der großen Bühne im Schauspielhaus Bochum. Sehr aggressive spitze Nase, schöne Glaskanzel, große Turbine und ein Leitwerk, das auf der Bühne besonders überdimensional und beeindruckend wirkte. Die starke technische Mannschaft des Schauspiels war zur Stelle, stand mit dem hervorragenden technischen Leiter, Herrn Welinsky, der komischerweise immer bayrische Kniebundhosen trug, um das neue Lieblingskind herum, das es nun zu bewältigen galt. Auch der Bühnenmeister war da, der Seitenmeister und der sogenannte Schnürmeister, mit den entsprechenden Mannschaften.

Es gibt ein ganzes Buch über die heikle Aktion, bis es endlich an Stahlseilen im Bühnenhimmel hing, mit seinem hellblau gestrichenen Bauch und der tarnfarbenen Oberseite.

Die Szene ging nun so: Die stumme Kattrin, das einzig verbliebene Kind der Mutter Courage, weckt, indem sie gegen strengstes Verbot die Trommel schlägt, die belagerte Stadt Halle auf, warnt sie vor ihrer Vernichtung.

Brecht erhebt das Mädchen zu biblischer, femininer Größe. Stumm geworden und entstellt durch die Brutalitäten der Soldateska setzt sie ihr Gefühl für Gerechtigkeit über das eigene Leben. Der Stein beginnt zu reden.

In Bochum sitzt Kattrin, die junge Schauspielerin Jessica Früh, mit einer Art Teufelsmütze auf dem Kopf an einem Schlagzeug, drischt es verzweifelt, weil sie erwartet, abgeschossen zu werden, bevor sie die Stadt warnen kann.

In diesem Moment senkt sich das Flugzeug, für das Publikum bisher nicht sichtbar, langsam auf die Bühne herunter, erst sein Schatten, auf dem Boden sich immer mächtiger abzeichnend, als ob es alles unter sich begraben wolle. Bei diesem bisher nie gesehenen Auftritt auf einer Bühne hört man einen schrill pfeifenden Ton. Beim erstaunlicherweise ganz sachte vor sich gehenden Aufsetzen stoppt der Ton, die Kriegsmaschine steht im Sand und es ist totenstill.

Man kann sich vorher viel ausdenken für eine szenische Situation, nicht aber sich diese Herzstillstandswirkung vorstellen, zu der es da gekommen war, als die schmächtige, stumme Kattrin mit ihrer Mütze und das ebenso stumme Flugzeug sich einfach anstarren. Für ewige Sekunden.

Warum hast du so ein entsetzlich großes Maul? Damit ich dich besser fressen kann! Rotkäppchen muss gewinnen! Es ist ja auch Gretel, die die Hexe in den Ofen stößt, nicht Hänsel. Das Mädchen mit den Schwefelhölzern erfriert, aber sieht im Schein des letzten Streichholzes die Großmutter so schön und glänzend wie nie zuvor. Sehr starke Frauen im deutschen Märchen.

Die stumme Kattrin kickt Sand nach dem Flugzeug. Das reagiert ganz und gar nicht. So unheimlich es ist, so schön sieht es aus. Das Mädchen mit seinem Wintermäntelchen, Winterstiefeln und seiner Teufelsmütze hatte kurz vorher noch die hochhackigen, roten Schuhe der „Hure Jenny" ausprobiert, ist damit rumstolziert, jetzt versucht es, auf das Flugzeug zu klettern, es ist sehr schwierig. Schließlich steht es aber oben, hinter der Pilotenkanzel, in der Mitte.

Bei Brecht hat Kattrin unter ihrem Mantel die Trommel verborgen, hier holt sie nun ein Transistorgerät hervor. Man hört John Lennon. Sie gurgelt oder stößt, weil ja stumm, ein paar Laute hervor und singt jämmerlich, aber einzigartig, mit ihm zusammen: „Imagine all the people/ Living life in peace/ Nothing to kill or die for/ And no religion too."

Die Latte war sehr hoch gelegt. Fast auf Weltrekordhöhe. Mit Lennon und Brecht. Würde das Bild die Kraft haben, an Kinder überall auf der Welt zu erinnern, an ihre oft übelsten Lebensumstände? „No need for greed or hunger/ Imagine all the people/ Sharing all the world." Oder ist der Mut so müde geworden?

Barbara, die Brecht-Tochter, und ihr Mann Ekkehard Schall, der in aller Welt beachtete Arturo Ui, kamen nach Bochum. Vor ihr hatte man ein bisschen Angst, weil sie „Vatis" Rechte besaß und dadurch Verbote von Aufführungen erwirken konnte, wegen – zumindest in ihren Augen – verletzter Urheberrechte. Was bisweilen auch ungerecht und anmaßend sein konnte.

Jetzt jedoch speiste man schön im Bochumer Alt Nürnberg und Frau Brecht-Schall meinte: „Herr Kirchner, Sie dürfen alles machen."

Die „Wirkungslosigkeit der Klassiker" – oder aber doch die Effektivität von Kunst – kam mit diesem Beispiel noch einmal intensiv auf den Prüfstand.

Und Brechts Gedanke „Menschlichkeit vor Profitsucht" wurde durch diese stumme Kattrin mindestens im utopischen Wollen eindringlich lebendig. Widerstand und sich Einmischen haben mehr Kraft, als Gewährenlassen. Wem das naiv vorkommt, der kann ja mit den Bremer Stadtmusikanten gehen und etwas Besseres als den Tod überall finden.

Der Mann von Pölarölara ballte jedenfalls die Faust in der Hosentasche und freute sich über seine Flugzeugszene, denn er wusste, dass er schon immer ein Revoluzzer gewesen war, zumindest gegen seine ältere Schwester.

NEMESIS
Die Göttin des gerechten Zorns

Nemesis ist aber auch die ausgleichende Gerechtigkeit.

Alfred setzte sich jedenfalls mit eineinhalb Jahren auf den Boden, war nicht zum Aufstehen zu bewegen, lief keinen weiteren Schritt mehr: Kinderlähmung.

Dies sei der schlimmste Tag in ihrem Leben gewesen, fand man später eine Notiz in Mutter Alices Tagebuch. Für Alfred sollte es bedeuten, im Alltag für alle zur Belastung zu werden, möglicherweise sogar zum Trottel. Wenn in der Schulklasse zwei Fußballmannschaften aufzustellen waren, konnte man ihn gnädigerweise gerade noch als Torwart einsetzen, was aber für die betreffende Mannschaft ein Nachteil war und mit langen Gesichtern quittiert wurde.

Andererseits gab es verblüffende Chancen der Selbstbehauptung. Im Kreiskrankenhaus gelang es ihm, in dem Saal, wo die kleinen Poliopatienten in ihren Bettchen lagen, so überlaut zu quietschen, also im höchsten Diskant zu schreien, dass die anderen euphorisch einstimmten und mitkrakeelten. Aus diesem Stockwerk tönte ein infernalischer, in seiner Penetranz selten gehörter, jedoch famoser Kinderchor, der die ihn besuchenden Eltern in Verlegenheit brachte, weil sie sich wegen der Ideen ihres sonderbaren Sprösslings doch ein wenig schämten oder schuldig fühlten.

Kein Wunder, dass der legendäre Chordirektor Professor Balatsch später bei den Bayreuther Festspielen nach der ersten großen Chorprobe unter Alfreds Leitung in Wagners *Siegfried* zu ihm hingehen, ihm die Hand schütteln und als galanter

Wiener mit einer leichten Verbeugung sagen wird: „Super gut g'stellt ham wir des, sehr gut g'macht, gratuliere."

Der Junge indes musste am linken Bein bis zum Knie eine Schiene aus Eisen und Leder tragen. Die Mama behauptete, er habe oft in einer Ecke gestanden, sich an der Wand mit den Händen abgestützt, das beschiente Bein etwas vorgestreckt und mit großen Augen anklagend in die Welt geguckt. Alice wollte etwas Gutes tun und sang ihm Lohengrins bärenstarke Abschiedsarie vor, die sie wohl aus der Oper ihrer Heimatstadt Straßburg kannte: „In fernem Land, unnahbar euren Schritten,/ liegt eine Burg, die Monsalvat genannt/ (…) Mein Vater Parzifal trägt seine Krone,/ sein Ritter ich – bin Lohengrin genannt." Ein seltenes Paar, Prinz Alfred und Mama Alice als Lohengrin und Elsa.

Wegen des Beines wurde Alfred von den älteren Kindern auch mit spielerischer Schonungslosigkeit eingesetzt, nicht gerade grausam, mindestens aber gut für gewagte Hochspannung und Nervenkitzel.

In den eisigen Wintern baute man Schneeburgen, um speziell wüste Schneeballschlachten auszukämpfen. Zwei solcher Bollwerke standen sich in nicht zu großer Entfernung gegenüber, wurden mit Wasser übergossen, auch die Schneeballgeschosse, um alles über Nacht hart wie Eis(en) frieren zu lassen. Man hatte für Alfred einen kleinen Wall, gut einen halben Meter hoch, so gebaut, dass er dort liegen konnte oder musste, um gegen den Beschuss der anderen Kinder, mit einer ziemlich großen Holzkiste vom Luftschutz auf dem Kopf, als Beobachter zu agieren oder gar als Schreckgespenst.

Nicht schlecht sah es aus, wenn die dunkelblau gestrichene Kiste, mit dunklen Augenlöchern über Eck gebohrt, aus dem weißen Schnee auftauchte und sich vorsichtig umschaute. Weil das Luftschutzding schwer und bockelhart auf den Kopf drückte, nahm Alfred es für einen Moment ab, wurde von der Gegenburg sofort als wehrlos erkannt und bekam ein Eisstück volltreffermäßig ins Gesicht. Zum Glück konnte er so laut schreien, dass augenblicklich ein Waffenstillstand vereinbart wurde und er zur medizinischen Versorgung humpelnd in eine Garage geführt wurde, wie man es später bei der Champions League sehen konnte, wenn zum Beispiel der arme, verletzte Arjen Robben in die Katakomben des Stadions gebracht wurde.

Eine verheerend gute Idee war es auch, mindestens drei Schlitten beim Rodeln als ein großes Gespann zusammenzukoppeln. Um keine Geschwindigkeit durch Lenken mit den Schuhen zu verlieren, befestigte man an der Spitze dieses Zaubergefährts ein altes eisernes Sesselchen, eine Art Einsitzerschlitten, worauf man Alfred sehr gut platzieren und mit ihm als lebende Lenkung ein Höllentempo hinbekommen konnte.

Zähne gingen bei dieser Mutprobe keine verloren, dafür platzten aber Lippen auf und Blut spritzte im markanten Bogen aus der Nase, beim x-maligen in einen Zaun, Baum oder Graben Krachen mit Alfred vorneweg. In den Rücken seines Sesselchens krachte das Gewicht von sieben kräftigen Buben und Mädchen plus Schlitten.

Aber – die Inklusion, also das Angekommensein im Kreis der Rabauken war geschafft. Trotz der Schiene.

Und nie hätte man – ohne Polio und Behinderung – im Kloster Donzdorf, das auch eine Klinik war, die Barmherzigen Schwestern vom Heiligen Kreuz kennenlernen können. In den abgedunkelten Räumen sahen sie in ihrer finster schwarzen Ordenstracht aus wie Schatten, die manches Geheimnis mit sich herumtrugen, vielleicht auch könnte man sich vorstellen, dass sie hin und wieder insgeheim ein Strafgericht abhielten, irgendwo.

Sie hatten einen zwölfjährigen Alfred, den mutigen Mann von Pölarölara, als Patienten, weil ein Arzt, der als Flüchtling gekommen war, diesen Jungen so operieren wollte, dass keine Schiene mehr nötig wäre.

Durch eine Gelenkversteifung wurde der bisher mit der Hacke aufsetzende Fuß in einen Spitzfuß umgewandelt, eine vier Zentimeter hohe Einlage unter der Ferse sollte die Verkürzung ausgleichen. Nach der Operation hatte das Bein einen Gipsverband bis zum Knie, der sehr stark durchgeblutet war, ein dunkelrotes Ausrufezeichen auf dem eigentlich schönen weißen Verband.

Die Nonnen, es waren wohl Franziskanerinnen – kaum hörbar beim Gehen –, standen plötzlich im Halbdämmer der Schmerzmittel am Bett, Wesen wie in einem schwarzen, samtenen Traum.

Erstaunlich ähnlich geht es dem heranwachsenden Jungen Fando in Arrabals Film *Viva la Muerte*. Durchs Schlüsselloch sieht er seine Tante im normalen spanischen, für ihn aber so aufregenden Kleid, wie sie sich in der Hitze mit einem Stück Papier Luft zufächelt. Bangigkeit, Begehren, er wendet sich ab. Die zwei Gefühle scheinen in seinem jungen, feinen Gesicht zu streiten; leichtes Zittern. Er beißt einer mitgebrachten Eidechse den Kopf ab.

Das Schreien und Stöhnen des frisch operierten jungen Kerls im Nebenbett im Kloster war so laut und schmerzlich, dass die Barmherzigen Schwestern mit vereinten Kräften in rauestem Schwäbisch zurückschrieen, er solle endlich seine Gosch halten, im Krieg hat man de Soldate ganze Füß (Beine) abgschnitte, und die hätten sich nicht so aufgführt.

Nie wieder empfand er ein so schönes, überdauerndes Erlebnis, wie nach sechs Wochen im Klostergewölbe das erste Mal an die frische Luft gebracht zu werden. In einem richtigen Klostergarten wachsen ja die wunderbarsten Kräuter und Blumen. In der Mitte ein Brunnen mit Wasser für die kreuzförmig angelegten Beete. Die runden Beete sollen Zeichen für die Ewigkeit, die quadratischen für die Vergänglichkeit sein.

Aber das Verströmen, man darf hier sagen, des Odems der Kräuter, der Arnikablüten, des Salbeis, Holunders, der Pfefferminze, des alles besiegenden Rosenduftes, war so umarmend, die Luft war so voll, fast dick, dass es eigentlich eine Botschaft vom Wachsen und Gedeihen war.

GUNFIGHT AT THE O. K. CORRAL

Dass nach geglückter Mission in Donzdorf Anfang der fünf-
ziger Jahre der Schwimmverein Göppingen sich wieder auf
Alfred freuen konnte, war von allen erwünscht und erhofft.
Auch vom Trainer Heinz Faust, der über 100 Meter Brust
das erste Mal einen Weltrekord an den Hohenstaufen geholt
hatte. Wie auch sein Schwimmbruder Paule Schwarz, bei
dem man, in seiner Konditorei sitzend, hin- und hergeris-
sen war, ob die stadtbekannten Torten aufregender waren
oder der Weltrekordler, der mit ziemlich kräftiger Statur in
einem weißen Konditormantel beispielsweise schwäbischen
Träubles- also Johannisbeer-Kuchen verkaufte.

Es gibt ein schönes Bild von Heinz Faust mit der Frisur
der Zwanzigerjahre und der Schwimmvereinsbadehose, die
eine rote Dreiecks-Hose war, mit weißem Balken über dem
Geschlechtsteil, darauf ein zartes schwarzes Hirschgeweih,
dem Göppinger Wappen. Gretchen sagt bei Goethe zu Faust
„Heinrich, mir graut vor dir", Alfred hatte nun ebenfalls einen Faust und konnte, da der ja aus Knittlingen bei Pforz-
heim stammte, sprachtechnisch vollkommen korrekt sagen:
„Ich geh zum Fauscht".

Der Schwimm-Faust war auch ein leicht fieser Altmetall-
händler. Alfred hatte ihm eine alte Badewanne aus bestem
Zink gebracht, um etwas Geld zu verdienen und wurde mit
fünf Mark dafür bestimmt kräftig übers Ohr gehauen. Man
hätte ein Wannen-Geschichtsbuch brauchen können, um etwas von ihrer unverrosteten Vergangenheit zu erfahren, wie

sie da mit dem Charme einer älteren Dame auf ihren geschwungenen Füßen stand. Als es ganz und gar unmöglich war, warm zu baden oder sich heiß zu waschen, da sorgte Vater Julius mit ihrer Hilfe für einen Ausweg. Er nannte es „das Notbad".

In der etwas ungemütlichen Waschküche, unter einem archaischen alten Kesselmonster, in dem seit ewigen Zeiten Wäsche gekocht worden war, machte er mit eigens dafür gespaltenen Holzstücken ein Feuer. Er goss das kostbare warme Wasser dann, nachdem die drei Kinder auf Zehenspitzen über den kalten Boden gegangen und in die besagte Wanne gestiegen waren, über sie und bescherte ihnen, zwischen kalten Wänden, Schnüren mit Wäscheklammern und einer schweren Kellertür, ein selig machendes Bad.

Der Mann von Pölarölara versäumte nicht, Lilo, seine nun schon erblühende Schwester, mit einem großen Schwamm zu beträufeln und einzuseifen. Seltenes, großes Geschwisterglück.

Dass man mit dem operierten Bein dann auch noch meinte, Tennisspielen zu müssen, war kühn, man könnte sagen optimistisch, vielleicht sogar ein Quäntchen unverfroren. Mutter Alice, die wohl irgendwas vom Tennis verstand, ging mit in den Club, um auf ihr Kind aufzupassen und auch um zu bezahlen.

Alfred suchte in wichtigster Angelegenheit seinen Schuster Richard Rieker in Salach auf, groß wie ein schwäbischer Berg war er, dennoch poetisch, wie die ganze Landschaft. Er bekam, weil seine orthopädischen Schuhe, trotz seiner mächtigen Hände, immer fein und leicht waren, überall Preise und Goldmedaillen. Nach der Arbeit, gegen fünf Uhr, ging er, wie Hans Sachs, zum Chorgesang: „Wachet auf, ruft uns die Stimme."

In seiner Werkstatt, einem Dickicht von Werkzeugen, eisernen Füßen zum Nähen und Nageln, Ledernadeln, Stichlingen, Zierrädchen, Geräten zum Dehnen, Dreifüßen, kleinen Ambossen, schlug er Alfred Romika Turnschuhe vor, machte eine zwei Zentimeter hohe Einlage hinein, wegen des Spitzfußes, und klebte mutig einen normalen, schwarzen Absatz darunter, ebenfalls zwei Zentimeter hoch. Das sah nicht gerade supermodisch aus. Der Platzwart drückte beide Augen zu, erlaubte mit diesem – für seinen glatten, immer frisch gefegten Sandplatz nicht ungefährlichen Schuh – zu spielen. Glück! Alfred begann nun sein (Un-)Wesen im Club zu treiben; platzierte gleich nach Schulschluss in die Ecken der Aufschlagfelder rote Ballschachteln von Dunlop, um sie mit Aufschlägen wegzuschießen. Schon vor Boris Becker hatte er begriffen, dass ein Aufschlag mit Karacho seine fehlende Schnelligkeit kompensieren könnte. Ganz zu Anfang setzte ihm beim ersten Turnier ein gegnerischer zwölfjähriger Mistkerl einen Stoppball so perfekt ins Feld, dass er nicht zu bekommen war. „Da sodd mr halt laufa könne!", rief man feixend herüber.

Pöla, der Kämpfer in Alfred, schrie nach Rache, wollte sich das nicht gefallen lassen. Immer bis in die Dunkelheit, die meisten waren schon weg, Beleuchtung gab es noch nicht, wurde jetzt mit den Ballbuben und auch dem Platzwart fast euphorisch in den kleinen Aufschlagfeldern trainiert, bis man mit der Zeit nun selbst die gemeinsten Schnittbälle aus dem Handgelenk zaubern konnte, dass den Herren Gegnern vor Wut sogar die Tränen kamen, wenn sie gegen so ein behindertes Ding verlieren mussten. Das war für die ein bisschen schändlich, war peinlich.

Alfred wurde ein Jugendlicher, hatte schöne, lange, weiße Hosen an, spielte, wenn es keine sonstigen Anwärter dafür gab, mit den hübschen Göppinger Frauen, die so um die dreißig waren, gab ihnen pro Spiel 30:0 Vorsprung, wettete dann um eine Sinalco oder Cola, dass er trotzdem noch gewinne. Über kurz oder lang wurde er Jugendmeister des Bezirks

Ostalb, zum Erstaunen aller. So bahnte sich langsam im Tennis Club Göppingen etwas Ähnliches an, wie der *Gunfight at the O. K. Corral*, also am Viehpferch. Ganz früh in der Morgendämmerung, an einem Sonntag im Wilden Westen.

Dieser Shootout oder Gunfight ist ein Synonym für knisternde Spannung. Bei diesem oft verfilmten Ereignis kam es zum blutigen Gefecht zwischen den eher auf der Seite des Sheriffs stehenden Männern Wyatt Earp und Doc Holliday und einer Gruppe von Outlaws in Arizona, in weiterer Umgebung von Santa Fe. Ähnliche Brisanz versprach auch an einem Sonntag im September ein Spiel des Clubturniers, in dem Alfred auf Horst Siebert traf, einem Spitzenspieler der Männerrangliste. Siebert war einige Jahre zuvor noch Jagdflieger gewesen und rauschte schon mal mit seiner Me 109 um das Haus seiner Frau, um sie großspurig zu grüßen. Er war sehr von sich eingenommen, fiel durch ziemlich militärischen, norddeutschen Ton auf – das gefiel nicht jedem –, war sozusagen „stattlich" und spielte sehr stark.

Wie heißt es in Schillers *Die Kraniche des Ibykus*: „Wer zählt die Völker, nennt die Namen/ Die gastlich hier zusammenkamen." Alles kam und brachte auch eine Portion vorauseilende Schadenfreude mit, genauso wie wenn Bayern München gegen eine Nachwuchsmannschaft antritt. Unter den Honoratioren war auch ein Viktor Capesius, vielleicht aus Rumänien, sagte man, noch unbekannt in der Stadt, doch nach Kriegsende überraschenderweise der neue Besitzer der Marktapotheke. Woher hatte er das Geld dafür? Alice drängelte Alfred immer „Das ist Herr Capesius, sag schön Grüß Gott!" Alfred hielt sich zurück, weil Capesius eher schmierlappig wirkte, mit seinen üppigen, öligen Haarwellen, und vor allem gar nicht gut im Tennis war.

„Sieh da! Sieh da, Timotheus,/ Die Kraniche des Ibykus!"

Das Spiel begann. Im ersten Satz flogen die Aufschläge für den verdutzten Horst Siebert unhaltbar in dessen Feld hinüber. Alfred, mit seinem technisch starken, auch nicht unschönen Schlag, gelang der Gewinn des ersten Satzes, und der stolze Luftwaffenmensch hatte sehr zu schlucken und litt gewaltig. Alfred war (später) einmal in Santa Fe, also ganz in der Nähe des Shootouts, nachts von riesigen, schwarzen Polizisten wegen verbotenen Links-Abbiegens geschnappt worden: „Äälfred, you know what you have done, tomorrow you have to go to the judge." Beim Richter elektrisierte ihn die Inschrift, dass im selben Gebäude einst auch Billy the Kid inhaftiert gewesen war und er war enttäuscht, dass seine „No Left Turn"-Strafe mit nur 20 Dollar erledigt sein sollte – während Billy, denkt man allein an Pat Garrett, beinhart um sein Leben hatte kämpfen müssen. Und Alfred auf dem Tennisplatz auch. Das Gefecht gegen Großschnauz wollte er so gerne gewinnen. Wegen des vielen Rennens und der harten Gegenwehr ging ihm langsam die Puste aus. Kein Wyatt Earp, kein Doc Holliday – die alten Wildwestkumpels – konnten helfen, auch nicht in der Phantasie. Dafür kam nach verlorenem dritten Satz Horst, der Flieger, ans Netz, drückte Alfred erleichtert die Hand und sagte so laut, dass alle es hörten: „Du bist der moralische Sieger."

Capesius wurde ein paar Jahre später verhaftet, weil er in Auschwitz für die Beschaffung des Giftgases zuständig gewesen war und möglicherweise auch für das tödliche Serum der Spritzen ins Herz. Der Auschwitzprozess fand, gegen viele Widerstände, dann doch endlich statt. Capesius, der auch in Peter Weiss' Theaterstück *Die Ermittlung* vorkommt, in dem, in Umkehrung von Dantes *Göttlicher Komödie*, das Paradies ein Ort der Verzweiflung ist, wurde zu neun Jahren Zuchthaus verurteilt und vorzeitig entlassen. Bei seiner Rückkehr sollen die Leute applaudiert haben, als er sich erstmals wieder in der Öffentlichkeit zeigte. Angeblich hat er sich an den herausgebrochenen Goldzähnen und Schmuckstücken der Häftlinge bereichert.

Hier bieten sich wieder Schillers *Kraniche* an: „Er geht vielleicht mit frechen Schritten,/ Jetzt eben durch der Griechen Mitte,/ Und während ihn die Rache sucht,/ Genießt er seines Frevels Frucht."

Verwunderung bei Alfred, als er in den Ferien in Göppingen an einer zweiten Apotheke von Capesius vorbeikommt. Er wunderte sich noch mehr, als er unter „Ehrenbürger, Söhne und Töchter der Stadt" den Namen mit dem Zusatz „Apotheker in Dachau und Auschwitz" findet. Zusammen mit Oskar Schlemmer. Bei der Schießerei am O. K. Corral (dem historischen Vorbild für den Film) fielen in 30 Sekunden 30 Schüsse und alle drei Beschuldigten wurden erschossen. In einem der Filme, der diesen Stoff zum Thema hatte, wollte Regisseur John Ford auf die Bildung einer zivilisierten Gesellschaft hinaus, seine Vision, von der er 1943 sprach, war eher eine vom blühenden Obstgarten, der kommen wird, als von der Wildnis, die besteht. Er hieß sehr amerikanisch *My Darling Clementine* (mit Henry Fonda und Linda Darnell).

Wenn es nur möglich wäre, ins Kino zu gehen. Mit dem schönsten Mädchen weit und breit. Und das war Ursula Pritzl vom Schwimmverein. Sie war Deutsche Meisterin über 100 Meter Freistil geworden, mit 16 Jahren. Man hörte es in einer unglaublichen Radioübertragung von Harry Valérien, dem Star-Reporter, mit seinem stark gerollten R. Urrrsula Prrritzel schlägt die bisherige Meisterin Vera Schäferkorrrt.

Listenreich gelang es Alfred tatsächlich, Ursula ins Kino zu locken, es waren schon Signale von ihr ausgegangen, indem sie bei Trainingswettkämpfen auf der Gegnerseite ins Wasser sprang, um gegen Alfred mit ihrer überragenden Schnelligkeit anzutreten und ihn ein bisschen zu ärgern, oder um ihm eins auszuwischen. Sie war wunderschön, von Muskelaufbaumitteln war damals noch keine Rede. Sie lag sehr hoch im Wasser, ihr Beintempo war so stark, dass der davon gebildete

Wasserstrudel aussah wie durch einen kleinen Motor erzeugt, und wegen dieser Schubkraft konnten die Arme völlig entspannt und einmalig ästhetisch durchs Wasser ziehen.

Jetzt war man – weg von der Welt – im Hohenstaufenkino.

Vom Film sah man nicht so viel, Alfred brauchte ungefähr 20 Minuten, um mit größter Konzentration und Herzklopfen zu versuchen, Ursulas Hand zu berühren. Waldspaziergänge, meist mit klitschnassen Regenmänteln, folgten. Unterstände im Wald luden zu vorsichtigen Schmusen ein oder Kosen oder Knutschen – oder einfach zum Gedankenaustausch. Sie war die Schnellste im Wasser, ihre Sprache aber war konträr: bedächtig, eher verzögert, fast wundersam poetisch.

Ich bin mir sicher, dass mein Freund Sven Regener, Element of Crime-Gründer und -Sänger, der immer wollte, dass ich dieses Buch schreibe, dass er sich damals auch in sie verliebt hätte. Sein wunderbarer Text „Niemand ist gern allein, mitten im Atlantik", spricht eindeutig dafür. Vielleicht hätte er allerdings, aus Bremen-Vahr stammend, Schwierigkeiten beim Verstehen gehabt. Alfred hat verstanden – egal, ob als Lohengrin oder als Pölarölara –, dass sie ihr schwäbisches Herz ganz preisgab, als sie leise sagte, vielmehr hauchte: „I mog di ..."

Wedekinds *Frühlings Erwachen* war für Stuttgart damit vorprogrammiert.

DIE KUGELGESTALT DER ZEIT

Die Musik wird wichtig, das Radio. Es gibt nur ein geheiztes größeres Zimmer, in dem nicht weniger als sieben Personen den Abend verbringen. Lesend, Strümpfe stopfend, Schularbeiten machend. Der Süddeutsche Rundfunk bringt Beethovens Violinkonzert, momentan den zweiten Satz. Alfred hat sich in einen Sessel vors Radio gepflanzt. Er zerschmilzt fast, verbietet jedem auch nur mit einem Wörtlein zu stören und schließt die Augen, selig demonstrativ. Vater Julius macht das einige Zeit mit, nimmt dann sein Buch, knallt die Tür zu und geht zum Lesen in einen anderen Raum, irgendwo in der eiskalten Wohnung.

Am 8. Mai 1955 wird Thomas Manns Rede zum 150-jährigen Todestag von Friedrich Schiller übertragen. Man vernimmt tatsächlich, fast mythisch aus dem Äther kommend, die Stimme des Achtzigjährigen, etwas brüchig, aber klar, wie er über die „rohe, raffgierige Menschheit" spricht, die durch zwei Weltkriege überhaupt nicht klug geworden, zum Krieg mit der Wasserstoffbombe aufrüstet und ihrem schon gar nicht mehr ungewollten Untergang entgegentaumelt. „(...) von seinem (Schillers) sanftgewaltigen Willen gehe durch das Fest seiner Grablegung und Auferstehung etwas in uns ein: von seinem Willen zum Schönen (...), zum inneren Frieden, zur Kunst, zur Liebe, zu rettender Ehrfurcht der Menschheit vor sich selbst."

In diesem Sinne versucht Alfred dann auch mit seiner Oma noch intensiver zu musizieren: „Wie Todesahnung

Dämmrung deckt die Lande, umhüllt das Tal mit schwärzlichem Gewande" – Wagners *Tannhäuser* kann sie am Klavier vom Blatt spielen – und der „holde Abendstern", mit fast noch hoher Stimme von Alfred gesungen, ließ weiter auf das Wahre und Gute hoffen.

Auch in die Oper nach Stuttgart wurde gefahren, mit dem Zug über Faurndau, Uhingen, Ebersbach, Reichenbach, Plochingen, Altstadt, Esslingen, Ober- und Untertürkheim, Bad Canstatt. Dort durch einen großen, dunklen Tunnel hindurch, um im Stuttgarter Schlossgarten zwischen den wundersamen, alten Bäumen wieder aufzutauchen und in den Bahnhof einzufahren. Die Bäume teilen heute das Schicksal ihrer Geschwister in Tschechows *Kirschgarten*: ab-ge-holzt.

In einem roten Notizbüchlein wurden exakte Schulnoten für die besuchten Stücke verteilt. *Parsifal* bekam 1 minus, *Arabella* nur 3 bis 4, die *Lustige Witwe* eine glatte 1.

„Quem pastores laudaverunt", der „Quempas", wie er bei den Schülern hieß, wurde zu Weihnachten mit vier Knabensolisten in der Oberhofenkirche gesungen. Es ist das älteste Bauwerk Göppingens, Grundsteinlegung 1436.

Von der Klavierlehrerin Fräulein Finzel bekam man manchmal ein paar Ohrfeigen, weil man wahrscheinlich zum Üben nicht so viel Zeit hatte oder faul war. Trotzdem wurde man 25 Jahre später, im Jahr 1980, von Michael Gielen, dem Chef der Frankfurter Oper, gefragt, ob man mit ihm dort *Die Soldaten* von Bernd Alois Zimmermann machen könne. Dieses Stück, seiner Zeit voraus, galt wegen seiner szenischen und musikalischen Höchstschwierigkeiten als unaufführbar für den normalen Opernbetrieb. Immer wieder sollen die Blechbläser des Gürzenich-Orchesters „Scheiße" in die Probe gerufen haben. Und Gielen, der um die Uraufführung kämpfte, habe eine Whiskyflasche an die Wand geworfen.

Mit ihm, dem hervorragenden Dirigenten und großen Theatermann, hatte Alfred schon *Jenufa* gemacht. Der Dramaturg war Klaus Zehelein, der mit äußerster Klugheit gesegnet war und, wie einige ganz herausragende Exemplare dieser Spezies, die Grenze zum Neunmalklug zuweilen zart berührte. Alfred wohnte bei ihm, nach einem langen Probentag saß er auf dem Bett, es war schon Mitternacht, man kämpfte mit der Interpretation der letzten Sätze des Stücks. In einem Happy End, dem nicht ganz zu trauen ist, ruft Jenufa, die zarte Sopranistin June Card, in höchstem, entäußertem Glück ihrem Laza, dem eindrucksvoll großen Tenor Bud Cochran, zu: „Oh Laza, das ist die Liebe, die Gott gewollt hat!"

Zehelein, mit seinem ewigen nächtlichen Weinglas, steht vor Alfred, der auf seinem Bett knapp vor dem Umkippen ist, versucht ihn zu beschwören, es ihm einzuhämmern: „Alfred, was ist denn die gottgewollte Liebe?" Und schreit vor Aufregung ganz heiser: „Das ist doch der Verzicht!" So soll es bitte auch morgen auf der Bühne gemacht werden.

Als Alfred mit letzter Kraft zustimmt, sagt Zehelein noch, dass um fünf Uhr früh aufgestanden wird, weil die morgige Chorszene noch nicht gut genug vorbereitet sei.

So gegen vier Uhr früh erhob sich allerdings immer ein vielstimmiges Geschrei, wunderliches Zwitschern und Geheul, weil das Gelände des Frankfurter Zoos auf der gegenüberliegenden Straßenseite hinter einer Backsteinmauer begann und die Tiere nach und nach erwachten.

Einmal war in dieser Probenzeit ein Gorilla ausgebüchst und spazierte höflich und bescheiden auf dem Gehweg, immer schön der Mauer entlang.

Über seine *Soldaten* schreibt Zimmermann, das Stück spiele ebenso gestern wie heute und morgen. Er stellt die denkwürdige Behauptung auf, die Zeit habe die Gestalt einer Kugel, in der sich Vergangenheit und Zukunft berühren. Daraus folgt, dass sich Zeit und Raum auflösen, dass sich im Zentrum der Kugel eine innere Handlung vollzieht. Klingt kompliziert, bedeutet aber für einen Roman oder ein

Theaterstück, genauso für Musik, dass Situationen „übereinander geschichtet" beschrieben werden, dass man zu ein und derselben Zeit gewahr wird, wie ein Brief geschrieben und vom Adressaten auch schon beantwortet wird. Wo berühren sich der *Kirschgarten* und Stuttgart 21?

„Es gibt keine Gegenwart im strengeren Sinne. Die Zeit biegt sich zu einer Kugelgestalt zusammen. Aus dieser Vorstellung habe ich meine pluralistische Kompositionstechnik entwickelt, die der Vielschichtigkeit unserer Wirklichkeit Rechnung trägt." (Zimmermann)

Die Soldaten von Jacob Michael Lenz und Zimmermann sind wahrscheinlich vergebliche Appelle an die Menschlichkeit. Lenz soll auch vergebens versucht haben, ein totes Kind wieder zum Leben zu erwecken.

Wenn also das Vorspiel zu den *Soldaten* mit ungeheurer musikalischer Moderne beginnt, eindringlich harte Paukenschläge etwas nicht enden wollendes Unaufhaltsames beschreiben, hat dies durchaus Ähnlichkeiten mit dem viel älteren Streichquintett in C-Dur von Schubert, wo im 2. Satz der immerwährende Basston nicht von einer ehernen Pauke, sondern von gezupften Cellosaiten erzeugt wird, in fortlaufendem Piano jedoch etwas Vergleichbares entsteht, was Arthur Rubinstein als die Seele beschrieb, „the base, the creation of humanity, entrance to heaven."[*]

Da die sogenannten Künstler auch Handwerker sind, die ein sogenanntes Werk (Werkvertrag) fabrizieren sollen, sitzen Professor Kneidl, Bühnenbildner von der Düsseldorfer Kunstakademie, Johann Kressnik, der Wahnsinns-Choreograph, Zehelein und Alfred, der Anführer, zunächst einmal im

---

[*] Aus dem Film *L'ámour de la vie*, 1969, Regie: Gerard Patris, Francois Reichenbach

Binding, dem Restaurant gegenüber der Oper, und stärken sich ihrem hessischen Vordenker Zehelein zuliebe mit Frankfurter Grüner Soße und harten Eiern, trinken ordentlich Bier.

Es muss eine Lösung her.

Wie kann man in einem apokalyptischen Jahrhundert, der Vietnamkrieg war gerade fünf Jahre vorbei, Soldaten darstellen, ohne sich schämen zu müssen oder sich lächerlich zu machen. Ahh!

Sind ihre Militärmützen etwas zu groß? Sind die Militärhosen etwas zu kurz? Da sie in Zimmermanns Komposition meistens für ihre Stimmlage eine Quart zu hoch singen und das schwierig ist, manchmal an der Grenze zum Schreigesang, geht jedenfalls eine Gewalt von ihnen aus: „Frei wie der Wind, Soldaten wir sind." Tragen sie vielleicht auch dicke Socken? Keine Schuhe? Oder ärmellose, verschwitzte Unterhemden? Durch ihr spezifisches Aussehen wird klar, dass sie in eine Welt gestellt sind, die sie nicht überblicken, eine erbärmliche Welt. Deshalb ist es erlaubt, Erbarmen mit ihnen zu haben. So auch in der Musik, „ich bin's, ich sollte büßen", formieren die Bläser sich zu einem Bachchoral.

Marie, das kindliche Mädchen, möchte eigentlich noch spielen, wird von einem Offizier betatscht, später von einem Jäger vergewaltigt („Ich will sie erfrischen!"). Eine glänzende Zukunft wird ihr vorgelogen, während man zu gleicher Zeit ihren schon gehörnten Verlobten Stolzius (Walter Raffeiner) sieht, der nicht von seiner Mutter loskommt und sich wegen seines immerwährenden Kummers einen dicken, weißen Kopfverband verpasst hat. Dazu webt Maries Großmutter wie eine Norne durch den Raum: „Kleines Rösel vom Hennegau, wirst bald zu Gottes Tisch gehen." Martha Mödl, Legende als Isolde und Brünnhilde, sang diese kleine, aber ein ganzes Leben erzählende Rolle. Alfred glaubte zu erkennen, dass sie zu der Zeit privat eine Perücke trug, nahm seinen Mut zusammen, erreichte, dass sie einwilligte mit eigenem Haar zu spielen und dieses Haar war zauberhaft lang, weißgrau und ganz zart gekräuselt. Kleines Wunder. Die von einem mittelhohen Erdwall eingefasste Bühne war so weiträumig, dass ein „Tanz der Simultanitäten" (Joyce) darin jederzeit möglich war.

Da echte Erde zu schwer für die Bühne gewesen wäre, entwarf Karl Kneidl eine Struktur, die mit tausenden von Männeranzügen, anstelle von Erde, bedeckt war. Auf und in diesem Wall saßen nun alle Soldaten, Offiziere und ihre Burschen; eine riesig scheinende Menge, für die die Andalusierin zu tanzen oder sich zu prostituieren hatte. Jeder verfügte über einen kleinen Rasierspiegel, um die bizarre Erotik durch Lichteffekte, Selbstbespiegelung, Einsamkeitsphantasien zu verstärken.

Die Tänzerin von Kressniks Heidelberger Ballett – Aida Smith –, war eine sehr große, kaffeebraune, athletische Schönheit. Ihre Mutter war wohl aus der Gegend von Freiburg, ihr Vater aus Eritrea oder Uganda, vielleicht war sie überhaupt eine nubische Prinzessin. Jazzcombo und Orchester spielten die Musik des halben letzten Jahrhunderts, komprimiert im Zwölfton. Dazu Andalusien! – Das ist La Mancha, Sevilla, Flamenco, Sierra Nevada, das ist das Meer, ist Lorcas *Bluthochzeit*. Darin herrscht der Tod, das Messer, die männliche Stärke, der Mond, die Orangenblüte.

Zum Nachdenken und arbeiten wohnte Alfred diesmal nicht bei Zehelein, sondern in Bad Soden. Beim Heimfahren schaute er immer nach dem Haus von Mendelssohn Bartholdy, das dort in der Königsteiner Straße ganz hell und anmutig stand, sah bei der Heilquelle die alten, wunderlichen Trinkhäuschen und hatte eine Idee. Aida Smith könnte doch in seiner Wohnung wohnen und sich so die tägliche Zugfahrt von Heidelberg nach Frankfurt sparen. Aida willigte ein und nun war es soweit, es ging Richtung Bad Soden, in einem weinroten, ganz flachen Alfa Romeo-Sprint. Der war toll, hatte nur eine Schwäche: Bei starkem Regen blieb er manchmal einfach stehen.

So auch diesmal. Aida war aber so einfühlsam, wie sie schön war. Alfreds größtmögliche Enttäuschung – ihn unter diesen Umständen nicht zu begleiten – wendete sie ab und fuhr mit der S-Bahn mit. Sie saß ihm gegenüber, mit ein paar Regentropfen im Gesicht und hatte ihr Haar zu vielen kleinen Zöpfen geflochten. Da dachte sich Alfred: Wenn sie wüsste, dass sie mit dem Mann von Pölarölara zusammenwohnt, würde sie mit ihm den wunderbarsten *Pas de Deux* tanzen, ihn in die Luft werfen – obwohl er jetzt viel größer als vier Zentimeter war – ihn wieder auffangen, ihn um sich herum schlingen, ihn in sich aufnehmen. Ihn dann mit ihren seidigen Armen zum Frühstück führen und fragen: Magst du einen Orangenblütensaft, Pöla?

Vera kam, die klügste und schönste Dramaturgin der Welt, sie musste mit ihm die nächsten Projekte für Bochum besprechen. Hinter ihren Brillengläsern blitzte der Schalk, die Intelligenz, die Fraulichkeit.

Gabriela kam, die Erlöserin, die Sanftmut, die schöne Hamburgerin. Sie hatte die Fähigkeit, auch mal nach dem kranken Bein zu schauen. Heute steht es in Alfreds Behindertenausweis, es ist also amtlich – er hat ein „B". Das bedeutet, er darf überall eine Begleitperson mitnehmen, im Zug oder Flugzeug – kostenlos.

Aus der gnadenlosen Erniedrigung einer einzelnen Person steigert Zimmermann die letzte Szene durch die Musik zu einer Weltenszene: „Und müssen denn die zittern, die Unrecht leiden, und die allein fröhlich sein, die Unrecht tun?"

Alfred gelingt es, den Betriebsrat zu überzeugen, dass am Schluss alle Mitspieler über den Wall herunterkriechen. „Dazu sind sie eigentlich nicht verpflichtet." (Betriebsrat) Jetzt sitzt Marie, „Nan Christie, Scotland forever", rief sie oft in die Probe, vielleicht um sich zu entspannen, sitzt mit verschmiertem Gesicht, zerlumpt, alleine auf einem Stuhl. Im Orchester scharfe Marschtrommeln: daaaa kommen sie – sie kriechen –, der Wall, eine Welt voller Lemuren! Wenn die Trommeln stoppen, stoppt auch die Bewegung. Alles hängt wie erstarrt im Hang. Michael Gielen, der mächtige Kopfhörer trägt, hebt zum letzten Einsatz den Taktstock. Sämtliche Instrumente spielen den Ton E. Darüber elektronisch im Zuschauerraum: Schreie von Frauen, Wimmern, Panzer, Lastwagen und Orgel. Eine Lichtwand scheint die Atmosphäre zu zerreißen. Dunkel.

Dies sei Oper, neu gesehen, hieß es. Die Frankfurter hatte nun Europa Niveau. Einladungen folgten, zu Gerard Mortiers La Monnaie nach Brüssel, nach Wien.

Das Team war stolz, besonders auch auf sein politisches Engagement. Schließlich kannte man auch Zimmermanns *Requiem für einen jungen Dichter*, worin die an sich demütige Bitte „Dona nobis pacem" in einen Befehl oder Schrei an Gott verwandelt wird: „Gib uns endlich Frieden!"

Die Kugelgestalt der Zeit war offensichtlich durcheinander. Man hätte meinen können, dass die Vergangenheit die Zukunft doch nicht berührt hatte. Nicht Syrien, nicht den Irak, nicht den Iran, nicht Afghanistan, nicht Kuwait, nicht Libyen, nicht Sarajewo, nicht Angola, nicht Uganda, nicht die Ukraine.

Alfred hatte gegen Ende noch mit dem trefflichen Christoph Vitali, dem Finanzdirektor und späteren Chef des Kunsthauses München, um eine geringe Geldausgabe für die Produktion gekämpft und musste dabei leider lachen. Vitali sprang hoch, riss die Tür auf und schimpfte in wunderbarstem Schweizerdeutsch: „Sie haben mich verrr-lacht!" Und schmiss ihn raus.

Wieder in Bochum dachte Alfred an eine kurze, verdiente Erholung, rief die Nummer einer in der *FAZ* annoncierten Ferienunterkunft in der Toskana an. War sehr gespannt, was genau das wohl wäre. Eine weibliche Stimme sagte auf Deutsch: „Herr Vitali kommt gleich." Sakrament! Wahnsinnszufall, oder was? Beide Herren taten so, als ob nichts gewesen wäre und machten einen Ferientermin aus.

Endlich im Toskanischen, schlossartiges Haus mit hohen Steinmauern, Glühwürmchen in den Büschen, Fledermäuse kopfüber von den Zimmerdecken hängend. Mitten in der Nacht ein Glöckchen. Beim Hinausschauen weiteste Sicht, Vollmond, unten, auf der Wiese, viele, viele Schafe, ihre Wolle weiß glänzend im Sommernachtstraum. Man hörte ganz leise, wie sie fraßen. Und das Glöckchen vom Leithammel. Das war wie Frieden.

VON DER STRAFKOLONIE
ZUR FREIHEITSGLOCKE

Besagter Dr. Koch, Klassenlehrer für Deutsch, Geschichte und Latein, hielt es aus erzieherischen Gründen für nötig, im Hohenstaufen Gymnasium eine gewisse Herrschaft des Schreckens aufzubauen. „Wer bei mir nicht durch das Stahlbad des Lateins gegangen ist, der gehe in die Waldorfschule!"

Als dann ein etwa fünfzehnjähriger, etwas abgemagerter, neuer Mitschüler aus der „Ostzone" kam und eben in diesem Latein ein wenig schwächelte, wurde ihm bedeutet, er solle doch dahin zurückgehen, wo er hergekommen sei. Ave, Caesar …

Die dunklere, fensterlose Bankreihe an der Wand war die „Strafkolonie". Dort saßen die prekären Schüler. Über *prekär* heißt es im Duden: „In einer Weise geartet, die es sehr schwer macht, die richtigen Maßnahmen zu treffen (…), schwierig, heikel."

Also: Dr. Koch, der im Grunde genommen als fortschrittlich galt, vielleicht war er Sozialist oder gar Kommunist, stürmte morgens energisch, trotz gewisser Beleibtheit, zur Tür herein und schrie als erstes – mit dem beringten Finger auf Alfred zeigend – „Ziehe um!" Das bedeutete ganz klar eine Fünf – die rot eingebundenen Hefte hatte er unterm Arm geklemmt – oder gar eine Sechs in der Lateinarbeit. Nachdem ihm sein Heft verächtlich auf die Bank geknallt wurde, blieb Alfred nichts anderes übrig, als möglichst gelangweilt und umständlich seine Sachen einzupacken und „umzuziehen", sich also ein Plätzchen in der Strafkolonie zu suchen.

Einen Eklat gab es, als sein hinterhältiger Nebensitzer aus Bad Boll ihm ohne Vorwarnung einen Schubs gab und er – es war gerade ganz leise in der Klasse – in den Gang zwischen den Bankreihen flog, man kann auch sagen krachte. Der Mann von Pölarölara lag nun, wie Kafkas Gregor Samsa, als Käfer auf dem Rücken, um sich herum die Schuhe der Mitschüler dicht vor der Nase.

Dr. Koch, der die Schuldfrage total einseitig sah, war über die Maßen verärgert und ordnete an, dass Kirchner den Rest des Schuljahres neben ihm zu sitzen habe. Er saß nämlich mit dem Hintern auf der Schreibfläche der ersten Bank, Mitte. Alfred nun neben ihm, aber auf der Sitzbank, also beträchtlich niedriger als er und dadurch ziemlich klein. Dr. Koch roch gar nicht gut, aber durch das enge nebeneinander Sitzen, gelang es Alfred immerhin zu sehen, welche Gemeinheiten er sich heimlich notierte.

Außerdem wurde Alfred durch diesen neuen Platz offizieller Souffleur. Wurde ein Referat gehalten oder ein Gedicht vorgetragen, begab sich Dr. Koch zu seinem Lehrerpult, wo er ja auch hingehörte. Der Vortragende stand nun vor Alfred, Gesicht zur Klasse gewandt, und sollte zum Beispiel Gottfried August Bürgers unmäßig langes *Lied vom braven Mann* vortragen. Kurt Bayer – der Schüler, der da stand – boxte bereits bei „Olympia Göppingen" im Mittelgewicht, sah super aus und flüsterte in höchster Not, fast unhörbar für Alfred: „Ich kann es nicht." Der drehte darauf eiskalt das Buch mit Gottfried August einfach um. Ganz langsam, Zentimeter für Zentimeter. Koch konnte es ja nicht sehen, da Bayer ihm die Sicht verdeckte, und das Schicksal nahm seinen Lauf. Der jugendliche Boxer und auch Freund konnte aus dem umgedrehten Buch alles ablesen und schloss endlich, nach gefühlter Ewigkeit, mit „Gottlob! Dass ich singen und preisen kann/ Unsterblich preisen den braven Mann".

Dr. Koch schob nur seinen Arm vor, grabschte wie immer nach dem Klassenbuch und sagte kühl und triumphierend, während Bayer noch nicht an seinem Platz zurück war: „Zunächst einmal erhält der Kirchner einen Eintrag." Kein Wort weiter.

An einem April-Nachmittag zahlte Pöla zurück. Draußen schneite es, drinnen fühlte man sich sogar einigermaßen geborgen und auch Dr. Koch wurde ganz zutraulich, hatte wohl seinen Traum von germanischen Göttern und Naturgeistern, von Wotan. Und auch vom „Reiterle", das mit seinem Kopf unterm Arm auf dem „Kalten Feld" die Menschen in früherer Zeit auf der Schwäbischen Alb mordsmäßig verängstigt und schockiert haben soll. Für Koch war es nun eine interessante Frage, was wohl ein Holzfäller tat, wenn er einen Baum fällen sollte, in ihm aber eine Elfe, einen Troll oder einfach ein höheres Wesen vermutete. „Ziehe um!", rief Alfred, der wieder an einem normalen Platz im hinteren Teil der Klasse saß. Riesiges Gejohle und Gelächter. Dr. Koch jedoch – im Bruchteil einer Sekunde – beschrieb mit erhobenem Arm von rechts nach links einen großen Bogen durch die Luft, zeigte mit dem fleischigen Finger zur Strafkolonie und schrie in den Lärm: „Ganz richtig, ganz richtig! Ziehe um!"

Später, als die Schulzeit beendet und Alfred durchs Abi gefallen war, begegneten sich die beiden zufällig auf der Straße. Dr. Koch bat den sehr Verwunderten kurz mit ihm in seine Wohnung zu kommen, ging dort zum Bücherschrank und grabschte, wieder mit dieser Hand, jetzt aber ganz fröhlich, nach einem in Silberpapier eingebundenen Buch – Stendhal, *Über die Liebe* – und schenkte es Alfred.

In der Einleitung schreibt Stendhal:

„Ich schreibe nur für hundert Leser, für unglückliche, liebenswerte, prächtige, aller Heuchelei bare, durchaus amoralische Menschen, die ich fragen möchte: Bist du einmal in deinem Leben ein halbes Jahr aus Liebe unglücklich gewesen? (…) Liesest du hin und wieder eines jener anmaßenden Bücher, die die Leser zum Nachdenken zwingen, (…) Die Liebe gleicht dem, was man am Himmel Milchstraße nennt. Sie ist ein schimmerndes Meer, von Myriaden kleiner Sterne gebildet, von denen der einzelne meist nicht erkennbar ist. In der Literatur hat man vier- bis fünfhundert von den kleinen, aneinander gereihten Empfindungen festgestellt, (…) die zusammen die Leidenschaft ausmachen, und sich oft geirrt, indem man Begleiterscheinungen für Hauptdinge gehalten hat."

Dieses Geschenk von Dr. Koch bleibt ein Rätsel, eine kleines Mysterium.

Es gab auch Lichtblicke in der Schule. So die vehementesten Diskussionen in der Philosophie AG, in Religion, in Deutsch. Mit einer Hingabe geführt, wie es eben jungen schwäbischen Erdenbürgern möglich ist, die sich immer in dem Bewusstsein sonnten, dass ein Hermann Hesse im selben Gymnasium war, ein Schiller um die Ecke in Marbach, ein Hölderlin in seinem Turm am Neckar. Über Karl Jaspers neuen Begriff der „Abhängigkeit von der Transzendenz" war man so stolz, fast eine Sekunde fühlte man sich „erhaben" im sonstigen Schlamassel des Alltags.

„Ich rate Ihnen dringend zur üblichen Form des Besinnungsaufsatzes zurückzukehren", zeterte der Lehrer Neifer in seinem braunen Anzüglein, als Alfred etwas Kühnes machen wollte und in seinem Aufsatz „der Strand, von den Messern der Sonne gebleicht" zu schreiben sich erlaubt hatte. Lehrer Neifer hielt dieses Bild für logisch nicht möglich. Für Alfred hingegen stand es für sein erwachendes Selbstbewusstsein und eben auch für Dichtung: Ein Messer könne durchaus bleichen, also ausbluten. Ob Herr Neifer denn nicht Wolfgang Borchert gelesen habe. – Riesengeschrei, Kleintumulte und Gelächter in der Klasse, als Neifer Alfred auch noch mit „Goethe" ansprach. Der wehrte sich, maulte etwas von Gedankenfreiheit, doch Neifer, unbeugsam, benotete und bestrafte die Arbeit mit einer 3, also einem üblen „Befriedigend", was wieder eines der wenigen Einserfächer von Alfred gefährdete.

Etwas sehr Verlockendes, das Schönste überhaupt, war die Dramatische Arbeitsgemeinschaft, die später sogar unter der Kurzform Dram.AG. ein wenig legendär geworden war. Martin Schwab, heute Ehrenmitglied des Wiener Burgtheaters, war dabei, ebenso F. W. Bernstein, der Mitbegründer der Neuen Frankfurter Schule und der Zeitschrift *Titanic*. Wenn man vorhatte, etwas für die Unsterblichkeit zu tun, musste man versuchen, in diese AG hineinzukommen.

Bruder Julius fand es gänzlich fehl am Platz, ja unmöglich, dass sein komischer Humpelbruder nun auch Teil dieser kostbaren Institution sein sollte, in der er selbst schon länger etabliert war.

Und Alfred ging wieder zu seinem Schustermeister nach Salach. „Herr Rieker, ich muss den König Philipp in *Don Karlos* spielen, der trägt spanische Kniebundhosen. Man wird mein dünnes Bein sehen." Herr Rieker machte daraufhin eine Wade, die wunderschön war und am Bein durch die eigene Spannung festhielt – man brauchte nicht einmal einen Reißverschluss. Ein beinschöner Philipp betrat also die Bühne, weißhaarig und uralt aussehend, wie eine Mischung aus Moses und Spencer Tracy, und sprach im 4. Akt nach tiefem Stillschweigen und Zweifel an seiner Vaterschaft: „Nein! Es ist dennoch meine Tochter/ Wie kann die Natur mit solcher Wahrheit lügen?/ Dies blaue Auge ist ja mein! (...) Kind meiner Liebe, ja du bist's. Ich drücke/ Dich an mein Herz – du bist mein Blut."

Die *Neue Württembergische Zeitung* wurde „bis in Einzelheiten" an „großes Theater" erinnert und Alfred, der sich wegen der besorgten Eltern mit manchem Trick an der Max-Reinhardt-Schule beworben hatte, bekam nach dieser herrlichen Kritik dann doch noch Geld für eine Fahrkarte mit dem Interzonenzug nach Berlin. Dieses war so weit weg, wie der Mond. Es lag inmitten der SBZ, der sowjetisch besetzten Zone, auf den Waggons stand „Deutsche Reichsbahn".

Am Bahnhof in Stuttgart stand eine kleine Verlobungsgesellschaft am Bahnsteig, die übereinkam, die Braut zu Alfred zu setzen, weil er wohl einen sehr vertrauensvollen Eindruck machte. Sie hieß Renate, war so zauberhaft wie eine Braut nur sein kann, und da niemand anderes im Abteil störte, bekam die Fahrt ins Ungewisse einen Touch von Tausendundeiner Nacht. Glücklicherweise. Denn Alfred mit seinem schönen Jackett mit breiten Schultern, seinen Haaren mit akkuratestem Scheitel, hatte auch Goethes *Iphigenie* dabei, woraus er bei der Aufnahmeprüfung deren kummervollen Bruder Orest vorspielen wollte:

„Es ist der Weg des Todes, den wir treten:/ Mit jedem Schritt wird meine Seele stiller, (…)"

Draußen in der Nacht flog die raue Realität des geteilten Landes vorbei und drinnen vibrierten Herzensahnungen. Was könnte Renate mit Iphigenie zu tun haben? Was war sie „mit der Seele suchend"? Sie sank gegen Mitternacht in die Arme von Alfred, nicht nur von Pöla jetzt, sondern auch von Orest, in den er sich eben verwandelte, nach seiner Schwester suchend, auf der Insel Tauris.

Wer hat jemals von einem Ort namens Probstzella gehört, wo die Loks gewechselt wurden, oder von Weißenfels? Wer hätte sich den Frust gegen vier Uhr morgens in Leipzig vorstellen können, da die Unsympathler der Obrigkeit als Volkspolizisten ins Abteil polterten, eisige Kälte mit sich brachten und mit Schäferhunden nach Verdächtigem suchten – eine nicht unkomische Sprache mit ihren Hunden sprechend, die draußen unterm Zug weiter schnüffelten und auf die Gleise kackten.

Renate, die Braut, war in Leipzig ausgestiegen, Alfred dann morgens gegen neun am Bahnhof Zoo. Alles fremd. Alles anders. Linie 29 – draußen gefunden. Riesige Brandmauern, große Breite und schmuddelige Aura des Kurfürstendamms – das war er also! Ausgestiegen wurde Joachim-Friedrich-Straße. Wo heute ein moderner Bau, ein Designhotel, steht, war damals, auf einer zerbombten Fläche, in einer kleinen Currywurstbude, ein steinalt aussehendes Mütterchen, das die Wurst für 80 Pfennig anbot.

Tante Else wartete auf ihren Neffen in einer nicht zerstörten Altbauwohnung, Kurfürstendamm 140. Mit abenteuerlichen, einstmals wohl schönen Teppichen, einem mächtigen schwarzen Flügel und einem ebenso schwarzen Scotch Terrier namens Puppsi. Bei einem Imbiss dann, mit mitgebrachten schwäbischen Bretzeln, aufgebacken nun und schön gebuttert, wurde das Radio eingeschaltet.

Der Sender meldete sich mit dem Namen RIAS Berlin. Und es begann ein ungeheurer Klang: Aus dem Turm des Rathauses in Schöneberg hörte man die über 10.000 Kilo schwere, aus den USA per Schiff nach Berlin gebrachte Freiheitsglocke mit ihrem dunklen Geläut. Auf einem „Kreuzzug für die Freiheit", hatte man sie durch die ganze USA reisen lassen und ihre Botschaft, gegen den sowjetischen Osten gerichtet, tönte jetzt durch Tante Elses Wohnung, wobei ein Schillertheater-Schauspieler zu hören war, feierlich, wahrscheinlich auch von sich selbst ein wenig beeindruckt: „Ich glaube an die Unantastbarkeit und an die Würde jedes einzelnen Menschen. Ich glaube, dass allen Menschen von Gott das gleiche Recht auf Freiheit gegeben wurde. Ich verspreche, jedem Angriff auf die Freiheit zu begegnen und der Tyrannei Widerstand zu leisten, wo auch immer sie auftreten mögen."*

---

* Der Text des Freiheitsgelöbnisses basiert auf der amerikanischen Freiheitserklärung.

Alfred war total vergeistert. Schon wieder war er Zeuge großen Theaters geworden. Dabei sollte die Aufnahmeprüfung zur Max-Reinhardt-Schule erst morgen sein.

JA, DA MUSS MAN SICH DOCH EINFACH HINLEGEN
… da kann man doch nicht kalt und herzlos sein!

Es ist nicht besonders pathetisch, wenn man sagt, Berlin war eine offene Wunde. Eine Wunde der Selbstverstümmelung. Darin wohnten Menschen und wurden nicht zu Unrecht von anderen streng beaufsichtigt, von Franzosen, Briten, Amerikanern, Sowjets, die mit Jeeps herumfuhren oder Panzern. Hinterm Zoologischen Garten, da, wo heute die großen Hotels stehen, gab es nur noch Erde und untergegangenes Leben, verwehte Geschichte. Im Grunewald sah es besser aus. Dort hatten ihn Britta und Nanni, zwei Schwestern, mit dem Bus Nr. 29 (jetzt 129) hingebracht. Britta, die Pianistin, war Pölarölaras treue Brieffreundin geworden, nachdem er ihr in den Sanddünen von Jesolo, tief braun, fast schwarz, wie er war, weisgemacht hatte, er sei Italiener. Puccini und Bach nannte sie ihrem neuen italienischen Bekannten als ihre Lieblingskomponisten.

Jetzt stand man vor einem Haus in der Richard-Strauss-Straße 4, das einer feinen älteren Dame glich, mit hohem, spitzem Giebel, verglasten Balkonen und verwunschenem Erkertürmchen, wie man sich das vom historischen Berlin schon eher erwartet hatte. Gegenüber, auf Nummer 1–3, soll die Grunewald-Klinik gewesen sein, mit einer Büste des legendären Chirurgen Sauerbruch, dem Erfinder von unglaublichen Prothesen und künstlichen Händen, einem Pionier medizinischen Fortschritts, tief verstrickt in den Nationalsozialismus. Vor dem Gebäude sind jetzt Stolpersteine eingelassen. Zum Andenken an die Verschleppten und Ermordeten, die hier einmal wohnten.

Die Lehrer der Schauspielschule, auch sie trugen die ganze vertrackte und große Geschichte des Berliner Theaters mit sich. Lucie Höflich, eine Ikone aus der Zeit Max Reinhardts, war noch da. Hilde Körber, die Leiterin, nun auch Senatorin für Jugend und Sport, bis 1938 mit Veit Harlan, dem berüchtigten Regisseur des Hetzfilmes *Jud Süß* verheiratet. Roma Bahn, eine bewunderte Lehrerin, die 1928 mit Brechts Polly am Schiffbauerdamm der *Dreigroschenoper* zum Welthit verhalf. Günther Hadank, preußischster aller Darsteller im legendären Film *M – eine Stadt sucht einen Mörder*, mit Peter Lorre und Gustav Gründgens. Da konnte es einem schon schwindelig werde.

Jetzt wimmelte es von jungen Menschen, die sich nicht nur hoffnungsfroh bewerben, sondern auch aufgenommen werden wollten. Es waren ungefähr 700 – für 20 Studienplätze. Alfred hatte seinen Göppinger Anorak dabei, der ihn oft vor dem Ostwind geschützt hatte, wenn die Schneekörner von der Rauen Alb wie „Tausend Nädele" ins Gesicht stechen und beißen wollten.

Nun aber ging es auf eine kleine Bühne. Er steckte jedenfalls in einem schwarzen Parallelo-Pullover, einer schwarzen Hose, den orthopädischen Schuhen von Herrn Rieker aus Salach – und versuchte möglichst gerade zu gehen. („Papa geht ein wenig schief", sagte Tochter Emilie später.)

Was möchten Sie vorsprechen? Den Orest ... Goethe ... Jetzt kam es darauf an. Man musste sein bestes Hochdeutsch hervorholen. „Äs ist der Weg des Todes, den wir träten." – Das natürlich nicht. Egal, er legte alles, was er bis jetzt erlebt hatte, in seine Vorstellungskraft hinein. Es war fast ein wenig wie damals der Blick ins Weihnachtszimmer – jetzt bloß nicht in Ohnmacht fallen! Dann noch ein Stück Monolog von König Philipp in seiner Einsamkeit: „jetzt gib mir einen Menschen, gute Vorsicht (...) gib mir einen Freund."

Alfred war so unglaublich einsam gewesen, dass es unten bei der Jury ganz still geworden war. Er musste nun zu Hilde

Körber ins Direktionszimmer. Aus riesigen, durch eine Brille vergrößerten, veilchenblauen Augen schaute sie ihn an: Es seien alle äußerst positiv beeindruckt, aber sie rät wegen des Beins vorsichtshalber noch zu einem anderen Beruf. Zack.

Dann kam Roma Bahn, die als *Dreigroschenoper*-Polly immerhin gesungen hatte „ja, da muss man sich doch einfach hinlegen, ja, da kann man doch nicht kalt und herzlos sein." Roma meinte, der Junge muss genommen werden, sonst gibt's Zoff. Sie hätte auch keinen Bewegungsunterricht gehabt. Vielen, vielen Dank!

Die „Anmutung" des Ganges spielte jetzt keine Rolle mehr, der Schritt war 30 Zentimeter über dem Boden. Alfred schwebte zu seiner Tante, schwebte in den Interzonenzug, durfte in Leipzig sogar ein Fenster öffnen und sah, dass zwischen den Vopos und den Schäferhunden ein Mädchen strahlend winkte, es war Renate, die Braut, die für die Rückreise extra auf seinen Zug gewartet hatte. Sie kam ins Abteil – man schwebte nach Stuttgart.

Im Hohenstaufen Gymnasium wurde Alfred vors Lehrerkollegium gebeten. Der Direktor Dr. Zimmermann (Mathe) bot an, dass das Abitur noch einmal gemacht werden könne. Alle wunderten sich über die Größe von Alfred – er schwebte ja immer noch – als er dankend ablehnte und verkündete, dass er weggehen werde. An die Max-Reinhardt-Schule des Landes Berlin.

ET HAEC MEMINISSE SEMPER IUVABIT
Sich daran zu erinnern wird einen immer freuen

Anno Domini 1957 war Berlin ein wunderlicher Misthaufen. Muff und Enge mischten sich mit verletztem Stolz und Bedauern über den Verlust einstiger Herrlichkeit und Größe. Die Sprache hörte sich allerdings witzig an, sympathisch. Überlebenskunst war angesagt. Die Schablonen sozialer Verwerfungen waren so einfach wie immer: Die einen gingen schon wieder zu den großen Adressen, zu Kranzler oder Kempinski. Heinz Henschke, der Autor der Operette *Maske in Blau* und Alfreds späterer Gegner vor dem Bundesgerichtshof wegen Verunglimpfung derselben, renommierte damit, dass er immer im Kempinski frühstücke. Die anderen versuchten, mit ihren in Wintermänteln eingenähten Waren auf den Schwarzmärkten klägliche Geschäfte zu machen. Im Gefühl westlicher Freiheit war man in manchen Straßen unversehens inmitten wunderbarer, aufregender Frauen. Ganz dicht an ihnen, fast berührt, absichtsvoll gestreift. Verheißungsvolle Blicke, aufmunternde. Ärmlich wirkten sie oft, hinreißend ordinär, seltener auch liebevoll, sie hatten schöne rote Münder, Pumps und dufteten nach Parfum. Man spürte dringende, bittende, unverschämte Aufforderungen. Ein Vergleich zwischen dem Mann von Pölarölara im Schelmenrock und Parzival im Narrenkleid mag kühn sein, doch da ist die Erinnerung: *Parsifal* in der Stuttgarter Oper, wofür es eine 1 minus im roten Notitzbüchlein gab. Klingsor wurde wegen Unkeuschheit nicht in die Ritterrunde aufgenommen, selbst dann nicht, als er sich entmannte, so in der Ur-Sage, in

Versen geschrieben. Kundry, das zauberhaft wilde Weib, das Parisifal mit seinen Blumenmädchen verführen soll, leidet vor allem an dessen Mitleidlosigkeit gegenüber dem schwer verwundeten Amfortas. Auf seinem Weg zum Gralskönig muss er schlimme Bewährungsproben bestehen, er soll durch Mitleid wissend werden. Wie wird es Alfred ergehen, bei seinem leichten Humpelgang durch diese bis dahin nie gesehene Frauen- oder Mädchenwelt? Können Prostituierte auch seine Schwestern sein? Leben oder Theater? Was wartet mit Richard Wagner auf ihn?

Glücklicherweise gab es auch Louis Armstrong und Ella Fitzgerald, die in Berlin auftraten. „What a wonderful world!" Alfred hatte es geschafft, in der ersten Reihe einen Platz zu ergattern und die beiden zu erleben. Eine Welt voller Wärme strahlte aus diesen leuchtenden Menschen, ein Hauch von New Orleans, von Mississippi wehte von der Bühne. Satchmos Trompetenklang war ein silberner Pfeil, der durch den Raum flog und nur von ihm so gespielt werden konnte. Aus seinem ziemlich großen Mund mit den strahlend weißen Zähnen kam eine Stimme, die mit ihrer faszinierenden Heiserkeit an jedem Punkt der Erde als die eine erkannt wurde. Sein Humor war so liebevoll, sein oft wiederkehrendes, tiefes, singendes Brummen erinnerte an den Bären, dem ja ein paradiesisches Bewusstsein nachgesagt wird. Ella, „the Lady of Jazz", ging dann noch mit Alfred – Sensation – auf einen Drink in die Jazzkneipe Eierschale. Dort gab es einen ganz schön dicken, jedoch gelenkigen Kalle Gaffkus, der zum Sound der „Spree City Stompers" die rock'n-rollenden Gespielinnen kopfüber durch die Luft werfen konnte und x-mal Deutscher Meister, ja sogar Weltmeister wurde. Alfred hat damals seine schöne Pfeife, die er meinte rauchen zu müssen, in der Eierschale vergessen. Ob sie da noch heute liegt?

„Hast du Oma", war ein Spruch unter den Türken, die wenig später als Gastarbeiter gekommen waren, wenn sie eine interessante Beziehung mit einer der vielen Kriegerwitwen hatten. „Hühner Hugo" stand plötzlich auf dem Olivaer Platz, mit einem Gerät, das unmäßig viele Hühner gleichzeitig braten konnte. Überall gab es im Eiltempo hochgezogene, kleinere, billige Gebäude, in denen Geschäfte gemacht werden konnten, zwielichtige oder auch (langweiliger) ordentliche. Oft knallig beleuchtet. Das Ganze glich einem Karussell, aggressiv und bunt, das sich überlaut um sich selbst drehte, unablässig, haarscharf am dritten Weltkrieg vorbei, nur wusste niemand, wann es enden oder zu stoppen sein würde. Für Alfred war es wie ein phantastisches Kaleidoskop, neues Wissen, neue Bekanntschaften. Denn was in den Sesseln des Karussells mitflog, war anbetungswürdig: Samuel Beckett mit *Warten auf Godot*, das im Schlossparktheater gespielt wurde; Jean Paul Sartre mit *Die Fliegen*; Jean Giraudoux mit *Die Irre von Chaillot*, gespielt von Hermine Körner und dem aufgehenden Stern Klaus Kammer, wofür man im Schillertheater übernachten musste, um eine Karte zu bekommen; Edward Albee war dabei, dessen *Wer hat Angst vor Virginia Woolf?* in seiner wüsten Schroffheit einfach nicht zu fassen war; Jean Anouilh mit *Der Walzer der Toreros*, in dem Martin Held fast notzüchtigend – „Tanze mit mir mein Gerippe!" – die zart-harte Roma Bahn an sich riss; Eugène Ionesco kam geflogen, Eugene O'Neill und Albert Camus, mit dem unerwarteten Nobelpreis, der von den sehr Linken für Sartre erwartet worden war.

Die Max-Reinhardt-Schule wollte mit den geradezu historischen Veränderungen mithalten. Weg von starren Regeln: Improvisation! Psychologie! Biogymnastik! Und dann noch das Neueste vom Neuen: Jazztanz. Jazzgesang. Am Flügel hockte dabei ein lässiger junger Schlacks, mit ziemlich großer Nase, vielen Pickeln im Gesicht, trotzdem nicht unhübsch, sein Name war Aribert Reimann, der spätere

Komponist der Oper *Lear*. Ein Dieter Dorn, künftiger Intendant beider Münchner Schauspielbühnen, geisterte herum, eine herzerwärmende Rosel Zech. Wilhelm Wieben wurde „Mister Tagesschau" und weil er aus Dithmarschen kam, kapierte der Schwabe von da unten nie, warum er das Wort Hose (Ho-ouse) so merkwürdig sprach. Er hielt ihn für einen Dänen. Oder für schwul. Martin Schwab war da, zur lebenslangen Zusammenarbeit mit Alfred verdonnert, Burghart Klaußner kam etwas später.

Und Olaf Bison schaffte es „für eine Camel gehe ich meilenweit" derart abgründig – sozusagen bärenerotisch zu sagen –, dass er damit zu einem König der Werbesprecher wurde.

Eine attraktive Person aus dem höheren Jahrgang der Schauspielschule, die spektakulären roten Haare hinten zu einem Knoten zusammengefasst, verbarg vielleicht ein spannendes Geheimnis, das sie oft distanziert wirken ließ, mit zarter Tendenz zur Arroganz. Sie hieß Christina Monden und schenkte Alfred, als sie die Schule ans Theater nach Wittenberg verließ, ein Bild von sich, auf das sie mit grüner Tinte geschrieben hatte: „Et haec meminisse semper iuvabit." (Sich daran zu erinnern, wird einen immer freuen.)

Dieser schöne Satz gilt in jedem Fall auch für Roma Bahn, hoch geachtete Berliner Theatergröße und schnörkellos in die Tiefe gehende Lehrerin. Da war immer noch viel von Polly. Zart, schlank und schlagfertig; lange rote Fingernägel und einen schneeweißen Karmann Ghia. Bei der Rollenverteilung schaute sie Alfred an und sagte: Hamlet?

Alfred war dann nur noch Hamlet, wahrlich beflügelt von dieser Aufgabe und Ehre. Meist schwarz gekleidet arbeitete er wie besessen für die Weltenrolle und für Roma, die schon selbst die Ophelia gespielt hatte. Selbst Elita Schmidt, die Zimmerwirtin, wurde Hamlet. Sie musste nämlich durch Alfreds Zimmer in ihre Küche – weshalb es nur 50 Mark kostete. Sie traute sich nicht, mit ihrem Struwwelpeterkopf, dem zauberhaften Silberblick, den dünnen Beinchen, die sie bei großer Freude auf den Boden rattern ließ, traute sich nicht, am frühen Abend zu stören, weil sie zwar großen Hunger hatte, die zweiflügelige Schiebetür aber nur mit einem gewissem Donnergrollen zu öffnen war. So hörte man Elita nun durch die Ritze der Schiebetür mit knurrendem Magen ganz leise Hamlets Worte flüstern: „O schmölze doch dies allzu feste Fleisch, zerging und löst' in einen Tau sich auf", die sie sich von Alfreds Üben gut gemerkt hatte.

Das weiter gedrehte Kaleidoskop produzierte immer neue atemberaubende Farben: So als Alfred zu Felsensteins ultimativen *Entführung aus dem Serail*-Inszenierung in die Komische Oper ging und fürs Leben beeindruckt war, als er im Tiergarten, angelockt von den martialischen T-34 Panzern am russischen Ehrenmal, im düsteren Innenraum von zwei Wachen mit Kalaschnikows und aufgesetzten Stahlhelmen mit „Zurrruk, Bruderr, Zurrruk, Bruderr" rüde an irgendwas gehindert wurde oder als Hilde Körbers Hund (Cocker Spaniel) sich auf ihn stürzte, als er als Richard III. rücklings auf dem Boden lag, wie es in der Rolle sein muss und in höchster Not „ein Königreich für ein Pferd" schrie.

Es gelang ihm, ein zehnminütiges Gespräch mit Helene Weigel, Brechts Witwe und Intendantin des Theaters am Schiffbauerdamm, zu führen. Sich mit ihr, der Kämpferin, der Erfinderin des weltberühmten „Stummen Schreis" in *Mutter Courage*, unterhalten zu dürfen, war so sensationell wie etwa ein Treffen mit Mutter Teresa oder mit der leibhaftigen Theatergeschichte. Sie fragte, was er am Bein habe, sagte, auf der Bühne wären andere Dinge ausschlaggebend und dass Alfred die politische Dimension des Theaters immer beachten möge. Hat die damalige Gegenwart die Zukunft wahrhaftig berührt oder war diese Begegnung mit „Heli" ein Wegweiser zum Gastspiel des Burgtheaters 1988, als Alfreds *Arturo Ui* zum Gedenken an Brechts neunzigsten Geburtstag an der Volksbühne in Ostberlin eingeladen war. Das Interesse an dieser Inszenierung war überwältigend. Auch die blauhaarige Margot Honecker im blauen Pelzmantel und Erich machten ihre Honneurs. Den berühmten Schluss sprach Erika Pluhar, die feine und schöne Burgschauspielerin: „Dass keiner uns zu früh da triumphiert, der Schoß ist fruchtbar noch, aus dem das kroch."

Indes kam von Kurt Buecheler, einem Lehrer der Schule, ein schwergewichtiger Auftrag für eine Aufführung an der Vagantenbühne. In der Rolle eines Sprechers war von den 200 jüdischen Waisenkindern zu erzählen, die in Treblinka in den Tod getrieben worden waren. Ihr Lehrer und Erzieher, Janusz Korczak, hatte sie nicht verlassen und war mit ihnen bis zum Ende gegangen. Er soll den Kindern beim Abtransport aus dem Warschauer Ghetto gesagt haben, dass sie aufs Land fahren würden, wo es Wälder mit Beeren gäbe, Blumenwiesen und Flüsse, in denen man baden könne. Er ordnete an, Festtagskleidung zu tragen. Ein kleiner Geiger spielte, als die Kinder losmarschierten und im Chor sangen. Die Steine weinten, als sie den Zug mit den Kindern und ihrem Lehrer haben dahinziehen sehen. Das Stück war von Erwin Sylvanus und hieß *Korczak und die Kinder*.

Dann kommt eine Botschaft aus Wittenberg. Christina Monden bittet um einen Besuch und schlägt vor, Szenen aus Jean Anouilhs *Romeo und Jeanette* bei ihr zu Hause gemeinsam zu lesen. In einem sehr alten Zug, es gab seitlich unzählige Türen zum Einsteigen, saß Alfred nun auf der Fahrt durch tiefen Winter von Berlin in Richtung Halle/Saale in der „Ostzone". Es gab wieder einschüchterndes Kontrollpersonal mit dicken Pelzmützen, das nach 1 zu 7 umgetauschten Geld in Portemonnaie und Taschen suchte, aber es nicht mit der Phantasie hatte und den orthopädischen Schuh unkontrolliert ließ. In Wittenberg fand ein zart beklommenes Wiedersehen statt.

Christina hatte sich schön gemacht, das rötliche Haar nicht allzu streng zurückgekämmt, man ging in ein ehrwürdiges Hotel am Markt mit weißen Tischtüchern und auffallenden, den Raum beherrschenden alten Spiegeln. Die Atmosphäre war seltsam, fast gläsern. Bei einem eher dürftigen Mal wurde Alfred die Erinnerung an *Orphée,* den Film von Jean Cocteau nicht los. Dort erscheint Maria Casares als die Prinzessin immer durch die Spiegel, um zu den Menschen zu kommen. Eine Todesbotin? Danach, in Christinas Dachwohnung, wurden dann die Bücher aufgeschlagen, um zu lesen. Etwas kalt war es, eine Kerze auf dem Tisch beleuchtete die kleine, aber mit viel Emotion aufgeladene Begegnung. Es war nicht unbedingt Verliebtheit, aber man vermutete im Gegenüber etwas, was man vielleicht mit „besonders" umschreiben könnte, mit Verwandtschaft der Seelen – bisschen kitschig.

„Jeannette erscheint plötzlich auf der Treppe im unheimlichen Licht der Sturmlaterne. Sie trägt ein seltsames zartes, weißes Kleid. Sie kommt herunter, steht einen Augenblick Frederic stumm gegenüber.

Jeannette: Hier bin ich. Von einer Frau, wie mir, hast du wohl nie geträumt?
Frederic: Nein, eigentlich nicht.
Jeannette: Und trotzdem bin ich heute Abend bei dir. Das nennt man Schicksal – oder?
Frederic: Ich glaube, ja.
Jeannette (seufzt glücklich): Wie gut das Schicksal ist (…)
Frederic: Ja, es war ein langer und seltsamer Weg. Diese Minuten, in denen wir darauf warten uns zu lieben, sind wie eine Verlobung (…)"*

---

*   Jean Anouilh, *Roméo und Jeanette,* 1946.

Es war sehr spät geworden. Man musste jetzt wohl ins Bett gehen. Es gab nur eines. Weil es inzwischen extrem kalt war, zogen Christina und Alfred alles an, was sie finden konnten, Pullover und sogar Handschuhe. Die Kerze war ausgegangen. Man zog die eine Decke über sich. Wärmte sich, so gut es ging.

Am nächsten Tag fuhr Alfred zurück, bekam sein Abschlusszeugnis. (Sehr gut, mit Auszeichnung.) Jahre später erfuhr er, dass Christina sich in Berlin über dem Esstisch ihrer Mutter an der Lampe aufgehängt hatte.

Orpheus darf Eurydike bekanntlich nicht anschauen. Im Film blickt Orphée in den Rückspiegel des Autos und sieht sie. Euridice muss gehen.

Alfred hat das Bild immer noch, mit der grünen Tinte.

LAND DER VERZAUBERUNG, SANTA FE

In New Mexico ist das Licht so magisch, blau, silbern – manchmal zittert die Luft in der trockenen Klarheit, dass man gerne ein Apache gewesen wäre, der im Glauben an das Wunder der Roten Feder am Blue Lake in Erinnerung an die indianische Schöpfungsgeschichte tanzte.

Wenn auch die erste Atombombe an diesem Punkt der Erde gezündet wurde, die Wissenschaftszentrale dafür lag in der Laborstadt Los Alamos in den Rocky Mountains, etwa 40 Meilen von Santa Fe entfernt. Auch wenn Oppenheimer nach Hiroshima behauptete, er sei „der Meister des Todes geworden, der Vernichter der Welten", wenn auch am Pool morgens oft tote „Niños de la Terra" lagen – hautfarbene Grillen mit wunderlichen, an Babys erinnernden Köpfen – trotzdem ist „Land of Enchantment" als verlockende Beschreibung für dieses Land nicht völlig falsch, trotz seiner folgenschweren Geschichte.

Die Welt hat sich von hier aus verändert. Diese Welt sollte nun von Alfred und einem hochkarätigen Team zum Zusammenstoß mit sich selbst gebracht werden, durch ihre künstlerische Abbildung. Das kam so:

Im Theater Stuttgart stakste in Paul Abrahams Operette *Die Blume von Hawaii* eine wohlgeformte Ortrud Beginnen mit nackten Brüsten so unnachahmlich linkisch-sexy eine Revuetreppe herunter, dass sie ihrem Berliner Namen die „Duse vom Ludwigskirchplatz" sensationell gerecht wurde. Begleitet wurde sie vom jungen Peter Sattmann und dem damals, in den Siebzigern, noch gänzlich unberührten Gert

Voss, beide im Bikini, mit sehr hohen und spitzen Pumps, blonden Perücken und mit aufgeklebten, dicken roten Plastiklippen. Dazu sangen zwei Kinder in Baströckchen „Blume von Hawaii, ich liebe dich fürs Leben! Du schöne Blume von Hawaii, mein Herz gehört nur dir!" Im Hintergrund klimperte natürlich eine Hawaii-Gitarre. Die Schöne war Prinzessin Laya, die in Wirklichkeit 1890 abgesetzt und deshalb eine Fremde im eigenen, von den Amerikanern annektierten Land war. Alfred kritisierte in seiner Interpretation diesen Imperialismus naturgemäß und baute zusammen mit Axel Manthey in den großen Raum der Kammerspiele über der Staatsoper ein wahres Hawaii hinein, das von einem riesigen Kanonenrohr eines US-Schlachtschiffes dominiert wurde. Dessen zum Trotz konnte Prinz Lilo Taro, der Liebhaber, in einem fliegenden Fisch hereinschweben und für Laya den wunderschönen Song „Ein Paradies am Meeresstrand, das ist mein Heimatland" anstimmen und ihrer Darstellerin Ortrud den Hof machen.

Die Lust am Spiel, die in restriktiver Zeit auch Befreiung war, machte übermütig und so steckte Ortrud dem alt gedienten und über ihre Brüste irritierten Franz Steinmüller, der meist kleinere Rollen spielte und immer auffiel, weil er groß und De Gaulle-ähnlich alle überragte, einfach ihren Zeigefinger in den Mund. O Gott! O Franz! Was sollte er machen?

Die schönen bunten Hawaii-Mädchen wurden von GIs an Armen und Beinen, sozusagen in Vierfüßler-Stellung, hochgehoben und bekamen, zu dem Marschgesang „Diese Girls da sind was für Amerika", zierliche Stars- and Stripes-Fähnchen in den Po geschoben. „Bin nur ein Jonny, zieh' durch die Welt, tanze für money, singe für Geld." Die ganze Wut, den Zorn der jungen Leute dieser Zeit packte Kirsten Dene in den *einen* Augenblick hinein und entfesselte mit ihrer Darstellung des „Nigger Songs" einen aufrüttelnden Vulkan, der auch schmerzte.

Der große, als Shylock und als Stuttgarter „Staatsschau-spieler" weithin geachtete Hans Mahnke fühlte sich diesen neuen, jungen Menschen und Kollegen so nahe, dass er sich mit seinen über 70 Jahren für jede Vorstellung den ganzen Körper voodooartig schwarz bemalen ließ und in einem Palmblattrock mit Rumba-Rasseln einen so anmutigen Tanz auf dem grünen Rasen hinlegte, dass man meinen konnte, das täte er für die Unsterblichkeit der Poesie.

Dass dann zur Premiere einer der Darsteller krankheits-halber absagen musste und der Regisseur daher seine Rolle spielte, ist ja klar in solch einem Notfall. Gegen die amerika-nischen Besatzer gab es im Stück den revolutionären Kämp-fer Kanako Hilo. Den musste nun Alfred spielen und mit einer ausladenden Afro-Perücke auf der Bühne herumsprin-gen – das war dann eigentlich der Mann von Pölarölara, was aber nur er selbst wusste. – Und der Komponist Hans Werner Henze wahrscheinlich ahnte. Er schrieb nämlich an die In-tendanz des Theaters, dass er so etwas noch nie gesehen habe und er Alfred bitte, alle seine Opern zu inszenieren. Zur Pre-miere war er in einem Jaguar gekommen und von Fausto, sei-nem italienischen Lebensgefährten und Chauffeur, mit einer schnittigen, blauschwarzen Schildmütze chauffiert worden.

In den USA wurde 1993 unter Bill Clinton eine „Apology Resolution" verfasst, in der die Annexion Hawaiis und Ab-schaffung der Monarchie im Jahr 1893 als Unrecht bezeichnet wird und man sich dafür entschuldigt. Der in Pearl Harbor auf Hawaii gelegene Stützpunkt der amerikanischen Pazifik-flotte spielt eine indirekte, aber folgenschwere Rolle in dem Musiktheaterstück von Henze und dem Librettisten Edward Bond, das nun unter dem Titel *We Come to the River* an der Santa Fe Opera von Alfred zur amerikanischen Erstauffüh-rung gebracht werden sollte. Im Jahr 1984.

So saß Alfred im Flugzeug, wie immer am Fenster, und sah weit unter sich, an der Grenze von Texas, Oklahoma und New Mexico, einen Fluss, der unmittelbar auf sich aufmerksam machte, weil er die 10.000 Meter von der Erde so glühend heraufleuchtete, und zwar in markantem Rot. Also konnte es nur der Red River sein, das Tor zum Südwesten, zum „Wilden Westen", wie uns Hollywood weismachen will; zumindest im gleichnamigen Film mit John Wayne und Montgomery Clift. Alfred war jetzt aufgerufen, ebenfalls ein Held zu sein und an der windabgewandten Seite der Rocky Mountains und der anschließenden grenzenlos weiten Halbwüste seine schwäbische Weltensicht unter die hispanischen, indianischen und amerikanischen Menschen zu bringen.

In Albuquerque gelandet, staunte man über aufregende Namen wie El Paso, Amarillo, Tuscon, Phoenix oder Chihuahua auf den Anzeigetafeln mit den Flugzielen und über die Menschen, deren unterschiedlichen Hautfarben von der Vielfalt ihrer Herkunft erzählten. Im klimatisierten Auto ging es dann nach Santa Fe und im Kopf konnte man sich doch einigermaßen leicht von Karl May und selbst von Wim Wenders freimachen und die gleißende Schönheit dieser Landschaft einfach wie ein neues Lebensgeschenk ganz hochgestimmt annehmen. Auch ein wenig mit Demut. Weltbürger oder Kleinbürger? Oder konnte man es gar als surreal empfinden, dass der Mann von Pölarölara durch das Land der Navajo, Apachen, Zuñi, Hopi, Komantschen und gar Oglala-Sioux gefahren wurde? Wo der große Häuptling Rote Wolke mit Hingabe und Gerissenheit für die Lebensgrundlage seines Lakota-Stammes gekämpft hatte: „Unser Volk schmilzt dahin wie der Schnee am Hügelhang in der Sonnenwärme." Seine Männer sollen sich bei Angriffen auf die Eisenbahnbauer und Vernichter der Büffelherden in rote Decken und Tücher gehüllt haben, um wie eine heranrasende rote Wolke, den weißen Eindringlingen Todesangst einzujagen. Hat alles nichts genützt. Rote Wolke ließ sich im Alter katholisch taufen.

Alfred wurde nun mit seinen Büchern, Noten und Musikpartituren aus dem Auto geladen und in ein tolles Haus gebracht. In ein Adobe Haus, ockerfarben, wie alle Häuser in Santa Fe, aus sonnengetrockneten Lehmziegeln gebaut, die das Licht der Natur in vielen Farben annehmen und damit ganz besondere, magische Stimmungen hervorbringen – von zuweilen spirituellem Zauber.

Die Morgensonne war wie eine Jubelkantate. Sie brannte noch nicht, schien aber die höher gelegene Terrasse mit den metallenen, spanischen Möbeln so durchdringend zu erwärmen, die Kolibris so aufgeregt flattern zu lassen, dass bei diesem fast vollständigen Glück sogar das Gelb des Spiegeleis auf dem schwarzen Tisch schöner leuchtete und aufmunternder blickte, als je zuvor.

Jetzt aber ins Auto, zum Theater, Alfred! In einem roten Ford, dessen Klimaanlage eine „Ice"-Taste hatte. Große Vorsicht auf den Straßen von Santa Fe! Keinen Unfall bauen! Vorbei an beeindruckenden Platanen, deren Schatten im Wechsel zu wunderbarstem Sommerlicht eine Straße bildeten, wie in der Phantasie der schönsten Kindertage. Vorbei auch am wahrhaft ältesten Haus der USA und ununterbrochen betriebenem Amt, dem Governor's Palace, vorbei am La Fondas, dem Hotel am Ende des Camino Real, dem über 3.000 Kilometer langen Königsweg von Mexico City nach Santa Fe. Es waren nicht unbedingt Könige, die da reisten oder ankamen, sondern Spanier, die nach dem Eldorado gierten, dem goldenen Menschen. Es waren auch goldene Städte gemeint, wie die wiederum „älteste", seit dem Jahr 1000 bewohnte Siedlung des Kontinents, mit dem verheißungsvollen Namen Taos am Rio Grande. Die nicht sehr hohen, aus Adobe-Lehmziegeln errichteten hausähnlichen Gebilde, mit abgerundeten Ecken und zurückgesetzten, nur auf Leitern zu erreichenden höheren Stockwerken, sind jetzt Weltkulturerbe. Das Taos Pueblo, wie die Spanier es nannten, ist am tiefblauen Blue Lake gelegen, dem zentralen Heiligtum der Taos Indianer.

Der Kultfilm *Easy Rider*, mit Peter Fonda, Dennis Hopper und Jack Nicholson, wurde in Taos gedreht, sein Motto: „Ein Mann suchte Amerika und konnte es nirgends mehr finden."

Alfred hatte inzwischen den Highway erreicht, mit den riesigen Trucks, an deren urtümlichem Gedröhne man beim Überholen mit erhöhtem Adrenalin vorbeifährt. Gegen den blauen Himmel sieht man auf der rechten Seite die Berge von Sangre de Cristo, die bis zu 4.000 Meter hoch sind; der Highway indessen steigt sanft und stetig zu einer Anhöhe an, um dort einen Blick freizugeben, bei dem es Alfred jetzt, und genauso in den nächsten Probentagen, einfach ein wenig schlecht wird. Vor Begeisterung. Er ist überwältigt von unendlicher Weite, vom unbegrenzten Ausmaß der glühenden Halbwüste aus Sand und Licht und vereinzelten piniengrünen Farbtupfern.

Und wie um ihn ins Reale zurückzurufen oder sich einen Spaß mit ihm zu machen, stehen mit einem Mal Schilder am Rand des Highways: *Careful Opera Traffic*. Dann kommt eine richtige Ausfahrt. Zwischen wunderbar bewachsenen Hügeln sieht man auf halber Höhe die beeindruckende und auffällige Silhouette eines Freilufttheaters, gleich einem Raumschiff. Wieso ist es dort gelandet? Ja, seit wann gehört eine Oper in die Wüste? Weil Alfred in diesem Terrain den Zusammenstoß der Welt mit sich selbst zeigen will und dem seit tausenden von Jahren währenden Versuch, durch die Darstellung von Tragödie, Hinweise auf die Kultur des Zusammenlebens zu bekommen.

Weiter oben betritt man das Halbrund eines Amphitheaters, mit über 2.000 Plätzen, kein Dach, dafür aber azurblauer Himmel und oft zur Mittagszeit vorüber fliegende Wolken, die zu einem Gewitter mit vertikal um den Horizont rasenden Blitzen werden können, um dann Regenbögen zu bilden, wie man sie in dieser intensiven Farbschönheit noch nie gesehen hat. Nachts anstelle eines Theaterhimmels: Sterne, die man meint heruntertropfen zu sehen. John Crosby, der Chef und Gründer dieser großartigen Institution, bis dahin Leiter der Manhattan School of Music, landete in seiner ersten Spielzeit 1957 mit der Einladung Igor Strawinskys, der die Inszenierung seiner Oper *The Rake's Progress* beaufsichtigen sollte, einen großen Coup und machte die Musikwelt mit folgenden Sätzen, die in der *New York Times* erschienen, erfolgreich auf Santa Fe aufmerksam:

„You can have all the ‚Bohèmes' and ‚Carmens' you want in New York, all winter, with brilliant international casts, and you don't have to come here to see them. But if you have an interest in some unusual things then you will come along."

Unbedingt sollte sich der Mann von Pölarölara an seine revolutionären kriegsgehärteten Seiten erinnern.

Er kundschaftete den Orchestergraben aus, kam an zwei züngelnden Klapperschlangen in einem Glaskasten vorbei, die Mozart und Beethoven hießen, untersuchte die Bühne, sah, dass die schweren Hinterwände geöffnet werden konnten und man dann während der Vorstellung die Lichter von Los Alamos sehen würde, wo ein vernichtender Blitz entwickelt wurde, heller als man je einen sah – nicht nur mit den Augen, er brannte sich für immer ein – und wo nach der Explosion der Bombe in New Mexiko ein Physiker zu Oppenheimer gesagt haben soll:

„Jetzt sind wir alle Hundesöhne."

EIN OPERNWUNDER IN DER WÜSTE

Wie verrückt muss man sein, um an eben diesem Ort ein Stück gegen den Krieg machen zu wollen. Muss man von den „Revolutionären Handlungen für Musik", wie Henze sie nannte, so überzeugt, ja besessen sein, um nicht aufzugeben, sich nicht zu klein oder hilflos mit dem Theater vorzukommen, angesichts der in der Realität Verglühten, Verstrahlten, also der elenden Opferung hunderttausender Menschen.

Oder ist es „a violent fable of moral and political awakening", wie die *New York Times* über die Aufführung schrieb – ist es gar für die Durchschlagskraft von Theater die geradezu ideale Stelle, um den Satz eines Mystikers (Hugh Auden) an diesem verdammten Platz einigermaßen einzulösen: „Wir müssen lernen, das Brot mit unseren Toten zu teilen."

Ein dreißig Jahre älterer und beträchtlich kleiner gewordener Henze betrat im Jahr 2012 die Thomas-Kirche in Leipzig, für die 800-Jahr-Feier des Chores hatte er eine Motette geschrieben, „An den Wind", der über die Wüste fegt. „Nur noch Lebloses ist zu sehen", singen die wunderschönen reinen Stimmen der Knaben, sich fast stammelnd an die Töne herantastend. Dieses Thema des Zerstörten, des Leblosen ist durch die Anrufung Hiroshimas in dem nun zu bewältigenden Werk *We come to the River* angelegt und vorgegeben und hat den Komponisten im Kern wohl schon früh bewegt.

Seine erste Oper *Das Wundertheater* basiert auf Cervantes, der den „Kampf gegen die Windmühlenflügel" als vergebliches Kämpfen gegen Zustände, die sich nicht ändern lassen, mit seinem Ritter von der traurigen Gestalt legendär in die Welt gesetzt hat.

Auch Che Guevara, Ikone der 1968er-Studentenbewegung, wird nachgesagt, *Don Quijote* mehrmals gelesen zu haben. Zu einer der bemerkenswertesten Auseinandersetzungen und zum Abbruch des Henze Oratoriums *Floß der Medusa* führte der Zusammenstoß von Studenten, Polizei und Zuschauern 1968 in Hamburg. Der Berliner Rias Kammerchor weigerte sich, unter einer Fahne des in Bolivien erschossenen Guevaras aufzutreten. Schlägereien. Ho-Ho-Ho-Chi-Minh!

Wir schreiben nun aber das Jahr 1984. Und Hans Werner Henze hat sich mit Pöla in Santa Fe verbündet, der um keinen Preis einknicken will vor der historischen Dimension des Ortes, der viel mehr mit dem Theater eine Gegenwelt errichten will, gründend auf der Schönheit von Musik, nach so etwas wie dem Glanz der Wahrheit suchend – wenn der überhaupt zu finden oder festzuhalten wäre.

Das Bühnenbild sah zumindest schon einmal nicht nach Krieg und Verwüstung aus. Die leicht schräg verlaufenden, nach vorne sich öffnenden Bühnenwände glichen eher einer einladenden Umarmung. Denn in der sternklaren Nacht leuchtete den Zuschauern der tiefblaue Mittagshimmel von Santa Fe mit den immer im Wind treibenden schneeweißen Wolken entgegen.

Dieser große, gemalte Himmel war die Idee von einem aus dem Team, vielleicht vom scharfsinnigen Klaus Zehelein. Durch die wundersame Tag-Nacht-Umkehrung wurde die Bühne zu etwas Immerwährendem, etwas Beispielhaftem, ohne bedeutend sein zu wollen. Der Himmel war ja Alltag, nicht gespiegelter Abgrund.

Zu einem konzentrischen Fixpunkt wurde das Dirigentenpult von Dennis Russel Davies, den man von den Plätzen im sanft ansteigenden Amphitheater genauestens sehen und verfolgen konnte, wie er die drei Orchester und eine riesige Schlagzeug-Batterie durch diese Weltennacht lenkte und erklingen ließ. Weltennacht deshalb, weil die Wellen der Musik zwar schallmäßig von dem Trichter der Bühne gebändigt wurden, aber hinausfliegend in die offene Nacht doch eine geistigere, feingliedrigere Klangwirkung bildeten. Man meinte die Töne und Stimmen würden von der freien, nach Natur duftenden Luft in der Schwebe gehalten, sie griffen den Zuhörenden anders an als im geschlossenen Raum: fremder, ungewohnter, ätherischer.

Drei Orchester brauchen drei Spielflächen. Vor den in lockeren, schwarzen Hemden oder Blusen gekleideten Musikern lagen helle Holzbohlen auf Sandsäcken, als Symbole von Kampf, Angriff und vergeblicher Verteidigung. Denn die Verteidiger waren (laut Libretto von Edward Bond) überrannt und vernichtet worden.

Während nun in musikalischer Gleichzeitigkeit auf der einen Bühne ein „Deserteur" auf seine Hinrichtung wartet, auf der daneben liegenden eine Frau ihren Sohn unter den Leichen findet – „His face is broken" –, beginnt eine grelle, sarkastische Siegesfeier der Unterdrücker. Jubelnde Menschen, die eine über den ganzen Raum ziehende Schar von Kämpfern begrüßen, an diesem Ort naturgemäß in US-Kampfanzügen gekleidet. Und da Pölarölara – intellektuell hatte er den Sieg der Alliierten 1945 natürlich als absolut notwendig anerkannt – den Amerikanern den auf ihn persönlich gerichteten Bombenangriff doch nicht ganz verzeihen konnte, verpasste er in gewisser nachtragender Niedertracht dem Bataillon von GIs eine riesige, etwa vier Meter hohe Friedenstaube, die sie hoch aufgerichtet mit sich zu schleppen und mit der sie auf der schrägen Fläche knapp vor dem Zuschauerraum eine Kurve zu drehen hatten, ohne nach unten in die Leute zu kippen – war nicht ganz einfach. Carolyn Lockwood, eine wunderbare, kräftigwilde Produktionsmanagerin (Texanerin) konnte sich nicht enthalten „this big motherfucker!" vor sich hin zu schimpfen.

Die luftige Probenarbeit in 2.200 Meter Höhe war nicht unanstrengend. Auf der sehr dicht an der offenen Probebühne gelegenen Wiese wurde eine Klapperschlange von einem Bühnentechniker am Kragen gepackt, sie wickelte sich sofort um seinen Arm. „As a present" wollte er sie jemandem, den er vielleicht nicht so gern hatte, verehren. Wenn Pöla, der sich wieder in Alfred zurückverwandelt hatte, allzu fasziniert da hinschaute, meinte Carolyn ziemlich lässig: „Älfred don't fiddle around".

Aber dem war die Bewältigung des Werkes auf der Bühne noch nicht genug, er wollte auch dem Wesen und Herzen dieses besonderen amerikanischen, indianischen Landes näherkommen, und so drängte es ihn, wenn alle anderen Pause machten, mit seinem Wagen für sich alleine das Land zu erkunden: „You are entering indian reservat", stand unvermutet auf einer Tafel – und man solle es bis 18 Uhr verlassen haben.

Ist man am Camel Rock vorbei gefahren, einer kamelähnlichen Felsformation, die eine Berühmtheit in der Nähe des Tesuque Pueblos ist, steht man unerwartet mit seinem „eisgekühlten" roten Wagen vor einem armseligen Friedhof der Tewa-Indianer.

Darf man aussteigen? Stört man? Glotzt man nur? Niemand ist in der Nähe. Es ist Mittagszeit. Stille. Große Hitze. Die Zahl der Gräber überschaubar. Sandboden, auf dem einzelne Cola-Flaschen stehen. Mit wenigen künstlichen Blumen drin. Brechen wir das Brot auch mit diesen Toten?

Am Tag zuvor dagegen am Santa Fe National Cemetery mit 59.000 weißen Grabsteinen in Reih und Glied. Unendliche Weite. Hier manifestierte sich der Klassenunterschied unübersehbar auf grüner Wiese.

Henze kommt selten zu den Proben, hat volles Vertrauen, komponiert seine Symphonie Nr. 7. Die Partitur liegt neben vielen schön gespitzten Bleistiften auf einem tollen Flügel. Im Garten gibt es Abendbrot. In der lauen Luft flattern Kolibris, schwirren fast stehend nahe den Bäumen. Fausto hat gekocht. Hans Werner schreibt diese Symphonie im Auftrag der Philharmonie Berlin. Im Fokus des vierten Satzes steht Hölderlins Gedicht „Hälfte des Lebens", worin in der ersten Strophe Lebendigkeit und Liebe durch gelbe Birnen und wilde Rosen gezeichnet werden, in der zweiten die Fahnen kalt im Winde klirren. Schatten fallen über die Musik der Siebenten.

Der Premierentermin rückt näher, amerikanische Erstaufführung, weshalb auch die gesamte Presse erwartet wird. Nächtliche Beleuchtungsproben, mit dem herausragenden Bühnenbildner John Conklin, mit dem in New York alles minutiös vorbereitet worden war und mit Greg Miller, dem super Lighting Designer, der von sich sagte, ein Missouri Hillbilly zu sein, also ein durch die Gegend ballernder, Banjo-spielender Whiskey-Trinker. Tatsächlich war er ein feinsinniger Künstler und kam so blendend mit Alfred aus, dass er, ein wenig genervt der schwäbischen Kompliziertheit wegen, ihm die Hand auf den Arm legen und sagen konnte: „Älfred, you are a devil."

Sonnenuntergang (feuertrunken) war gegen 20 Uhr 20, Aufgang gegen 5 Uhr 50, knapp zehn Stunden Zeit also für die Beleuchtungsprobe.

Mitternachtsmahl. Hereingekommen aus der frischen Nachtluft wird man amerikamäßig beglückt mit gegrillten, saftigen Steaks und – später – mit phantastischen Eiscreme-Variationen, wie Peanut Butter Elvis, Blueberry-Cheesecake oder Salted Caramel.

Heimfahrt kurz nach der Morgendämmerung, vorbei an Sunny, dem Golden Retriever von Alfreds verreisten Vermietern, den man täglich mit „You are the most beautiful dog in the world" begrüßen musste und der jetzt hinter Jack Rabitts her war, also Hasen mit überlangen Ohren, die bis zu drei Meter springen können, dabei Haken schlagen und eine Geschwindigkeit von bis zu 60 km/h erreichen. Aussichtslos für Sunny, der beim Bremsen am Bergabhang ins Rutschen kommt, grandiose Sandwolken aufwirbelnd.

Sunny gehörte Eric und Jessica Cassirer, aus der jüdischen Breslauer und Lasker Familie, die von den Nazis verfolgt und, wie Lucie Breslauer, in Theresienstadt ermordet wurde. Eric entkam 1937 in letzter Minute aus einem Berliner Gefängnis. Sein Onkel Ernst Cassirer, einer der ganz großen Philosophen des 20sten Jahrhunderts, wurde als Professor von der Universität Hamburg geworfen, konnte seine Lehre in Yale und an der Columbia University in New York City fortsetzen, mit dem für die Produktion aktuell heißen Thema, dass ein nicht anschaulicher Sinn durch die vom Menschen zur gegenseitigen Verständigung geschaffenen Symbole von Sprache, Mythos oder Musik sichtbar und unmittelbar begreifbar gemacht werden kann, oder, dass das aktive Tun, in unserem Falle die Kulturleistung einer Inszenierung, einen Beitrag zur geistigen Ordnung der Menschen sein kann. – Was ja Bernd Alois Zimmermann in seinen *Soldaten* für eine Illusion hielt.

Schön, dass man durch die anderen Hundetiere, die sich zu Sunny gesellten, immer beschäftigt war, nicht ganz vom Boden abheben konnte, so durch einen wohl heimatlosen Kojoten, namens Wyllis, der aus Angst vor Feinden sein Essen nur auf dem Bauch ausgestreckt fressen konnte, oder Ralph, einen Spaniel, der leicht humpelte, wie Alfred, und diesem, wenn er nach Nachtproben im Garten gerade ein wenig eingeschlafen war, mit seiner großen, nassen Schlabberzunge übers Gesicht leckte, weil er spielen wollte. „Heilandsakrament", schreit der Schwabe und Ralph versteht ihn sofort.

Wann kommt es nun aber zum Zusammenstoß der Welt der Kunst mit der wirklichen Welt?

Jetzt und hier im zweiten Teil der Aufführung.

Der Anführer und General der Siegestruppen kann den Sinn feiernder Menschen nicht mehr erkennen und wird wegen des Satzes „What are these people doing?" in eine

Anstalt für Geisteskranke gebracht. Die Anstalt wird durch große, weiße Laken symbolisiert, über denen das kalt weißblaue Licht einer Straßenlaterne von Santa Fe mit einem Hauch ins Rosa-Rötliche montiert ist, was einen an die Kindheit erinnert, wenn man mit Fieber im Bett lag: eine surreale, ins Traumhafte hinüber gleitende Stimmung, die den „verrückten", jedoch auch hellsichtigen Gemütszustand der Insassen tief und plastisch erlebbar werden lässt.

Und als ein Säger mit hoher Stimme an das Inferno erinnernd in die Nacht hinausruft „Hiroshima, there was a flash in the air", öffnen sich die Rückwände der Bühne und in nicht allzu weiter Entfernung sieht man in den Hügeln der Rocky Mountains tatsächlich und keineswegs imaginär die Lichter von Los Alamos, dem Ort, wo die technischen Daten zur Herstellung der Nuklearwaffe zusammengeführt und die Bombe gebaut wurde.

Das Musiktheater nun als Symbol. Die Stadt in den Rocky Mountains als Wirklichkeit. Zwischen diesen beiden scheint es keinen Unterschied zu geben. Und jeder hat seine eigene Auffassung von Wirklichkeit. So der junge Darsteller mit dem „zerbrochenen Gesicht", er kommt nach einer Probe einigermaßen aufgeregt und sagt „Oh Mister Körtschner, my father is weapons designer in Los Alamos and we would like to invite you."

So steht Alfred Kirchner aus Göppingen, am Hohenstaufen in Württemberg, an einem schönen Sommertag in Los Alamos vor dem Abbild der Bomben *Fat Man* und *Little Boy*.

Am Ende der Vorstellung stehen alle Mitspieler ganz weit vorne auf der Bühne und singen den Schluss im Lichtschein des Orchesters:

„We stand by the river
If there is no bridge we will wade (…)
We have learnt to march so well we cannot drown.
If the water is too deep, we will build a bridge."

„The production was a triumph", schrieb das *Time Magazin*. Alfred geht durch den nächtlichen Park, nachdenklich. In der Hand eine kleine Tasche mit Geschenken, die er bekommen hat. Eine Bigband spielt eher laut „Oh when the Saints go marching in".

O STRASSBURG, O STRASSBURG, DU WUNDERSCHÖNE STADT
... darinnen liegt begraben so manicher Soldat*

Mamsell Alice, Alfreds spätere Mutter, damals 14 Jahre jung, zog mit einem Köfferchen und ein paar Sachen, die sie mitnehmen durfte, über die Rheinbrücke bei Straßburg. Obwohl dort geboren, wurde sie, wie alle Deutschen nach dem Desaster von 1918, hinausgeworfen. Sie fühlte sich vertrieben.

Die nun wieder französisch gewordene Stadt war somit von der jungen heranwachsenden Alice gereinigt. Weil ja in etwas törichter Vorstellung, bei geschichtlich verfahrener Lage, der Krieg auch Reinigung bedeuten kann und Neuorientierung. Alices nicht viel älterer Bruder Alfred blieb dort in seinem Grab. Nicht um die Zeilen des oben zitierten Liedes zu erfüllen, er wollte sich einfach jugendlich mutig (verführt) dem stellen, was ihm das Schicksal zugedacht hatte, nämlich den Verwundeten im Kriegslazarett zu helfen. Er infizierte sich dabei tödlich mit TBC.

Die Mamsell marschierte weiter ins ihr fremde deutsche Land Richtung Berlin, Königin Luise Stift. Was hat man ihr dort erzählt? Wieder nur Preußisches? Wie stellte man sich zu dem nie zu vergessenden, demütigenden Rausschmiss aus der Heimatstadt? Zum Tod des Bruders? Wie viel Bitterkeit ist übriggeblieben?

---

* Aus: Goethe/Lenz: *Sesenheimer Liederbuch.*

Dass nach jahrzehntelanger Angeberei und Großmannssucht der beiden Nationen, nach „Erbfeindschaft" und
nach Nazi-Verbrechen, dass nach Schmerz und Blut bei den
Kämpfen um die Symbolstadt Straßburg es schließlich doch
noch zu einer Zeitenwende kam, ist ein Wunder und fast wie
ein märchenhaftes Erwachen. Ein spätes Wiederentdecken
des so reichen geschichtlich Zusammengewachsenen, in dem
so warmen Land Elsass-Lothringen, mit den sanften Hügeln,
seinem Wein, seinen Menschen. Wo selbst die in früheren
Jahren für die deutschen Elsässer gebrauchte, leicht herablas-
sende Bezeichnung *Wackes* nicht ganz unliebenswert klang.

In seiner ausgefallenen, unverwechselbaren Schönheit
musste Straßburg zum Weltkulturerbe werden oder zu dem,
was es schon immer war: Nahtstelle zweier eigentlich begnadeter Länder. Mit den nun folgerichtig an dieser Stelle neu
geschaffenen Institutionen, dem Europarat und dem Europäischen Gerichtshof für Menschenrechte, als Symbole wieder auferstandener Humanität.

Anmutige Verlobung zwischen Franzosen und Schwaben:
d'Schwoba – halt alles, was hinterm, also auf der anderen Seite,
des Rheines liegt.

Der Geist der wunderbaren Intellektuellen und herausragend sozial engagierten Persönlichkeiten ist wieder frei
und ohne Voreingenommenheit zu begreifen, ohne Bitterkeit wegen der ewigen Wechsel politischer Zugehörigkeiten,
dem Herumgeschubstwerden zwischen Heiligem Römi-
schem Reich, zwischen deutschem und französischem Macht-
anspruch. Trotzdem ewige Diskussionen! Streitereien zwischen Onkel und Tanten, Cousinen und Cousins, Omas und
Opas. Sprechen die Taxifahrer nun Französisch oder elsässi-
sches Deutsch?

Auf die gallischen Barrikaden ging beispielsweise Onkel
Doubs, ein Abteilungsleiter des Straßburger Gaswerkes, für
seinen Liebling, für die sagenumkränzte Jeanne d'Arc aus den

Vogesen. Die Jungfrau, die aus dem Eichwald kam, habe schließlich mit ihren Visionen als französische Heldin den Engländern getrotzt und dem Dauphin Karl VII. in Reims zur Königskrone verholfen. 1431 zwar auf einem Holzhaufen verbrannt, als Märtyrerin aber selig- und heiliggesprochen! Tante Caroline, Straßburger Hausfrau, hielt vehement mit Schillers *Jungfrau von Orleans* und dem Deutschen dagegen, konnte sogar einige Verse aufsagen, mit denen man seit der Uraufführung in Leipzig ganze Generationen zum Heulen gebracht hatte:

„Lebt wohl ihr Berge, ihr geliebten Triften,/ Ihr traulich stillen Täler lebet wohl! Johanna wird nun nicht mehr auf euch wandeln,/ Johanna sagt euch ewig Lebewohl."

Den Kampf der „wehrhaften Jungfrau" gegen die Arbeitslosigkeit, Brechts *Die Heilige Johanna der Schlachthöfe* beanspruchte hingegen der Mann von Pölarölara für sich und seine Genossen in einer stillgelegten Bochumer Eisenhütte: „(…) Nicht der Armen Schlechtigkeit/ Hast du mir gezeigt, sondern/ Der Armen Armut."

Ihr Einsatz, selbst mit der Fahne der Heilsarmee in der Hand, endet erfolglos, sie erfriert im nächtlichen Schneesturm und mit ihr die Botschaft „Es hilft nur Gewalt, wo Gewalt herrscht/ es helfen nur Menschen, wo Menschen sind."

Deutsche und französische revolutionäre Legende berühren sich, verschmelzen in den Symbolen des Mädchens aus Lothringen.

Georg Büchner lernte an der Universität Straßburg den Club der Société des droits de l'homme kennen, gründete, davon inspiriert, die Gesellschaft der Menschenrechte in Gießen und Darmstadt. Louise Wilhelmine, Tochter seines Wirtes Jaegle, verliebt sich in diesen wunderbaren Ausnahmemenschen und er sich in sie. Mit seiner Novelle über die geistige Erschöpfung des Dichters Reinhold Jakob Lenz gelingt ihm eines seiner Meisterwerke. Lenz, der einige Jahre zuvor schon in Straßburg studiert hatte und – o Wunder – mit Goethe an den *Sesenheimer Liedern* arbeitete. Eines davon – „Sah ein Knab' ein Röslein steh'n, Röslein auf der Heiden" –, auch von Schubert vertont, wurde eines der bekanntesten und innigsten Lieder der Welt.

„Erzieht eure Kinder ohne zu viel Strenge (…) mit andauernder Güte, aber ohne Spott." Dieser so schöne Satz von Friedrich Oberlin oder Jean Frédéric Oberlin, der 1740 in Straßburg geboren wurde, kann eigentlich nur aus dieser freundlich-sanften poetischen Landschaft kommen. Er ist nicht weltverloren oder utopistisch, er ist eine erste starke Mahnung gegen die nationalistisch obrigkeitsfürchtige Erziehung, dem man noch mehr Sprengkraft gewünscht hätte, gegen das spätere preußische Motto „Wer sein Kind liebt, der züchtigt es". Immerhin wurde die erste Kleinkinderschule von Oberlin im Elsass gegründet, für die Bildung *aller* Kinder und – bitte – mit begleitender Zuwendung.

Das Wort Kindergarten ging allmählich um die Welt. Wie ein Gruß dieses avantgardistischen Vorfahrens steht in Potsdam Babelsberg eines seiner Kompetenzzentren, ein Oberlinhaus, und, immer zu Pölas Freude, eine Oberlin-Kita in Berlin-Steglitz.

Albert Schweitzer aus Kaysersberg, Arzt in – wie es damals hieß – Französisch-Äquatorialafrika. Ein Mensch, Philosoph, Pazifist, Orgelspieler, Friedensnobelpreisträger. Er promovierte an der Universität Straßburg, studierte an der Friedrich-Wilhelms-Universität in Berlin. Er schrieb auf Französisch über Johann Sebastian Bach, auf Deutsch eine meisterliche Monographie über ihn.

Ist es eine Art ethische Herzlinie, die wegen der Vielzahl der großen Geister durch dieses deutsch-französische Wunderland verläuft?

Welche Sprache wohl die phantastischen Wesen und kleinen Geister sprechen, wie das zierliche feuerrote Zwerglein mit dem großen Kamm auf dem Kopf, das nachts durch die Rue de Faubourg-de-Pierre, die Steinstraße, in Straßburg spukt, als das Milchweiblein? Oder die blasse, gespenstische Nonne, die mit gebrochenem Herzen klagend und seufzend über La Petite France, das Zimmerplätzl, schwanken soll, weil hoffnungslos in einen Jüngling verliebt? Wer weiß es.

Aus den ehemals Gedeckten Brücken heraus, den Ponts Couverts, poltert das Pferd mit nur drei Beinen durch die Straßen, an den Kanälen mit den in der Nacht nun schwarzen Trauerweiden vorbei, an den ewig unvergänglichen, zauberischen Fachwerkhäusern, mit dem alles überragenden gotischen Turm des Münsters, der so überspitz geradewegs in einen Nachthimmel hinaufzeigt, in dem alles milder erscheint, nur das Pferd mit seinem schrecklich schiefen dreibeinigem Galoppschritt stört. Im Inneren des Straßburger Münsters, wohl der schönsten Kathedrale der Welt, denkt man an das einmalige, auch etwas unheimliche Wunderwerk, die hoch ins Kirchenschiff hinaufragende astronomische Uhr. Mit den Himmelsbahnen, der Mondphasenuhr ganz oben, den an einem Sterntag (23 h 56 min 4 sec) sich gänzlich drehenden Himmelsglobus und der schönen Erde, die um die stillstehende Sonne kreist. Jeden Tag, gegen 12.30 Uhr, schlägt eine helle Todesfigur an eine Glocke, zu deren silbern schmalen Klang die vier Lebensalter, personifiziert als Kind, Jugendlicher, Erwachsener und Greis, an ihr vorbeiziehen, durch den Automatismus leicht surreal zitternd. Ein großer Hahn kräht flügelschlagend lauthals dazu und um dieselbe Mittagszeit bildet sich ein grüner Strahl, wenn die Sonne im Fenster durch den Fuß des Judasbildes scheint und auf den Boden des Münsters trifft.

Pölarölara hätte man in diesem Reigen der vergangenen, seligen Geister fast einen Moment vergessen, hätte er es nicht für angezeigt gehalten, durch ein wenig Ärger wieder auf sich aufmerksam zu machen.

An diesem Tag wurde man im Gymnasium in der dritten Klasse nämlich gefragt, was für ein Landsmann man wohl sei. Pöla gab keineswegs die erwartete Antwort „Schwabe", sondern behauptete kühn, er sei, berechnet nach den Großeltern, zu einem Viertel Preuße, einem Viertel Schwabe und ein halber Franzose.

Der Lehrer, es war wieder der kleine Herr Neifer, mit dem braunen Anzug, bekam einen heidenmäßigen Wutanfall, schrie und krächzte, dass man das ist, wo man geboren wurde, also gefälligst Schwabe.

Pöla wehrte sich und gab zurück, dass sein Großonkel Paul Bonatz aus Straßburg der Erbauer des Stuttgarter Bahnhofs sei und – noch doller – sein Großvater Alfred Bonatz aus Ribeauville um ein Haar zu Kriegsende (1) den Orden Pour le Mérite bekommen hätte, der dritte Bruder, mit Namen Karl, nach 1945 Stadtbaudirektor von Berlin gewesen und alle samt und sonders aus dem Elsass gekommen seien und dieses heute, im Jahr 1950, nun einmal französisch sei. Und man ist ja das, wo man geboren wird! Also alles Franzosen, einschließlich Großmutter Anna, Tänzerin an der Straßburger Oper, und die perfekt Französisch parlierende Mama Alice.

Unwiderlegbar ist auch, dass Pöla/Alfred bei verschiedensten Besuchen in Straßburg im Lauf der Jahre zum halben Franzosen, also zum Gourmet erzogen wurde. Schon mit acht Jahren sollte er Gewürztraminer zum sonntäglichen Mittagessen trinken, in Rührkuchen eingebackene Gänseleberpastete essen, oder Schnecken im Gehäuse, vom großen Backblech. Da er das vorher nicht gekannt hatte, widerfuhr es ihm, dass so ein Ding von der Schneckenzange, mit dem man es festhalten sollte, auf das Hemd und die Krawatte des Großonkels flutschte, leider mitsamt der ganzen Knoblauchbutter, die im Häuschen war.

In den Jahren, wo man langsam zu einem Epheben heranwuchs, gab es dann einen Beaujolais mit dem zauberhaften

Namen Fleurie, von dem Cousine Suzanne sagte, dass er einem die Kehle runterrutsche, wie ein Jesus mit Samthosen.

Später ging es mit dem Bus von der Max-Reinhardt-Schule zu den Rencontres des Jeunes nach Avignon in der Provence, zu den Festspielen im Palais des Papes – Sitz der Päpste im 14. Jahrhundert, während der Kirchenspaltung. Eines der ausladendsten, aber auch erschreckendsten gotischen Kirchengebäude der Welt, eher wie eine Festung, von der man siedendes Pech auf die Angreifer schüttete. Nun jedoch wunderbar konterkariert durch den leicht aufgesetzten Fuß Gérard Philipes', die Stufen des Palastes mit seinen Khaki Hosen und Espadrilles hinaufeilend, wobei man ahnt, warum er ein Liebling der Götter genannt wird.

Am Abend spielt er mit der schon vom Namen her berückenden Geneviève Page in dem Stück *Les Caprices de Marianne* (von Alfred de Musset) und die Menschen im Zuschauerraum spüren die Verwandlung eines strengen Raumes, ehemals oberstes Tribunal der Kirche, in ein Paradies.

Die Stimmen, das Charisma dieser Schauspieler und die Musik verwandeln einen dunkelhäutigen jungen Mann genauso, seine Augen glänzen vor Freude, leuchten in der Dunkelheit ganz weiß und groß: Er umarmt seinen Nebensitzer Pöla, „Mon cher, cher ami Alfred", vielleicht für eine kleine Ewigkeit.

Zurück im Bus Richtung Berlin. In Straßburg hält er freundlicherweise an und Alfred steigt aus, geht zu seinen Tanten. Sie empfangen ihn morgens um sechs mit frisch gebackenen elsässischen Wecken zum Frühstück, zeigen ihm sein Bett mit unendlich riesigen Plumeaus und freuen sich auf ihn mit den Worten „Boschurle Bubele", wohl wissend, dass er ein halber Franzose ist.

Nun steht er, eingeladen von der Opéra national du Rhin, im Jahr 2000 vor General Leclercs Denkmal am Platz vor der Oper. Leclerc sieht ein bisschen aus wie ein martialischer Soldatenengel, hinter beiden Armen ein gefiederter Flügel, den leicht surreal wirkenden Helm eines französischen Panzersoldaten auf dem Kopf. Mit dem Obelisken wird an seinen Schwur von Koufra (Afrika 1941) erinnert: „Jurez de ne deposer les armes que lorsque nos couleurs, nos belles couleurs, flotteront sur la cathédrale de Strasbourg. / Wir werden niemals die Waffen niederlegen, bis nicht unsere Fahnen, unsere schönen Fahnen, wieder vom Straßburger Münster wehen." Leclerc hatte sein Versprechen gehalten.

Sofort ist die Erinnerung an Mutter Alices Erzählung da, von einem, der aus dem Fenster schrie: „Vive la France, merde la Prüss (Preuß), d'Schwoba mön zum Ländle nüs." Pöla schwört nun seinerseits, mit Benjamin Brittens *Peter Grimes* den Straßburgern und ihrer Oper, wo schon die wunderbare Oma Anna tanzte, eine Aufführung zu schenken, mit der alle elsässischen, schwäbischen, alemannischen, württembergisch-badischen, deutschen, französischen, ja luxemburgischen Begabungs-Gene zum ultimativen europäischen Kulturdenkmal werden sollten. Bühnensprache war noch dazu Englisch. Das starke Bühnenbild stammte von der Chilenin Maria Elena Amos.

Und auch Pöla hat sein Versprechen gehalten: mit dem unvergleichlichen Tenor John Treleaven aus Cornwall wurde die Inszenierung ein Highlight, das um die halbe Welt reiste, und Pöla saß plötzlich beim Frühstück im Sale d'Antarctis in Santiago de Chile. *Triunfo Total.* Der Ober des Hotels, zur Probe eingeladen, strich sich über seinen Arm und zeigte an: *chicken skin.*

Peter Grimes wird von den Bewohnern einer Stadt gejagt, weil sie ihn für schwul halten und für den Mörder seiner beiden minderjährigen Schiffsjungen. Peter ist am Ende seiner Kraft, ein Beispiel für alle aus Dummheit oder Enge des Herzens Bedrängten dieser Welt. Er ist allein auf der Bühne am

Meer. Ahnung der Morgendämmerung. Eine leichte Nebel-
wolke hängt in der Luft, auf die Pöla bei jeder Aufführung
bestand. Man hört aus der Ferne drohend:

Peter Grimes … Peter Grimes …
„Ellen Orford (seine Freundin): Peter we've come to take
you home.
Peter: What harbour shelters peace. Away from tidal wa-
ves, away from storm. What harbour can embrace terrors
and tragedies?
Balstrode (ein Freund): Sail out till you lose sight of land,
then sink the boat.
D' you hear? Sink her. Good-bye Peter."

Peter geht und lässt für einige Sekunden seine Hand in der
Luft stehen. Die Leute sehen in der Ferne ein Boot sinken.
Ihr Leben nimmt davon unbeeinflusst seinen Lauf.

FRÜHLINGS ERWACHEN
In Zeiten des bleiernen Herbstes

Warum hat im Mai 1974, in den ersten morgendlichen Sonnenstrahlen, das Schiller Denkmal im Stuttgarter Schlosspark einen schwarzen Sack über dem Kopf?

Was ist das für eine mächtige Gestalt, die im noch feuchten Gras zwischen den Büschen und sehr alten Bäumen ihrer Arbeit nachgeht und aussieht, wie aus einer längst vergangenen Zeit? Da, aus dem Brustlatz des Blaumanns, in dem der kolossale Körper steckt, erklingt eine leise, aber beschwingte Musik aus einem Transistorradio, entfernt und etwas quäkend, doch ganz konkret. Sie kann die Anmut dieses Bildes nicht schmälern, die Grazie der Bewegungen des ungemein dicken Gärtners nicht mindern. Man sieht ihn oft hier arbeiten und es gibt wohl niemanden sonst, der den Wein mit dem schönen Namen Canstatter Zuckerle so liebevoll und eigentlich verzückt aussprechen kann, dazu in einem waghalsig blitzschnellen Stakkato: „I bin aus der Abmagerungskur nauß gschmissa worda, weil i auf der Toilette heimlich a Flasch Canschstatter Zuckerle trunke han."

Das faszinierte Alfred natürlich!

Und da Pöla schon wieder in ihm erwacht, fragt er, ob der Gärtner nicht, da er doch schon vor dem Schauspielhaus arbeitete, drinnen auf der Bühne auch einmal mitspielen wolle. Der unschöne Sack, der Schillers edlen Kopf sehr provokant verhüllt, stammt noch von der Aufführung mit dem Titel *O wehe, wer geboren ist, im schönen Land der Schwaben*, tags zuvor, in eben diesem Park. Anfang Mai, im Freien, ziemlich kalt.

Das Gedicht von Eduard Paulus wettert gegen die Verfolgung der Denker und Dichter im Land: „Der Schiller und der Hegel/ Der Schelling und der Hauff/ das ist bei uns die Regel/ Das fällt uns gar nicht auf."

Dass Schiller nicht mehr auf das Landtagsgebäude schauen durfte und das durchaus auch bemerkt wurde, war zwar noch nicht die revolutionäre Großtat, aber doch eine ziemlich lange Nase, die man in Richtung Obrigkeit (Filbinger, Späth, Hahn, Schiess) mit ziemlichem Eifer gedreht hatte.

Nun standen aber eine Menge großartiger, um nicht zu sagen beachtlicher, später auch ruhmreicher Schauspieler auf der Parkwiese, damit ein Erinnerungsfoto von ihnen zu Beginn der Arbeit an *Frühlings Erwachen* gemacht würde. Sie waren so schön. Nicht wegen den kühn überm Knie abgeschnittenen Hosen von Gert Voss, nicht wegen Mechthild Großmanns unendlich langer, schwarzer Mähne, nicht wegen des unglaublich beeindruckenden Schielauges von Branko Samarovski, des herausfordernden Blicks der zierlichen Therese Affolter. Sie waren strahlend schön, weil sie erfüllt waren von Freude über ihre Arbeit. Immer dabei war etwas von Erwartung auf ein goldenes Morgen, das für die Gesellschaft einfach kommen musste, wie ein Fenster, das endlich geöffnet wird, um die alte, verbrauchte Luft hinaus zu lassen. Das Drahtseil für die Balance zwischen goldenem Morgen und möglicherweise auch ideologischer Halluzination war jedenfalls gespannt.

Wenn *Tristan und Isolde* (das Alfred mit Simon Rattle 2001 in Amsterdam inszeniert hatte) allgemein für eines der leuchtenden Stücke über die Liebe gilt, so könnte man sagen, dass *Frühlings Erwachen* ein Stück der Liebe *ist,* ein Beitrag der Nächstenliebe für eine Generation von Kindern und Heranwachsenden, die nach etwas ganz einfach Kreatürlichem suchen oder tasten, nach der Bedeutung und auch nach (etwas) mehr Wissen über ihre ersten sich meldenden sinnlichen Gefühle. Aus den Scham- und Angstbezirken hinaus – „es war ein Gethsemane für mich" (sagt die Figur Moritz Stiefel) – aufklärend in die Zukunft zu weisen, eine Hand zu reichen – das ist Frank Wedekind gelungen. Seine Dichtung leuchtete gleich einer Fackel der Herrenmenschentümelei mitten ins Gesicht. Die ließ sich nicht lumpen und dachte sich für Wedekind, wegen Majestätsbeleidigung, ein halbes Jahr Festungshaft aus. Ein großes Glück, dass es 1906, fünfzehn Jahre nach ihrem Erscheinen, Max Reinhardt und Hermann Bahr am Deutschen Theater in Berlin gelang, die tief traurig-komische „Kindertragödie" *Frühlings Erwachen* der Welt zu zeigen.

Das wollten die Schauspieler in Stuttgart jetzt auch. Fast inbrünstig. Mit Alfred als Regisseur. Siebzig Jahre später. Die Zeit war anders, aber ebenso einengend und gefährlich brodelnd. Die großen Nazi-Verbrechen hatten auch in Stuttgart und Göppingen stattgefunden: „Es war ein dunkles Heulen, als die jüdische Tante Therese in der Kirchstraße aus dem Haus gezerrt wurde" – wie in der Schrift *Göppingen unterm Hakenkreuz* berichtet wird. Maria Schuler, Mutter des mit James Moltke und der Weißen Rose kooperierenden Albert Schuler, dem technischen Leiter des größten Göppinger Industriebetriebes, schrieb ein vergebliches Gnadengesuch an den Volksgerichtshof, um ihren zum Tode verurteilten Sohn zu retten. Die infame Reaktion darauf: „Die Hinrichtung ist mit größtmöglicher Beschleunigung vorzunehmen." Dass nun Hans Filbinger, ein ehemaliger Militärrichter der Kriegsmarine, der Ministerpräsident des Landes war, spaltete die Gesellschaft, war für viele einfach unfassbar. Man stand sich fremd, gar feindlich gegenüber. Die Elterngeneration schwieg. Das Theater wurde zum politischen Fluchtpunkt. Wenn man sich traute, könnte man sagen, dass es für viele zur Kirche wurde.

So begab es sich in dieser Stuttgarter Aufführung, dass Gert Voss als der klügste, schönste und frechste Schüler Melchior Gabor auf der weiten Bühne mit dem Fahrrad seine Kreise zog; das weiße Hemd am hoch ausgestreckten Arm durch die Abendluft flattern lassend, rief er zu Branko Samarovski, dem nachdenklich dabeistehenden, schüchternen Moritz Stiefel: „Der Tauwind fegt über die Berge. Jetzt möchte ich droben im Wald eine junge Dryade sein, die sich die ganze lange Nacht in den höchsten Wipfeln wiegen und schaukeln lässt."

Es begab sich auch, dass auf einer hellen Waldwiese Therese Affolter als Wendla Bergmann auf Melchi Gabor trifft. Sie liegen jetzt Kopf an Kopf im Gras, Melchior blinzelt mit einer halben Kopfdrehung nach oben in die Sonne, Wendla hat neben sich ein Körbchen mit selbst gepflückten Beeren stehen und sieht ihn an.

Der Theaterkritiker Gerhard Stadelmaier wird später, 2014, „zum Tod des größten europäischen Schauspielers" an Alfred schreiben, dass dieses Bild in seiner theatralischen Erinnerungsschatzkammer eine ewig frisch-sentimentale Rolle spielen wird.

Dass Wendla von Melchior geschlagen werden will, mit einer Gerte, die „Blut zieht" zeigt, dass die jugendlichen Phantasien ungestüm und frei, nicht durch Beaufsichtigung unterdrückt werden können und wollen.

Und es begab sich außerdem, dass auf der weiten Bühne in der Abenddämmerung ein einsamer, niedergeschlagener und in der Schule durchgefallener Moritz Stiefel sitzt, träumend von der warmherzigen, kopflosen Königin und endgültig erkennend, dass er das Menschlichste nie erlebt haben wird. Dass er die Tür hinter sich zuschlagen und ins Freie treten wird. Branko Samarovski ist berührend: „Das Wetter zeigt sich wenigstens rücksichtsvoll (…) Himmel und Erde sind wie durchsichtiges Spinnewebe. Die Landschaft ist lieblich wie eine Schlummermelodie."

Die feenhaft aufreizende Ilse, „ein Freudenmädchen in meinem Jammertal", zieht vorbei. Er wagt nicht, obwohl sie es gern wollte, mit ihr zu schlafen ... Angst ... Angst ... „Ich werde es niemanden sagen, dass ich unverrichteter Dinge wiederkehre (...) werde sagen, ich hätte mir ein unbändiges Füllen gezogen – hätte es in langen schwarzseidenen Strümpfen und schwarzen Lackstiefeln (...) über den Teppich an mir vorbei stolzieren lassen (...)"

Einen Brief von Melchiors Mutter, in dem sie ihn bittet, „keine Dummheiten" zu machen, verbrennt er: „Wie die Funken irren – hin und her, kreuz und quer – Seelen! – Sternschnuppen! – Jetzt ist es dunkel geworden. Jetzt gehe ich nicht mehr nach Hause."

Melchior wird von der Schulleitung für den Tod von Moritz verantwortlich gemacht, nicht zuletzt, weil seine erotischen Zeichnungen eine demoralisierende Verwirrung auf diesen ausgeübt hätten. Melchior wird vor den Lehrerkonvent zitiert.

Diese sitzen nun, sieben Mann mit dem Rektor Sonnenstich, auf der Bühne. Es sind die Professoren Affenschmalz, Knüppeldick, Hungergurt, Knochenbruch, Zungenschlag und Fliegentod. Ein wirklich supergut aussehender Staatsschauspieler Ludwig Anschütz mit schneeweißem Haar, goldener Brille und exakt gezogenem Scheitel ist Sonnenstich. Er schimpft hinter der Bühne oft auf die neuen jungen Schauspieler und meint, die sollten doch erst mal sprechen lernen. Alfred hatte neben ihm Knüppeldick platziert und den mit Poldi Busch-Feldheim besetzt, dem Mann der Souffleuse Frau Busch-Feldheim. Poldi war kein Schauspieler des Ensembles, Alfred liebte ihn, weil er als Knüppeldick so einmalig aussah, wie ein Außerirdischer. Von hinten wie ein Sechzehnjähriger, von vorne wie eine ältere, schon vergilbte Seerobbe, mit riesigen Kulleraugen. „Herr Kirchner, ich bin so aufgeregt, ich kann mir den Text auf keinen Fall merken."

„Herr Busch-Feldheim, wir schreiben den einfach auf einen Zettel in eine Frühstücksbrot-Büchse und da können sie ihn ablesen."

Die Stelle kam nun. Knüppeldick, neben Sonnenstich sitzend, schrie zitternd den Satz, dass hier einmal ein Fenster geöffnet werden müsse, mit letzter Kraft und überschlagender Stimme aus sich heraus, als ob er geviertelt oder geschlachtet würde. Anschütz drehte nur die Augen mit einem vielsagenden Kopfschütteln zum Himmel. Poldi Busch-Feldheim bekam bei jeder Vorstellung nach seinem Satz Szenenbeifall.

Der schuldbeladene Schüler Melchior Gabor wird vor die Lehrerschaft zitiert. Es soll ihm seine „verabscheuungswürdige Untat" zur Sühne vorgehalten werden, vor einem hohen Kultusministerium die maßgebliche moralische Zerrüttung des Untäters geahndet werden, die sich in der in Gesprächsform abgefassten, „Der Beischlaf" betitelten, mit lebensgroßen Abbildungen versehenen Abhandlung manifestierte, von „schamlosen Unflätereien" strotzend, wie sie den Anforderungen eines verworfenen Lüstlings an eine unzüchtige Lektüre weitgehend entsprechen dürfte.

Gert Voss tritt auf, wird hereingeführt. Er hat es mit niemand abgesprochen, er tritt total nackt auf. Keiner der Mitspieler zeigt eine Reaktion. Vor allem Anschütz/Sonnenstich nicht. Vollkommen ungerührt, auf gar keinen Fall etwa die Probe unterbrechend, hält er Voss den „Beischlaf" vor die Nase. Der steht sehr dünn und nackt vor ihm und sagt: „Ich habe nicht mehr und nicht weniger geschrieben, als was eine Ihnen sehr wohlbekannte Tatsache ist."

Sonnenstich: „Sie haben so wenig Ehrerbieten vor der Würde ihrer versammelten Lehrerschaft, wie Sie Anstandsgefühl (...) für die Diskretion der Verschämtheit einer sittlichen Weltordnung haben."

Voss dreht ihm seinen Hintern hin und geht in seiner ganzen jugendlichen, charismatischen Erscheinung von der Bühne.

Die Aufführung wurde Stadtgespräch und war vielleicht der Anfang des Theaterwunders, das der Gruppe Claus Peymann, Alfred Kirchner, Hermann Beil, Vera Sturm und Uwe Jens Jensen in diesen und den folgenden Jahren hier und dort gelingen sollte, und die später vor allem in Bochum und am Burgtheater in Wien ihr weiteres Unwesen trieb, was bei einer Thomas Bernhard-Uraufführung mit einem vor dem Theater abgeladenen Misthaufen einen gewissen sinnbildlichen Meilenstein gesetzt bekam.

Für diese beachtliche Geste reichte es bei zwei Hinterbänklern aus Bietigheim, wo Lothar Späth zuvor Bürgermeister war, doch nicht ganz. Aber eine Anfrage im Stuttgarter Landtag stellten sie und es gelang ihnen immerhin, den großen Programmbuchskandal (klingt wie bei Brecht) zu entfachen und das schöne, mit Analyse und Verantwortung gemachte Buch in Frage zu stellen, ja zu diffamieren.

In diesem Buch zu *Frühlings Erwachen* gab es eine Aufklärungsfibel, mit Texten von Günter Amendt, der sich mit seinem hoch berühmten Buch *Sex Front* als Partner der jungen Leute verstand, gegen die Übermacht der Erwachsenen, die mit ihren Tabus und Ängsten und Igittigitts die Entwicklung der Jugendlichen nur hemmten und sie zu Opfern machten. „Der Leser soll erfahren was ist, nicht was sein soll."

Die Hinterbänkler aus Bietigheim konnten nur Provokation und „Unflätereien" im Buch erschnüffeln, fanden noch das verdächtige Wort „Rote Hilfe e. V." oder „Marmeladeeimer", was aus dem Programm der „Roten Grütze" in Berlin stammte, auf die Frage wie Kinder das weibliche Geschlechtsteil nennen würden. Jetzt war der Ofen aus!

Das Programmbuch muss verboten werden!

Der sehr geschätzte und wendige Intendant Hans Peter Doll jedoch begab sich zu Pöla und meinte diplomatisch, „Bub'sche, ich verbiete es nicht, wenn es ausverkauft ist, gibt es einfach keine weitere Auflage."

Die beklagte Leitungsmannschaft drohte mit sofortigem Rücktritt.

Nun erhob sich ein Geschrei in der Stadt, wie man es noch nie wegen des Theaters gehört hatte. Infernalisch. Jeder gegen jeden. Konservative gegen Fortschrittliche. CDU gegen Sozialdemokraten. Knüppeldick gegen Affenschmalz. Filbinger gegen Peymann. Ministerpräsident gegen Oberbürgermeister, Filbinger gegen Oberbürgermeister Rommel, der heldenhaft für das Theater kämpfte. Willi Hoss, Hochdruckschweißer bei Daimler und Grüner, Vater von Nina (Hoss), sprang für das Theater ritterlich in die Bresche, Wendelin Niedlich, Buchhändler-Ikone, ebenso. Mutter Alice weinte, weil ihr Sohn seinem Untergang entgegen ging. Ministerialdirigent für Wissenschaft und Kunst für Baden-Württemberg, Hannes Rettich, saß bei diesem im Büro und flehte: „Herr Kirchner, jetzt machetse doch an Strich da nei!" Nein! Vater Julius drohte mit Enterbung. Geheimsitzungen der Parteien. Sonnenstich gegen Fliegentod. „Krähwinkel in uns", so könne die Kunst nicht leben, schreibt *Die Zeit*. Gleichzeitig gibt es demonstrativ umjubelte Vorstellungen von *Frühlings Erwachen*, aber auch stinksaure Opernsänger, ebenfalls im Staatstheater beschäftigt, weil sie fürchteten, dass die verrückten Schauspieler das Theater kaputt machen würden. Demonstrationen, Chaos, Wut.

Dann doch die Lösung:

Das Programmbuch wird geteilt:

1. Teil: Wedekind, *Frühlings Erwachen*, herausgegeben vom Württembergischen Staatstheater Stuttgart.

2. Teil: Aufklärungsfibel, herausgegeben von Hermann Beil, Uwe Jens Jensen, Alfred Kirchner, Claus Peymann, Vera Sturm.

Erwirbt man die Teile zusammen: DM 3,– (Mit einem roten Band um die beiden Hefte.) Einzeln kosten sie DM 2,50 bzw. DM 1,–

Zwei Jahre später. Die Zeit vergeht, die Spannungen zwischen den ungleichen Denkweisen werden tiefer und gröber. Die RAF-Prozesse schüren die Glut und das Misstrauen in der Stadt.

Alfred wird zum Ministerpräsidenten geschickt, weil man denkt, dass er als Landsmann von Filbinger prädestiniert ist, die Wogen zu glätten. Die Sicherheitsvorkehrungen sind hoch. Man muss durch die im Schlosshof mit ihren weißen Helmen herumrennenden Bereitschaftspolizisten hindurch, natürlich sind es wieder die aus der ehemaligen Flak-Kaserne Göppingen, die oft beim Studentenverprügeln dabei sind und Alfred soll konspirativ an ein Fenster klopfen, damit man ihn einlässt. Man sitzt nun im großen Schlosssaal, die beiden Herren in einer Ecke, die Vorhänge zugezogen, zum Schutz vor möglichen Scharfschützen aus den alten Bäumen draußen. Ein Diener bringt Kaffee im schönen Silbergeschirr. Filbinger sitzt ziemlich groß neben Alfred, seine Hände sind sehr groß, die Augenlieder ein bisschen reptilienähnlich schwer. Er ist zurückhaltend freundlich und meint, dass man das mit dem Theater gemeinsam schon hinkriegen werde. „Herr Kirchner, wir müssen das halten." Wir sollen uns keine Sorgen um die RAF-Häftlinge machen, sie würden anständig verpflegt und – er sagte es wirklich – auch ein Frühstücksei bekommen. Dieser Replik war eine Geldspende von Theaterleuten vorausgegangen, als Reaktion auf einen Brief der Mutter Gudrun Ensslins, dass sie seit 30 Jahre Abonnentin des Stuttgarter Theaters sei und, da es ihrer Tochter so schlecht gehe, um Hilfe bitte. Die Würde des Menschen ist unantastbar. Erbarmen nicht nur für Nazi-Verbrecher, schreibt Benjamin Henrichs in der *Zeit*. Alfred schielt zu Filbinger, der aus seiner Jackentasche einen Zettel herauszieht. „Können Sie mir einen Rat geben?" Auf dem Zettel steht ein Monolog aus einem Stück von Dario Fo, der mit den Worten „Kopf ab" beginnt und Filbinger möchte wissen, warum so etwas gespielt werde. Was hatte man in ihm berührt? Hatte er den riesigen historischen Saal gewählt, um das aufzuklären? Trauma?

In Fos Stück füllen die Faschisten gefangene Linke so lange mit Wasser ab, bis sie fast platzen. Die Frau eines solchen Gefolterten kommentiert das mit eben diesem Monolog und diesen Worten: Kopf ab. Bei Dario Fo gibt es immer einen Rasiermesser-Ritt zwischen Grausen und Lachen.

Also: ein kurz darauf, wegen nicht zugegebener NS-Todesurteile, zurückgetretener Ministerpräsident und der scharfe Text eines späteren Nobelpreisträgers für Literatur, dazwischen der Mann von Pölarölara, als Oberspielleiter sein Theater verteidigend. Er verabschiedete sich in einer Atmosphäre, die wie zerbrochenes Glas war und dachte bei sich, wie hieß das doch gleich ...

„Die Gedanken sind frei,/ wer kann sie erraten,/ sie fliegen vorbei,/ wie nächtliche Schatten. Kein Mensch kann sie wissen, (...)"*

---

* Hoffmann von Fallersleben/Ernst Richter, „Die Gedanken sind frei", in: *Des Knaben Wunderhorn*. (Der Text wurde 1898 von Gustav Mahler neu vertont, 1976 sang Leonard Cohen das Lied auf seiner Deutschland Tournee.)

PÖLA UND GOETHE

Es war eine Entdeckung. Hatte möglicherweise Anteil an der Wahl Alexander van der Bellens zum österreichischen Bundespräsidenten.

Mitten im Wahlkampf, am 1. Oktober 2016 stand Pöla nach seiner Inszenierung von Goethes *Hermann und Dorothea* im Burgtheater an der Tür, die aus dem festlichen Foyer zum Bühnenbereich führt und traf auf die beeindruckende Erscheinung des Wiener Kardinals Schönborn, der ihm zuflüsterte, dass er in der Vorstellung geweint habe. Der Kardinal mit den wunderbaren Vornamen Christoph Maria Michael Hugo Damian Peter Adalbert bemerkte in dem Augenblick nicht, dass sich hinter ihm eine größere Menschentraube gebildet hatte, die nicht recht wagte, an ihm und an Pöla vorbei ins Bühneninnere weiterzugehen.

Die Entdeckung war, dass Goethe vor 220 Jahren einen unübersehbar großen Zug vertriebener Menschen auf eine rheinische Kleinstadt stoßen lässt und die Flüchtlingsfrau, die Fremde, für den eher schüchternen deutschen Hermann ein Gottesgeschenk – Dorothea – nennt. Was eine geradezu kühne, fast ironische Prophetie bedeutet, die den zerstrittenen Europäern zeigen könnte, dass eine damalige Gesellschaft bereit war, das Außergewöhnliche nicht nur als Bedrohung, sondern auch als Bereicherung anzusehen. *Hermann und Dorothea* – ein prophetischer Verweis auf die sich immerfort wiederholende Gewalt gegen Schutzloses, gegen Anderes, auf die heraufziehenden Völkermorde und Vertreibungsszenarien. So wird der Poesie die wunderbare Aufgabe zugewiesen, in „Neun Gesängen" eine Stimme der Gegenwehr zu erheben. Wenigstens. Und wohl nicht erfolglos. Die aus solch einem Genozid (an den Jesiden im Irak) kommende Nadia Murad hat 2018 den Friedensnobelpreis bekommen. Als Botschafterin der Vereinten Nationen kämpft sie für die Würde der Überlebenden, auf jeden Fall ist sie eine Schwester Dorotheas.

Goethe wusste gar nicht, wie ihm geschah, als Pöla in Wien eine Liaison mit ihm und seinem Epos einging. Karin Bergmann, die kluge Intendantin, hatte die mutige Entscheidung getroffen, nicht das Akademietheater, sondern die große Burgtheaterbühne als Ort der Aufführung zu wählen.

Diese war eben zu Ende gegangen. Und auf der Bühne standen nun drei Menschlein gegen den mächtig großen Zuschauerraum, mächtig darauf gespannt, wie die Botschaft jetzt und gerade hier in der Nachbarschaft des sich den Flüchtenden verweigernden Ungarns – eine Verweigerung, die sich bereits Teile der Österreicher zu eigen gemacht hatte – wie nun die von den Schauspielern vorgetragene Mission Goethe/Pöla aufgenommen wurde.

Ganz einfach. Die Leute erhoben sich still von ihren Plätzen, dankten dann mit großem Jubel, mit warmer Zustimmung, wie befreit. Die drei Menschen, mit inzwischen auf die Bühne gebrachten Sonnenblumen in Händen, bedankten sich ihrerseits, sichtlich glücklich über das Publikum und sein „schöpferisches" Zuhören.

Die unglaublich guten Schauspieler Maria Happel und Martin Schwab hatten einen Aufruf für Anteilnahme gesetzt, wie man es nur mit sprachlicher Virtuosität hinbekommt und subtiler Kenntnis davon, wie eng Not auch mit ironischer Komik verbunden sein kann.

Was haben Goethe, Pöla, Happel, Schwab da hinbekommen, was war das Besondere? Warum war das Theater danach immer ausverkauft? Warum sagte die Direktorin bei krankheitsbedingten Vorstellungsänderungen, wenn *Hermann und Dorothea* unverhofft auf dem Spielplan stand, zum Publikum: „Sie sehen jetzt anstelle ihrer gewünschten Vorstellung ersatzweise die Sternstunden des Burgtheaters."? Warum wurde man sehr schnell zu Gastspielen eingeladen, durfte man im Berliner Ensemble 2017 auf denselben dunklen Bühnenplanken stehen, wie damals Roma Bahn als Polly in der *Dreigroschenoper*-Uraufführung? Sie hätte sich über ihren Schüler, der ihr nur als Alfred bekannt war, sicherlich gefreut. „Du bist Blut von meinem Blut" – wie es in einem Brief an ihn geheißen hatte.

Das Besondere bei *Hermann und Dorothea* könnte das mit der Aufführung entstandene, fast bestürzend genaue Spiegelbild unserer Gegenwart sein. Durch einen riesigen Flüchtlingszug aus den französischen Revolutionskriegen, der direkt ins Herz einer rheinischen Kleinstadt stößt, wird nun – konfrontiert mit diesem großen Weltereignis – das verbindliche Gefühl von Sicherheit oder Ordnung durch das Wort Sorge abgelöst. Sehrende Sorge, wie es bei Wagner so schön verdichtet heißt. Geht es um die Bewahrung des Besitzes? Das derzeitige Wirklichkeitsgefühl scheint mit dieser Aufführung einfach 200 Jahre vorverlegt, mit denselben Floskeln, denselben Ängsten, mit fast satirischer Unterhaltsamkeit allerdings auch, weil die einfachen Bürger ja in epischen Versen sprechen, wie Hermanns Mutter, die Wirtin Zum Goldenen Löwen: „Siehe", versetzte die Frau, „dort kommen schon einige wieder, die den Zug mit gesehen (…) Wie die Gesichter glühen! Möchte ich doch auch in der Hitze nach solchem Schauspiel so weit nicht laufen und leiden! Fürwahr ich hab genug am Erzählten."

Einziger Unterschied: Die Ertrunkenen im Rhein sind heute die Ertrunkenen auf den Meeren. Das schöne Ferien-Mittelmeer, jetzt ein großer Friedhof unserer Gegenwart.

Schaurige Überlebenskämpfe unter Deck in gekenterten Schiffen; Frauen, Kinder, die Lungen voll Wasser, oft hilflos ertrinkend: die neue Odyssee.

„(...) alles bewegt sich, jetzt auf Erden einmal (...) Grundgesetze lösen sich auf der festesten Staaten, und es löst der Besitz sich los vom alten Besitzer, (...) Nur ein Fremdling, sagt man mit Recht, ist der Mensch hier auf Erden; mehr ein Fremdling als jemals, ist nun ein jeder geworden."

Der Bühnenboden ist bedeckt mit einem Meer aus LED-Teelichtern. Wie sagte Moritz Stiefel: „Wie die Funken irren – hin und her, kreuz und quer – Seelen! – Sternschnuppen!" Offensichtlich gibt es auch heute noch das Bedürfnis nach Sprache, die Liebe zu ihr; den Wunsch nach Texten, schön wie Musik, aber auch hart mit einer zweiten, transzendenten Ebene. Es muss ja nicht gleich die „höhere" sein, vielleicht jedoch eine erhellende?

Jedenfalls Maria als Dorothea, wie die antiken Musen mit einem Blumenkranz im Haar, auf einem Tisch sitzend zu Martin als Hermann: „Verzeih mein Freund, dass ich, selbst am Arm dich haltend, bebe! So scheint dem endlich gelandeten Schiffer auch der sicherste Grund des festesten Bodens zu schwanken."

In sensiblere Bezirke als die gewohnten wird man durch diesen Glanz der Sprache gelenkt, doch der Mann von Pölarölara wird damit auch beschützt. Mehr noch: Durch die schönen TV-Moderatorinnen, die trotz globalen Leides all ihre Nachrichtensendungen überleben, wird ihm, am nächsten Tag wieder vor den Bildschirm gelockt, ein Gefühl des immer Wiederkehrenden, der Unangreifbarkeit, ja sogar der Unsterblichkeit vermittelt.

Durch die starken Bilder des schwankenden Bodens, der Auflösung der sichersten Staaten, des Menschen als Fremdling auf Erden wird gegen diese Scheinwelt zumindest angeschrieben.

Goethe lässt Dorotheas ersten Geliebten, der in Paris für Gleichheit, Brüderlichkeit und Freiheit gefallen ist, sagen, dass sie sich über den Trümmern der Welt wiedersehen werden und dass sie den beweglichen Fuß nur leicht auf die Erde aufsetzen soll.

Er fürchtet auch kein biblisches Bild bei der Begegnung mit Hermann am Brunnen: „und auf das Mäuerchen setzten beide sich nieder des Quells. (…) Und sie sahen gespiegelt ihr Bild in der Bläue des Himmels (…)"

MASKE IN BLAU
Wegen Verunglimpfung / BGH ZR 30/69

Da steht auf dem Marktplatz in Bremen eine riesige Märchen-
figur. Sehr beeindruckend mittelalterlich, Roland genannt.
Trotz an der Schulter aufgerichtetem Schwert, Beinschienen,
scharfen Spitzen an den Knien, Kettenhemdkragen, blickt er
doch so freundlich anmutig, hat auch so schöne, lange Haare, wie all die jungen Leute, die in den Sechzigern den Muff
von tausend Jahren los werden wollen. Er leuchtet jetzt, die
Bomben mit dem ihn verhüllenden Splitterschutz überlebt
habend, weit über die Grenzen der Freien Hansestadt hinaus.
Er ist über zehn Meter hoch.

Das Theater in Bremen indes wollte nicht nur, wie Voltaire
sagte, ein Gemälde des menschlichen Lebens sein, es wollte
für den revolutionären Umbruch dieser Zeit ein wichtiges,
modernes Gemälde sein. Nicht umsonst war Roy Lichtenstein
ein Protagonist des Bremer Stils, der von nun an, wie Roland,
in die deutsche Kulturlandschaft hinein strahlte, auch international nach Europa, wo dieses avantgardistisch war.

Das Interessanteste am Bremer Stil sei, so sagte rückblickend
der Intendant Kurt Hübner, dass es ihn niemals gegeben habe.
Jedenfalls wünschte sich Peter Zadek, der grandiose Regisseur, dass das Publikum in einem Musical unbedingt eine bestimmte Zeile mitsingen sollte: „Die alten Zeiten sind ... im
... Aaarsch!" Man muss zugeben, dass dies nicht die beste seiner Inszenierungen war. – Ganz im Gegensatz zu *Held Henry*
(nach Shakespeares *Heinrich V.*), einer Aufführung, die unter
der Prämisse von Zadeks Anliegen „Ich will kein intellektuelles

subtiles Theater, ich will scharfe Kontraste, Schocks" eine Einladung zum Theater der Nationen nach Paris ins Théâtre Sarah-Bernhardt bekommen hatte.

Es wird ein Geheimnis bleiben, warum nun der Mann von Pölarölara von Peter Zadek zum Assistenten ausgewählt worden war. Wo doch nach stundenlangem Warten und Vorsprechen von zwei Rollen auf der großen Bremer Bühne der gefürchtete Zampano erst noch einmal überlegen wollte, ob der junge Kerl vom Schauspielhaus Kiel nicht zu zart und sensibel für so einen schwierigen Job sei. Der bekäme ja alles auf den Deckel und müsse dieses von ihm, Zadek, abhalten. Den Schüler in *Faust* – „Ich bin allhier erst kurze Zeit und komme voll Ergebenheit, einen Mann zu sprechen und zu kennen, den alle mir mit Ehrfurcht nennen" – fand er sehr gut. Beim Heimkehrer Beckmann, in *Draußen vor der Tür,* der sich am Schluss des Stückes verzweifelt auf den Boden wirft und „Gibt es keinen Gott?" zu rufen hat, reagierte er etwas ironisch: „Da hab ich gemeint, du willst was von mir." Und das mit seinem charakteristischen, später oft imitierten, englischen Akzent.

Also: Der Vertrag kam und in dem waren, anstatt wie bisher in Kiel DM 400,–, DM 800,– vermerkt.

Eine erste Raketenstufe war gezündet und die Tür zu einer neuen Welt aufgestoßen. Man begrüßte Rainer Werner Fassbinder, dessen Händedruck bei „Grüß Gott, Alfred" so weich war, sanft wie eine Berührung mit einer mit Mehl bestäubten Hand, ganz konträr zu Wilfried Minks' entschlossen festem, Peter Steins normalem oder Klaus Michael Grübers tastendem Willkommen mit nachdenklich forschendem Blick.

Da waren auch Hannelore Hoger, mit holdem Liebreiz und dem Versprechen des Beginns einer wunderbaren Freundschaft, und Bruno Ganz, der zunächst dem Assistenten vorsprechen musste und, obwohl von dem kleinen Göttinger Zimmertheater kommend, seine sprachliche schweizerische

Herkunft nicht so recht verbergen mochte. Nach kurzem, überlegendem Zögern empfahl ihn Alfred an die Chefs als „sehr interessant" weiter.

Zadek mochte seinen neuen Assistenten und nach weiterem positiven Kennenlernen und gegenseitiger ziemlicher Achtung – „Alfred, weißt du jemand, der mir einen Kaffee holen könnte?" – führte letzterer jetzt die Bremer Mannschaft der Bühnentechnik für *Held Henry* nach Paris, in alleiniger Verantwortung. Der Bus war mit fast nur Männern voll, naturgemäß meist kräftige Kerle, die sich alle schick gemacht und dunkle Anzüge angezogen hatten, die besonders eindrücklich zur Geltung kamen, wenn sie etwa in den Ardennen im Zuge einer Pinkelpause gegen das schönste Grün eines Waldes standen. „Macht mir den rechten Flügel stark!", soll ja General Schlieffen mit hoch gerecktem Arm auf dem Totenbett gesagt haben, was heißen sollte, dass „der Deutsche" Paris nur auf dem Weg über Belgien erobern könne.

Also war Zwischenstation in einem Hotel in Brüssel.

Alfred drehte sich im Schlaf in einem ziemlich hohen Polsterbett und fiel aus diesem mit dem Kopf voran auf das Parkett. Bis er das Licht gefunden hatte, war schon alles schweinemäßig mit Blut befleckt. Morgens bewegte er sich vorsichtig mit dickem Auge zum Frühstück, wo eine gut gelaunte „Technik" auf ihn wartete. Dass er aus dem Bett gefallen sei, provozierte ein so unglaubliches hanseatisches Gelächter und die phantasievollsten Rufe fies frecher Bemerkungen, bei denen man nur leise und ein wenig benommen seinen guten belgischen Kaffee schlürfen und an Goethe denken konnte: „in sich gebückt und unbekannt; es war ein herzigs Veilchen."

Gegen Ende der Pause saß er nun als englischer Gefangener auf der Bühne in Paris, im Théâtre Sarah-Bernhardt unter einem riesigen, mit Kerzen übersäten Weihnachtsbaum, wahrscheinlich aus Bremen. Die französischen Soldaten in *Held*

Henry schlugen ihn immer wieder ins Gesicht, um während der Weihnachtsfeier einen Verrat aus ihm zu pressen. Jetzt aber noch größte Konzentration. Bevor der Vorhang hochging, hörte man von draußen im Zuschauerraum die bewegende Stimme Marlene Dietrichs. „Sag mir wo die Männer sind, (...) über Gräbern weht der Wind (...) wann wird man je verstehen?"

Der Gefangene trug eine englische Uniform aus dem Ersten Weltkrieg mit Wickelgamaschen. Trotz seines dicken Auges, was jetzt sehr gut passte, fühlte er sich als Sinnbild, als eine Art Mittelsmann oder Stellvertreter von tausenden von Gestern, von Kummer und Verzweiflung, in die sich das Lied mächtig hineinmischte. Aber zusammen mit dem Adrenalin der Bühne, weil diese deutsche Inszenierung besonders aufmerksam beäugt wurde, hinter sich die provokanten Bilder von falschen Helden und von Heldentum, von Stalin, Hitler, Dschinghis Khan und Uwe Seeler, den sich Zadek nicht verkneifen konnte, da kam dann doch fast eine Explosion von Gefühlen in ihm auf, und Hochstimmung, die Gewissheit, hier, in diesem Moment in Paris, an etwas ganz Wichtigem, vielleicht Versöhnendem teilzunehmen. Und da war auch Beglückung, ausgelöst durch die Kunst seines neuen Freundes Peter Z., der nachmittags noch mit ihm essen gegangen war, wegen der gelungenen Vorbereitung und überhaupt.

Der Motor des Bremer Theaters war Kurt Hübner, oder besser der Rädelsführer oder der Anstifter, der Entdecker, das Herz, mindestens die Kraftquelle, der Spiritus Rector, er war auch ein Vater und ein feinfühliger Berserker. Jedenfalls „Bruno ich hol' dich runter" zischte er von der Seite in die Vorstellung, wollte Bruno Ganz von der Bühne holen, weil ihm dessen Hamlet an diesem Abend nicht optimal erschien. Sieghold Schröder, der kräftige Inspizient, hielt ihn fest, rang ihn nieder.

„Hallwachs, was du da spielst, ist doch lackierte Kinder-
kacke", hieß es bei *Romeo und Julia*-Proben.

Pöla war als Alfred Kirchner schon zu Produktionen auf
der großen Bühne gekommen und Hübner wollte, weil es so
viel Spaß machte, nun bei *Die Großherzogin von Gerolstein* unbedingt Co-Regisseur sein. Zehn Uhr Beginn auf der Probebühne. Wo ist der Ebeling? Alfred, mit Mut: den habe er auf
elf bestellt. Hübner greift vor den knapp 80 Choristen zu
einem Tablett mit dicken Kaffeetassen, samt Untertellern,
zerschmettert sie vor Wut auf dem Holzboden – was einiges
an Gewalt brauchte – und sagte: „Du bist genau so dumm
wie meine Sekretärinnen!" Eine davon, die zarte, prinzessin-
nengleiche Sybille, war oft das Ziel eines Schlüsselbundes, der
von Hübner aber so gezirkelt gezielt wurde, dass er nur gegen
die Wand flog und bei der blass Gewordenen und nach Luft
Schnappenden ein empörtes, demonstratives Erschrecken er-
zeugte. Auch Telefone wurden hin und wieder zerschmettert.
Während einer nachmittäglichen Direktionssitzung fläzte
Hartmut Gehrke, ein anderer erfolgversprechender Assistent,
sehr hübsch und lässig in seinem Sessel. Er habe sehr schmut-
zige Schuhe, räsonierte Hübner, bestellte bei der Requisite
Schuhputzzeug, kniete sportiv-charmant vor Gehrke nieder
und putzte ausgiebig und detailliert dessen Schuhe.

Zum Gassenhauer „Berliner Luft" in *Frau Luna* waren fünf
kleingewachsene Menschen ausersehen, mit riesigen Luftbal-
lons zauberhaft Cancan zu tanzen. Hübner, der insgeheim
Begeisterte, nölte aber offiziell herum: „Es gibt keine Ge-
schmacklosigkeit, die nicht über meine Bühne gehen muss."

Der charmanten sechsjährigen Katja Maria, Alfreds erstem
Töchterlein, ließ er – ohne dessen Wissen – ein langes, weißes Prinzessinnenkleid verpassen und scheute sich nicht, sie
auf einer großen Werbeveranstaltung ein von ihm verfasstes
Gedicht aufsagen zu lassen: „Theater ist wichtig, Theater
muss sein …" Was dann auch zur schönen Folge hatte, dass

sie in folgenden Jahren bei den Arbeiten von Vater Pöla immer als Muse dabei war, als Thalia mit dem Efeukranz gewissermaßen, den sie hin und wieder dem Regisseur überreichen konnte.

Von Hübner hörte man oft, dass er in einem Stuka (Sturzkampfflieger) übers Mittelmeer nach Afrika fliegen musste und unter sich immer eine Insel gesehen hatte, wie ein unerreichbares Zeichen des Friedens. Nach dem Krieg könne man da doch einmal wohnen. Ihr Name sei Lampedusa gewesen.

Das Theater Bremen sei das Beste in Westdeutschland, da waren sich alle einig. Die Zeitschrift *Theater Heute* nannte man flapsig *Bremen Heute*.

Das Ensemble arbeitete im Auge eines Hurrikans: Apokalypse Vietnam, Ermordung Martin Luther Kings, Notstandsgesetze, Kopfschüsse auf Rudi Dutschke, Niederschlagung des Prager Frühlings, Kaufhausbrände in Berlin und Brüssel, heftigste Studentenproteste und Bürgerrechtsbewegungen in der Geschichte Deutschlands.

Das Ensemble mischte sich ein, was eminent wichtig war. Einzelne Aktionen waren allerdings manchmal eher rührend, etwa wenn Bruno Ganz in Sachen Notstandsgesetze, zitternd vor Aufregung, ausgerechnet den *Bettelstudent* unterbrach, um die Zuschauer aufzufordern, beim Protest mitzumachen, die daraufhin wütend den Saal verließen. Das Engagement der einzelnen war aber auch umwerfend erfolgreich, zum Beispiel als der ganze Marktplatz mit einem nicht enden wollenden weißen Transparent umrundet, sozusagen eingewickelt wurde. Es wurde von Schauspielern und Technikern, an vielen Stäben befestigt, in die Höhe gehalten, damit wurde ziemlich spektakulär und weithin sichtbar gegen die Notstandsgesetze „Flagge gezeigt". Gegen Bespitzelung und gegen Erlaubnis zum Bundeswehreinsatz im Inneren. Die Idee kam vom göttlichen Wilfried Minks.

Seine andere Aufgabe erfüllte das Theater natürlich ebenso. Es glänzte durch seine Kraft und Haltung, auch mit einer prägenden unvergessenen *Tasso*-Inszenierung von Peter Stein, bei der die späteren Wunderfrauen Jutta Lampe und Edith Clever, in allerschönster auch modern frechster Weise mit Bruno Ganz zusammen, der Welt die *conditio humana* zeigen konnten. Aber nicht nur die Bedingungen des Menschseins, sondern, was der Bremer Mannschaft ein Anliegen war, die Bedingungen der Menschen unter dem nie geklärten Blickpunkt des Sozialen, auch Utopischen: Bruno als Prinz von Homburg mit verbundenen Augen: „Nun, o Unsterblichkeit, bist du ganz mein."

Das Tolle war, dass Zadek dies auf eine einfache, knallige, komisch-englische Art machte, mit *Die Geisel* von Brendan Behan, dem Berserker von der Genie-Insel Irland, der in seinem Stück das „hohe" Hauptquartier der IRA in einen Puff verlegt. Dort, in einer Welt der buntesten, grotesk komischsten Whiskeytrinker, großmäuligen Freiheitskämpfer, Nutten, Matrosen, Stricher, lebt der gekidnappte englische Soldat Lesley (Friedhelm Ptok). Er tanzt mit ihnen und singt Folklore, alle sind sie besoffen, alle sentimental und alle singen zusammen „When Irish eyes are smiling".

Eine ganz junge irische Theresa verliebt sich in ihn, den lachenden Jungen. Bei einer Schießerei wird er getroffen und stirbt. Zartes Poesiewunder geschieht bei Theresas (Hannelore Hogers) Abschied von ihm, als sie schwört, dass sie ihn in dieser absurden Welt bis ans Ende der Tage nie vergessen werde. Er aber springt in der trunkenen Phantasie des irischen Dichters auf, um strahlend zum Publikum zu singen: „Trink ein Bier aus meiner Urne, lass dir's schmecken, wenn du kannst."

In Berlin beim Theatertreffen gab es dafür unglaubliche 45 Minuten Applaus. Zadek war ein Geschenk.

Die deutsche Übersetzung stammte von Annemarie und Heinrich Böll, die in dieser frechen Offenheit so noch nicht gehörten Liedtexte von Charly Wesseler.

Mikis Theodorakis, mit dem Alfred später bei Martin Walsers *Sauspiel* im Schauspielhaus Hamburg arbeitete, schrieb frei nach Behan den Song „The Laughing Boy". Maria Farantouri, seine Priesterin, wie er sie nannte, riss mit diesem Lied zum Ende der griechischen Militärdiktatur die Menschen in einem Stadion zu Strömen von Tränen hin und gleichzeitig zur euphorischen Begeisterung: „Meine königliche Liebe, ich werde ewig von dir erzählen, was du getan hast, du würdest die Faschisten vertrieben haben."

Dass Kurt Hübner dann den Mann von Pölarölara beauftragte, die *Maske in Blau* zu inszenieren, war vermutlich seinem Gespür für besondere gesellschaftsbrisante Situationen zu danken.

Alfred wurde damit zum ersten Theaterregisseur, dessen Sache vor dem Bundesgerichtshof verhandelt wurde. Nach Freispruch vor dem Kammergericht Berlin und Revision vor dem Landgericht Berlin sollte er schließlich wegen Verunglimpfung des Werkes und Urheberrechtsverletzung einen Denkzettel bekommen.

Es war einfach so, dass das Orchester am Ende der Vorstellung weggerannt, also die Flucht ergriffen hatte, weil das Publikum sich gegenseitig verprügelte und auf der Bühne zehn als Mainzer Hofsänger kostümierte Chorherren zwar mit erhöhtem Pulsschlag, aber professionell markant schmetterten: „So ein Tag, so wunderschön wie heute, so ein Tag, der sollte niiiiieeee vergeh'n."

Ein teuflischer Einfall von Pöla. Die Wirkung war extrem. Ein Teil der Leute sprang, sich gleichzeitig totlachend und triumphierend, vom Sitz, die anderen schrien empört, sie wollten *Maske in Blau* sehen und keinen Quatsch. Eine besonders hübsche, gewitzte Tänzerin meinte sich verbeugen zu müssen, stand jedoch alleine auf der Bühne und zeigte, ihren Fehler erkennend, den Leuten einen Vogel, was das Buh- und Bravo-Geschrei noch erheblich steigerte.

Dann kam der dreibeinige Tänzer und verbeugte sich schließlich, auf dem mittleren Bein stehend, die beiden anderen zur Seite hebend, wobei er mit seinen weißen Handschuhen den Hut lüftete. Die Reaktion des Publikums schwankte zwischen stummer Faszination und Gejohle. Hatte er (Charlie Lang) doch noch vor einigen Augenblicken etwas aus Tschaikowskys *Schwanensee* getanzt und dann mit seinen drei Beinen den „Radetzkymarsch" auf den Boden getrommelt, was die Zweischneidigkeit dieses Musikstücks in eine recht ausgefallene skurrile Dimension hob, wo sie vielleicht auch hingehört. Das ergab nicht nur braves Mitgeklatsche, wie beim Wiener Neujahrskonzert.

Karl Ernst Hermann, der spätere Bühnenbild-Schöpfer des Schaubühnen *Peer Gynt*, verbeugte sich, der Chor um ihn herum spannte noch einmal die Flut von schwarzen Regenschirmen auf und Hermanns Engel mit grüner Gießkanne, den er erfunden hatte, flog als poetischer Regenmacher über das Bild „Frühling in San Remo"; was die „bösen" Zuschauer ungeheuer wütend machte.

Die Julischka aus Budapest (Erica Heidrich) sprang noch einmal auf den Tisch, durch dessen Tischplatte sie bei der Nummer „Ja, das Temperament" selbstredend krachte.

Pöla und der Choreograph Tutte Lemkov stellten sich dem mittleren Orkan, den man den Bremern gar nicht zugetraut hätte. Pöla sah mit seinen knapp dreißig Jahren eher normal aus, ging vielleicht etwas schief, während Tutte ein anderes Kaliber war: Bärtig und ziemlich klein, ein rotes norwegisches Strickmützchen tragend, hatte er mit seinem durchtrainierten Körper schon in John Hustons *Moulin Rouge* getanzt und in Polanskis *Tanz der Vampire* die Choreographie für das Fest der Blutsauger gemacht. Der dreibeinige Tänzer war seine Idee gewesen. Tutte wohnte in London, an seiner Nachbartür stand auf einem kleinen Schild „Rolling Stones". Peter Zadek sagte oft ganz leise „Tutte ist verrückt", Tutte, ebenso vertraulich, „Peter is mad". Jüdische Weltbürger, alle beide. Und beide für den Mann aus Göppingen eine andere, bisher nicht gekannte Welt. Welche Laune des Lebens, dass Tutte in seiner wilden Fremdheit das konträrste Gegenbild zur *Maske in Blau* war, die im mörderischen Jahr 1943 mit blauem Himmel und roten Stiefelchen an hübschen Waden in einem Durchhaltefilm die Menschen zynisch zum Weiterleben anfeuern wollte.

Aus all dem folgte der Auftritt des Kammergerichts Berlin in Bremen eigentlich zwangsläufig. Zur Augenscheinseinnahme und zur Beweissicherung. Auch durch den Autor des Stücks, Heinz Hentschke. Weil der Verlag Felix Bloch Erben mit einer Einstweiligen Verfügung erreichen wollte, dass jede weitere Aufführung verboten würde.

Heinz Hentschke, mit einem braunen Pelzkragen am Mantel, erschien in doppeltem Sinne etwas angefressen, war wütend. Sechs Millionen Leute hätten seine *Maske in Blau* gesehen und nun so etwas. Pöla hielt dagegen, wie schön das doch sei, ein einziges Mal eine kleine Neuerung! Hentschke, leicht näselnd, beharrte: „Ich kann vor Gericht nur sagen, das ist nicht meine Maske in Blau." Er erzählte noch, dass er jeden Morgen im Kempinski frühstücke.

Der Prozess fand nach längerer Vorbereitung statt. Wie die *FAZ* berichtete, habe sich das Gericht, trotz einer bewegenden Rede Heinz Hentschkes, der liebe Gott hätte ihm bei diesem Werk die Feder geführt, doch auf die Seite des Theaters geschlagen, mit dem Zitat aus dem Stück „die Welt ist blind, doch wir sehn mehr, weil wir Künstler sind".

Schließlich dann doch der Bundesgerichtshof! Weil es eine nicht enden wollende Auseinandersetzung zwischen den Rechten des Autors und der eigenständigen Kunst des Regisseurs gibt. Exemplarisch und vor nicht allzu langer Zeit (2015) war das auch am Urheberrechtsstreit rund um die *Baal*-Inszenierung von Frank Castorf in München zu sehen gewesen.

Es ist bemerkenswert, dass im *Blaue Maske*-Urteilsjahr 1970 vor dem BGH mit keiner Silbe erwähnt wurde, dass 1937, unter der Leitung von Heinz Hentschke, die Uraufführung von *Maske in Blau* im Berliner Metropol-Theater als Festvorstellung zu Gunsten der Goebbels-Stiftung für Bühnenschaffende in der Reichstheaterkammer stattfand. Der Autor der Liedtexte war Günther Schwenn, der nach dem Krieg einen großen Hit mit „Schnaps, das war sein letztes Wort" landete. Während des Krieges unterstützte er die Menschheit künstlerisch mit Texten wie „Der Marsch der 80 Millionen, der führt in die Zukunft hinein" (1940), „Stoßtrupp voran" (1943), sowie „Mach dir um mich doch bitte keine Sorgen" (1944). Dies soll kein leichtfertiges Nachtreten gegen eine bestimmte Spezies von Urhebern in schlimmen Zeiten sein, aber doch die Vermutung zulassen, dass sich hinter der *Blauen Maske* vielleicht eine braune Fratze verbergen könnte. Sollte es möglich sein, dass der Mann von Pölarölara zu Unrecht straffällig (*Spiegel* 4/67) genannt wird? Zum Glück gab es zumindest keine Festungshaft mehr.

Der I. Zivilsenat des Bundesgerichtshofs hat in dem Rechtsstreit BGH, 29.04.1970 – I ZR 30/6 unter Mitwirkung der Senatspräsidentin Dr. Krüger-Nieland und vier weiterer Bundesrichter im Tenor für Recht erkannt:

Die Revision der Beklagten (Theater GmbH Bremen) gegen das Urteil des 5. Zivilsenats des Kammergerichts in Berlin vom 19. November 1968 wird zurückgewiesen.

Das Protokoll des BGH zitiert die Begründungen des Kammergerichts:
27 II
1. Das Berufungsgericht kommt zu dem Ergebnis, dass die Aufführung der Operette - - - eine Vertrags- und eine Urheberrechtsverletzung darstelle.

Hierzu führt das Berufungsurteil aus:

28 Entstellung des Werkes ... In der 9. Szene des zweiten Bildes während des Duetts „in Dir habe ich mein Glück gefunden" sei Evelyne mit Nachthäubchen im Bett und Armando Cellini im Schlafrock gezeigt worden. Dadurch werde der Eindruck erweckt, zwischen beiden habe eine intime Begegnung stattgefunden, was mit dem Textbuch nicht im Einklang stehe.

29 Auch der Charakter der Figur des Gonzala, des Major Domus der Evelyne, sei durch die Inszenierung der Beklagten verändert worden. Unstreitig zeige ein farbiger Film im ersten Bild vor der 5. Szene wie Gonzala Argentinien mit einem Ruderboot verlasse, unterwegs durch einen Zusammenstoß mit einem Eisberg Schiffbruch erleide, sich von einem aus dem Meer auftauchenden Herrn mit Melone den Weg nach San Remo zeigen lasse und den weiteren Weg nach Europa schwimmend zurücklege. Schließlich werde er von Kilian, dem Angler, aus dem Meer an Land, d. h. auf die Bühne gezogen.

Auch wenn der Auffassung der Beklagten, die Figur des Gonzala erscheine für die heutige Zeit etwas altväterlich, zuzustimmen wäre, sei die Beklagte nicht berechtigt gewesen, eigenmächtig durch die Filmeinblendungen den Charakter des Gonzala in eine Richtung zu verändern, die von der Klägerin zutreffend als „Clown" bezeichnet worden sei.

36 In dem in den Entscheidungsgründen des Berufungsurteils wiedergegebenen Teil der Kritik dieser Aufführung im Weserkurier *(Bremen) vom 1. April 1967 heißt es unter Überschrift:* „Knock out für die Maske in Blau – Tutte Lemkows und Alfred Kirchners Inszenierung löst einen lautstarken Skandal aus – (...) die Ursachen liegen in einer radikalen happeningartigen Verfremdung des Werkes, einer rücksichtslosen Zerstörung seines dramaturgischen Baues und einer Missachtung der Musik begründet."

49 Nach § 14 des Aufführungsvertrages gilt der allgemeine Bühnen-
brauch (…):

1   Der Bühnenunternehmer ist gegenüber dem Urheber ver-
*   pflichtet:*

a)

*   das Bühnenwerk in würdiger Weise vorzubereiten und an-*
*   gemessen im Spielplan auszunutzen*

b)

*   Zulässig sind unwesentliche Änderungen, für die der Be-*
*   rechtigte seine Zustimmung nach Treu und Glauben nicht*
*   versagen darf. Jedoch hat der … Bühnenunternehmer diese*
*   Änderungen mitzuteilen und das Soufflierbuch vorzulegen.*

Vielleicht war es für eine fortschrittliche Entwicklung nach 1968 doch nicht ganz sinnlos, den guten Ernst Ebeling morgens um fünf Uhr ins Hallenbad nach Bremen-Vahr zu schleppen, um ihn von Argentinien nach San Remo schwimmen zu lassen, was er als Kirchner'sche Foltermethoden beschrieb. Vielleicht war es nicht ganz falsch, ihn abwechselnd in alle Himmelsrichtungen reiten zu lassen, weil er als Gonzala manchmal als „etwas komisch verwirrt" beschrieben war. Dass ein „typischer Intrigant, aalglatt und verschlagen" unterm Bett liegend inszeniert wird, wäre heute wohl nicht gleich ein Verstoß gegen das Urheberrecht. Dieses ist zweifelsohne ein hohes Gut. Betthäubchen und Schlafrock waren allerdings auch 1970, ein Jahr nach Woodstock, nicht gerade ein Zeichen von gehabtem Sex.

Werder Bremen war Deutscher Fußballmeister. Der Mann von Pölarölara war im Weserstadion. Stehplatz. Vor ihm spannte sich ein großer Regenschirm auf. Pöla drosch mit seinem geschlossenen Schirm auf ihn, schnauzte: „Schirm zu!" Der Schirm neigte sich zur Seite, er gehörte einem Riesenrocker. Eingehakt am Arm hatte er einen, der überraschend klein war. Der drehte sich um und meinte giftig, sehr bremerisch: „Du has wohl schon lange nich mehr in Krrankenhaus gefrühstttückt, du Vogel, du."

„DU WARST FÜR MICH DAMALS ALS DER MOND IM SEPTEMBER"
In Tampere

Manchmal denkt man, die Schwaben spinnen. Ihre Sprache ist merkwürdig, unbeholfen komisch. Anstatt „Ach, nein" sagen sie „Ha noi". Sind es Chinesen? Warum wollen sie so oft aus ihrer Enge hinaus in die Welt? Und warum können sie so gut schreiben? Warum erlauben sie sich, wahre Donnersätze herauszuhauen, so unverhohlen, vielleicht auch einschüchternd wie Schiller: „Denn die Kunst ist eine Tochter der Freiheit, und von der Notwendigkeit der Geister, nicht von der Notdurft der Materie will sie ihre Vorschrift empfangen."

Oder wie Brecht: „Es hilft nur Gewalt, wo Gewalt herrscht. Es helfen nur Menschen, wo Menschen sind." Brechts Mutter kommt zwar „aus den Schwarzen Wäldern", er selbst aus Augsburg, was zum früheren Herzogtum Schwaben gehörte und heute eines der – in diesem Fall von den Bayern – am längsten besetzten Gebiete Europas sein dürfte. Der Fußballclub heißt ja immer noch „Schwaben Augsburg", zumindest die Amateure.

Die Stuttgarter Theatermenschen, die so hoffnungsfroh gestartet waren und über die gesagt wurde, dass diese Jahre für das deutsche Schauspieltheater insgesamt einzigartig gewesen wären, so erfindungsreich und so begeistert-begeisternd, diese Gemeinschaft – wir wollen nicht sagen diese Bande –, zog nun nach Bochum ins dortige traditionsreiche Schauspielhaus.

Während Claus Peyman und Dramaturg Hermann Beil sich als politische Nagelprobe auf Goethes *Tasso* konzentrierten, wurde ein anderer Teil des Teams, die ideenreiche Vera Sturm, der Bühnenbildner Karl Kneidl aus Nürnberg, gelernter Tischler, jetzt Professor an der Düsseldorfer Kunstakademie, und Alfred genau während der Umzugszeit, in den Sommerferien, ans Arbeitertheater Tampere nach Finnland eingeladen. Die Einladung erfolgte vom Goethe Institut und das Theater hieß Tampereen Työväen Teatteri. Mit Pölas Inszenierung von Schillers *Kavaluus ja Rakkaus*. Was könnte das heißen? *Kabale und Liebe* natürlich.

Parallel dazu in Stuttgart: Vorbereitung für die gnadenlos wichtige Eröffnungsinszenierung von Brechts *Heiliger Johanna der Schlachthöfe*.

Um ein bescheidenes Zeichen der liebevollsten Erinnerung zu versuchen, soll für die unzähligen verfolgten, vertriebenen und ermordeten Menschen die wunderbare dichtende Malerin Charlotte Salomon aus der Wieland Straße in Berlin stehen, die erst noch bei ihren Großeltern in Südfrankreich ein Flüchtlingsmädchen sein konnte, dann von den Deutschen entdeckt, nach Auschwitz verschleppt wurde: „Heben Sie es gut auf, es ist mein ganzes Leben", sagte sie kurz vor ihrem Tod einem französischen Arzt, dem sie ihr Werk zur Aufbewahrung gab, es hieß *Leben? Oder Theater?* Wer dieses Buch je in Händen gehalten hat, der spürt den zuweilen auch leicht skurrilen liebevollen Witz, die farbenfrohe Schönheit, mit der Salomon als jüdische Berliner Kunststudentin gegen ihre Angst malte, schrieb, sang und mit dieser selbst erschaffenen Welt überleben wollte. Es ist ihr nicht gelungen.

Auch der zarten Luise nicht, in Tampere. Also im Theater, in Schillers „bürgerlichem Trauerspiel" *Kabale und Liebe*. Da hört man die letzten zerbrechenden Laute, der am Gifttrank ihres Liebsten Sterbenden, hört sie nach ihrer Mutter rufen, nach ihrem Vater, auf Finnisch natürlich: „Äiti … Isä … Äiti …

Isä …" Als bürgerliches Mädchen sah sie schon von Anfang an die Unmöglichkeit ihrer Verbindung mit Ferdinand von Walter, einem hohen Offizier.

Obwohl Schiller im Rahmen seiner energischen und schwäbischen Forderungen die Schaubühne als „Moralische Anstalt" begriff, muss gesagt werden, dass in Finnland, trotz aller Verstandesübungen, der Körper – wie sollte es auch anders sein – in der Sauna landete. Darf der Mann von Pölarölara nicht doch verwirrt sein, wenn er unversehens von der ätherischen Luise, der blauäugigen, jetzt aber nackten Schauspielerin Leila Karttunen mit frisch geschnittenen Birkenruten geschlagen wird? Karl Kneidl gleichermaßen von Tuire Salenius, über die bei den Mannheimer Schillertagen geschrieben stand „Ein Vulkan namens Milford." Kari Kilström, ein wunderbar groß gewachsener Ferdinand, schüttete bei seinem Eintritt sofort einen halben Liter Bier als Aufguss auf die heißen Steine, denen nun ein leichter Duft von Hopfen entschwebte. Die Frauen, sagt man in Finnland, seien am schönsten nach der Sauna, durchblutet vom Birkenblätter-Sommernachtstraum.

Aber weit darüber hinaus wurde es zur heiteren Gewissheit, dass man an einem europäischen Moment mit zwei sehr fremden Sprachen und unterschiedlichem Denken arbeitete, was im gemeinsamen Spiel zu einer schönen finnischen Aufführung des deutschen Stückes führte und Leila in einem anmutigen Brief nach Bochum so auf den Punkt brachte: „Du warst für mich damals als der Mond im September."

Karl Kneidl und Alfred mussten jetzt aber von Tampere aus, während der Proben, einen kurzen Urlaub nach Bochum nehmen, um in einer stillgelegten Fabrikhalle für *Die Heilige Johanna der Schlachthöfe* wesentliche Entscheidungen zu treffen. Das war ein fast historisch zu nennendes Abenteuer. Die *Johanna* sollte in eine ehemalige Eisenhütte einziehen, weil die Sanierung des Schauspielhauses, wie so oft, nicht fertig geworden war. Ein wunderbares Glück, wie sich später zeigen sollte. Zum ersten Mal sollte ein Stück mit großer sozialer Dringlichkeit im Brennpunkt eines Gebietes gespielt werden, das eben dabei war, seine nach den verheerenden Kriegszerstörungen durch die Kraft der Arbeiter einigermaßen wiedererlangten guten Lebensbedingungen zu verlieren. Der Abbau von Kohle, die Produktion von Stahl und Eisen ging zurück, Arbeitsplätze gingen verloren.

Das Theater hatte hier eine große Verantwortung übernommen, die Verantwortung, sich nicht lächerlich zu machen.

Da standen sie nun in der riesigen T-förmigen Halle. Kneidl und Pöla. Glasdächer über ihnen, getragen von altem Gemäuer und hohen Eisenträgern. Man war das nicht gewohnt. Sehr, sehr hoch waren die Mauern. Überwältigend. Die immer noch hellen, fast weißen Backsteine wurden von altersschwarzen Stahlträgern zusammengehalten. Es roch nach Arbeit, Öl und Geschichte, sofern man die riechen kann. Im Kopf hatten die beiden noch ihren Schiller, die Seen von Tampere, die Sauna. Theateranführer machen manchmal nur einen kleinen Schritt und schon sind sie Räuberhauptleute in einer anderen Welt. Alfred, vereint mit seinem härteren Pöla, dachte an Brechts Text der Arbeiterchöre, wie sie wohl in der Halle klängen:

„Wir raten euch zu kämpfen!/ Diese Schlacht wird verloren gehen/ Und vielleicht auch die nächste noch/ Wird verloren gehen./ Aber ihr lernt das Kämpfen/ Und erfahrt/ Dass es nur durch Gewalt geht und/ Wenn ihr es selber macht."

Er stellte sich vor, wie die entlassenen und ausgesperrten Arbeiter der Schlachthöfe an den meterhohen genieteten Gitterstahlträgern hochklettern und mit eisernen Klöppeln dagegen donnern würden. Müsste das nicht so klingen, als würde das in der Fabrik vergangene Leben neu erweckt?

Entgegen dem Ratschlag, Tribünen einzubauen, beschloss man, dass die Zuschauer stehen oder mitziehen sollten. Es

würde keine Tribünen geben, dafür mannshohe Schlachter-
tische mit einem riesigen, geschlachteten, schwarzweißen
Ochsen (nicht echt). Die Börse, das war ein 40 Meter langer
Steg, schmal der Mauer entlanggeführt, mit hunderten Tele-
fonen zum hektischen agieren. Eine Heilsarmee Apotheose
mit Orgel. Die Kapitalisten würden in Bürosesseln sitzend
von Polizisten über die Köpfe der Leute getragen. Mauler,
der Fleischkönig, wird sagen, dass ein Gebäude errichtet
wurde, aber leider nur aus Hundescheiße. Einen originalen
VW-Bus für die Gewerkschaftler sollte es geben, auf den sie
steigen und von dort ihre Genossen agitieren könnten. Bei
den Ärmsten der Armen, den Ausgesperrten: Ölfässer – bren-
nend – soweit vom Brandschutz zugelassen, dort, wo Johanna
am verschlossenen Fabriktor sterben würde, in der Kälte, nur
mit einer Strickjacke an, auf einem Haufen dunkler Kanal-
rohre stehend und mit einem Brief der Gewerkschaftler in
der Hand, den niemand abholen würde:

„Die aber unten sind, werden unten gehalten/ damit die
oben sind, oben bleiben./ Und der Oberen Niedrigkeit ist
ohne Maß."

Diese Sätze, sind sie altmodisch? Wird die „Hochkultur"
bei den Menschen im Ruhrpott ankommen oder wird den
Krupp- und Opel-Arbeitern bei der Aufführung nachts um
zehn vor Übermüdung „der Kopf in die Suppenschüssel fallen" wie sie schon voraussagten?

Zurück mit dem Flieger nach Helsinki. Gemeinsam mit Vera
Sturm, der Dramaturgin und hochgeschätzten Freundin, war
man zu einem Gespräch über den Deutschen Idealismus an
die Universität eingeladen. Und weiter nach Tampere.

Der See hatte Anfang Oktober schon eine dünne Eisschicht.
Wer sich drauf traute, dem wurde ein bisschen schwindlig.
In einer Cafeteria freuten sie sich, dass da ein paar Deut-
sche kamen, wollten ihnen etwas Gutes tun und drückten

auf der Musikbox Dschinghis Khans „Moskau, Moskau, wirf die Gläser an die Wand, Russland ist ein schönes Land, ho, ho, ho, ho, ho, hey". Man bedankte sich höflich: „Kiitos!" Finnisch ist sehr schwer. Deshalb gab es Pirkko, eine super Dolmetscherin. Für das Verständnis der Bühnenhandlung brauchte es keine Übersetzung, aber als Ferdinand den üblen Hofmarschall von Kalb aufs Schärfste bedroht und der in höchster Not eben noch „Sie sind sehr witzig" stammeln kann, glaubte Alfred ganz deutlich das Wort „witzikakksi" zu vernehmen.

Dann Abschied. Großes Geheule, Wodka Finlandia, Schluchzen, Liebe, Treueschwüre. Hoffnung auf ein Wiedersehen. Das Arbeitertheater Tampere wird zu den Internationalen Schillertagen nach Mannheim eingeladen.

KRUPP- UND OPEL-ARBEITER BEI DER HEILIGEN JOHANNA DER SCHLACHTHÖFE
Mit Beethovens letzter Klaviersonate

Inferno bei Krupp. Riesige Halle. Lichtbögen. Glühende fliegende Partikel. Kübel hoch wie Zimmer, gefüllt mit flüssigem Eisen, an überdimensionalen mächtigen Haken hängend. Sie werden über den Köpfen der Stahlkocher zu bestimmten Tiegeln gefahren und hineingeschüttet. Dann wird Sauerstoff zugeführt, was einen gleißenden Lichtschein macht, mit zischendem Dampf und Hitze, den Menschen ansagend, dass hier jeder Spaß aufhört. Nur kurz kann man es im Schutzanzug aushalten.

Ist es der Anschein eines schönen Arbeitsplatzes, mit Fiege Pils, Dortmunder Union und Schalke 04? Oder machen sich doch auch die Schrecken der immerwährenden Veränderungen der Zeiten bemerkbar, geprägt durch die Herstellung von Abermillionen Kanonen, Geschosshülsen, Bomben, Panzerplatten für Schlachtschiffe und Tanks? Kann man die Wörter Schlachthöfe, Schlacht und schlachten auseinanderhalten? Der Bochumer Verein (für Bergbau und Gussstahlfabrikation) war mit der Erfindung des Gussstahlverfahrens wegweisend in der stahlverarbeitenden Industrie gewesen.

Ein nachdenklicher Trupp von Schauspielern steht etwas abseits, verschwitzt, verlegen, mitgenommen. Sie werden schließlich von den Asbestmännern, die eben einen Moment frei sind, begrüßt. Man wolle Kontakt halten, sagen sie. Im Theater war noch keiner. Sie sind nicht unbeeindruckt vom engagierten Interesse an ihrer Arbeit. Vielleicht komme man zu einer Vorstellung.

Dort ist indessen in der Halle die äußerlich zarte, aber doch starke Therese Affolter aus Olten in der Schweiz nun die Johanna. Ganz hoch oben, fast beim nächtlichen Glasdach hält sie sich an einem Eisenträger fest, weit unter sich die Zuschauer. Da oben, erschreckend einsam, träumt sie sich an die Spitze einer Revolution:

„Nun sah ich Züge, Straßen, auch bekannte, Chicago! Euch!/ Sah euch marschieren, und nun sah ich mich./ An eurer Spitze sah ich stumm mich schreiten/ Mit kriegerischem Schritt, die Stirne blutig/ Und Wörter rufen kriegerischen Klangs in/ Mir selber unbekannter Sprache, und da gleichzeitig/ Von vielen Seiten viele Züge zogen/ Schritt ich in vielfacher Gestalt vor vielen Zügen:/ Jung und alt, schluchzend und fluchend/ Außer mir endlich! Tugend und Schrecken!/ Alles verändernd, was mein Fuß berührte."

Es ist ein Satz der Liebe: Zum Besseren ändern wollen. Das ist die Empathie, welche die Johanna-Figuren so herausragend vereint. Nicht Agitation, vielmehr ein unbedingtes, aber produktives Mitgefühl. Auch heute, im zweiten Jahrzehnt des 21. Jahrhunderts, sind es nicht die Kämpfe der Vergangenheit, die heraufbeschworen werden sollen, es ist die Möglichkeit zum Miteinander, die wir brauchen, um uns gegen die weltweiten Abschottungsbestrebungen kraftvoll und mit Phantasie zu wehren. Heute sind es weniger die elenden Arbeiterkolonnen von damals, als die Ströme fremder Menschen, die das Einfühlungsvermögen und die Solidarität als eine Grundlage unserer sozialen Kultur brauchen.

Vom ersten Moment an sind die gedrängt stehenden Zuschauer in der 1.750 Quadratmeter großen Maschinenhalle gebannt, als ein Bochumer Junge mit Schlagzeugwirbel das Stück „vom alten Bertolt Brecht" in den Raum hineinruft und Schauspieler, als Fleischarbeiter zwischen den Leuten platziert, also nicht für jeden sichtbar, ein ungeheures von den Wänden widerhallendes Muh-Gebrüll des Schlachthofes anstimmen: Tiere oder Arbeiter? Der Chef-Kapitalist, genannt der blutige Mauler, wischt sich vor dem geschlachteten Ochsen das Blut an den Händen ab, an seinem weißen Hemd natürlich, um Eindruck zu schinden. Als er von Polizisten, gemeinsam mit seinen Kollegen, auf Sesseln durch die Zuschauer gehievt wird, ist es nicht sehr schwer, sich gewisse ehemalige Deutsche Bank-Chefs, Auto-Spitzbuben oder deren Lobbyisten vorzustellen. Mauler und seine Mannen haben die moderne Schweine-Schlachtmaschine erfunden, in der das Schwein von Stufe zu Stufe, von der Enthäutung bis zur Entbeinung tiefer plumpst, sich sozusagen selber schlachtet, bis es schließlich in der Dose landet.

Die Bochumer hätten hoch gereizt, meint Ulrich Schreiber in der *FAZ*, die Aufführung leiste einen gewichtigen Beitrag, den Stückeschreiber Brecht auf die Höhe seiner Theorie zu bringen. Aber was heißt das? Es heißt, dass seine Theorie des distanzierten Betrachtens, der „Verfremdung" in der Fabrikhalle zwangsläufig übersprungen werden musste. Wenn dort Johanna weder von ihrer großen Heilsarmeefahne, mit der sie singend durch das Publikum zieht, noch von ihrem Megafon zu trennen ist, wird ihr Handeln durch die Nähe und den Kontakt mit den Zuschauern ganz unvergleichlich erlebbar. Wenn sie wie ein Laubfrosch auf einer Leiter zwischen den Polizisten zum im Sessel getragenen Mauler auf Augenhöhe hochsteigt, dann wird durch ihre Unbedingtheit ihr Streben nach Veränderung des schlechten Bestehenden zur körperlich spürbaren Wirklichkeit.

Durch den vielleicht naiven, aber starken Willen des Ensembles neue Wege des sozialen Miteinanders zu finden, wurden auch die Opelwerke – inzwischen sind sie stillgelegt – von den Johannaleuten aufgesucht. Besonders beeindruckend waren die meterhohen, fast majestätischen Pressen, der Firma Schuler aus Göppingen, die mit ziemlichem Wumms und Krach, mit sehr starkem Druck Kotflügel formen konnten. Zweimal kurzes Wumms – und fertig ist das gewünschte Teil.

Der Wunsch nach Verbesserung der Welt war für das Ensemble aber auch ganz schön anstrengend, nach den Fahrten zu den Fabriken wurde man wieder zu den Proben in die – trotz Heizversuchen – empfindlich kalte Halle gebracht (es war Anfang Dezember). Dort wurde dann weiter geschuftet. Trotzdem war es die Utopie, die für den so sehr engagierten, wenn auch manchmal arglosen Künstler die Heimat war, nach der er sich sehnte – auch wenn das etwas groß klingt. Deshalb kann er viel auf sich nehmen, deshalb ist er eine politische Kraft, wenn er die Kunst seiner Zeit dem Staat gegenüber vertritt. Zur Halle könnte man wie Paula Modersohn-Becker sagen: „Auf der Deele soll es kalt sein und in der Stube warm, und wer an den Ofen faßt, der soll sich brennen, und Leben sei überall."

Ein Teil der Opelleute war nun tatsächlich bei *Johanna*-Aufführungen gewesen und das Ensemble war stolz darauf. Es spielte noch einen Teil wilder und beherzter und besonders schön, hieß es in der *FAZ*, sei der Eindruck des Chaotischen gewesen, des Disparaten, der dabei entstand, dass man immer nur für Momente irgendwelche Drahtzieher oder am Draht Gezogene aus Menschenmengen auftauchen sah: „Sie kletterten auf Podeste, Autodächer, Strebepfeiler, pendelten an Seilen unterm First, riefen Kommandos oder feilschten und vernichteten einander und waren wieder weg in der Menge. Ein Kasperltheater mit Bergen von Opfern."

Die Opel- und Krupparbeiter spielten nun schon fast mit, indem sie „ihrer" Johanna voll Mut sogar Ratschläge zuriefen. Solch eine Szene wurde in einer Ruhrgebietszeitung (*Sonntags Nachrichten Herne*) als ein noch nach Jahrzehnten unvergleichliches Ereignis beschrieben:

Ein Bild habe sich im Gedächtniszentrum des Gehirns unvergesslich eingebrannt. Als Gert Kunaths Fleischkönig auf einem in gewisser Höhe in die Stahlträger geschobenen Sofa die inzwischen aus der Heilsarmee geworfene, halbverhungerte Johanna nicht nur mit erlesenem Essen, auch mit sexuellen Avancen belagert und diese grazile Schauspielerin, die vom geringsten Windhauch umgehauen zu werden droht, reißt sich zusammen, mit jeder Faser ihres Körpers, nur die Augen verraten den mühsam unterdrückten Hunger. Sie lässt zu den Klängen der letzten Klaviersonate Beethovens alle Demütigungen über sich ergehen, greift dann beherzt beim Essen zu, und gibt schließlich Mauler in einer nicht nur von diesem unerwarteten Entschlossenheit einen Korb. Die Töne der 111ten kamen so überwältigend zart und vorsichtig in die eiserne Halle, mit unmerklichem Nachhall, als wolle der alte Beethoven den in diesem Moment verzauberten Menschen seine Fidelio-Botschaft der Befreiung möglichst unsentimental zuflüstern.

Etwas anderes, woran man immer denken wird, ergibt sich bei dieser Szene für Theatermenschen. Als Therese/Johanna zu Mauler sagt: „Herr Mauler ich muss mich jetzt um Sie kümmern", rufen die Arbeitergäste aufgeregt und schon ein bisschen aus dem Häuschen zu ihr hinauf: „Das is aber nich der Richtige!" Klingt nach wenig, ist aber unendlich viel und mutig, besonders für jemand, der noch nie Theater erlebt hat. Ein Traum, meist ein Wunschtraum für 68er: Arbeiter im Theater.

„Tötet Kirchner" hing zwar mal an den schönen, schlanken Säulen des Schauspielhaus-Eingangs, doch die Johanna-Halle und die BO-Fabrik, wie sie inzwischen hieß, war für einige ein Ort der Zugehörigkeit geworden, ein Zuhause, eine ideelle Verliebtheit, mag sein durch die Lebendigkeit, durch die Texte, die nicht nur den Jungen – mitunter mit einer Ratte auf der Schulter –, sondern auch manchem erwachsenen Bochumer viel Mut machten. (Auch Ex-Parlamentspräsident Norbert Lammert versicherte Pöla: „Habe alle ihre Inszenierungen gesehen.")

Kann auch sein, dass einfach das Imaginäre der Johanna-Figur zugeschlagen hatte, im Verein mit ihrer Schauspielerin Therese Affolter. Der jüngste der Jungen, die mitspielten, war vom ersten Tag an in sie verliebt. Und eine ganz besondere Stelle war, als die vier Jungs, fast noch Kinder, beim Börsencrash, in akkurat geschneiderten Anzüglein, klein wie Börsianerpuppen wirkend, dafür aber mit in der Halle gellenden Stimmen schrien: „Mauler, unser Geld!" Sie standen vor ihm, hintereinander aufgereiht, die Hände bittend ausgestreckt, ihre kleinen Hüte artig gelüftet.

Und Mauler grinste.

Die Halle wurde dann, nachdem 40.000 Menschen die *Johanna* gesehen hatten, ausgeräumt, man war zum Holland Festival eingeladen worden. Spielort: die Börse in Amsterdam. Die BO-Fabrik oder ehemalige Eisenhütte Heintzmann sollte abgerissen werden, es folgten wochenlange Belagerung, Tränen und Auseinandersetzungen. Schließlich kam es zur Räumung durch die Polizei. (Ähnlich wie später, im September 2017, im Falle der Volksbühne in Berlin.)

Das Johanna-Ensemble zog also weiter, in *De Beurs* von Amsterdam, die ehemalige. Ein nationales Monument, aus schlichtem, schönem Backstein gebaut, mit einem weithin sichtbaren Turm. *Rijksmonument van Nederlanden.* Das Mauerwerk mit den unzähligen Steinen ist wie ein politisches Statement: Demokratie braucht die Gemeinschaft. Der Architekt Hendrik Petrus Berlage sprach 1899 von zwei Teilen, die gezeigt werden sollen, der eine symbolisiere Amsterdams starke Handelskraft, der andere die klassenlose Gesellschaft, in der kein Geld mehr notwendig sei. Auch er ein Utopist also.

Jetzt aber fielen in die kostbaren, mit warmem Holz getäfelten, dank der Oberlichter strahlend hellen, festlichen Räume die Bochumer ein: Die Techniker, mit ihren brennenden Ölfässern, die Elektriker auf riesigen Leitern, unter ihnen ein wunderbarer Muskelmann, mit dem schönem Namen Zwigoll, seine Leiter war sechs Meter hoch, er konnte auf ihr wie auf Stelzen durch die Börsenhalle wandern und Scheinwerfer einrichten. Der weißhaarige Chefbeleuchter Jendrian, mit goldenem Sportabzeichen, rief bei diesem Kunststücke mit wunderbarem Bochumer Akzent: „Zwigoll, du meinst wohl, du bist der King!" Und wenn es ihm mit den Jungs zu laut wurde, rief er recht unverfroren: „Wir sind doch hier nicht bei den Tüüüürken!", was ihm von diesen keiner krummnahm. Sogar von den Gitterstahlträgern wurden welche aus Bochum mitgebracht, ebenso der künstliche Schnee, und mitten im Trubel des Aufbaus flatterte frisch entrollt die blutrot-goldene Heilsarmee-Fahne in der Börse!

Der sehr linke, sehr gescheite, sehr langhaarige Freund und Dramaturg Uwe Jens Jensen, aus Itzehoe, freute sich mit Pöla über das Rotlichtviertel, das gleich hinter der Börse begann und dann, als ob man nicht schon genug Aufregung gehabt hätte, musste man noch mit der auf einer Tafel geschriebenen Sprachschöpfung „Real Fucky Fucky" fertig werden.

Das Holländische Fernsehen (NOS) war auch vor Ort, bereitete eine Liveübertragung zusammen mit dem ZDF vor. Um den Eindruck des Raumtheaters einigermaßen rüberzubringen, arbeitete das Fernsehteam mit sechs Kameras, darunter Handkameras, mit denen die Kameraleute sich zwischen den Telefontischen, den Orgelpfeifen, dem Schneegestöber, dem umgeworfenen VW-Bus und den Schauspielern bewegten. Ganz nahe war eine dieser Kameras bei Frau Luckerniddle, der großartigen Lore Stefanek, die im offenen Seitenfenster des umgekippten Busses stand und leise zu Hanns Eisler sang: „Der Schnee beginnt zu treiben/ wer wird denn da bleiben?"

Der Mann von Pölarölara versammelte die holländischen Kameraleute vor der Liveübertragung noch einmal um sich und fragte: „Jongens seit ihr nervös …?" „Nee", antworteten sie, „sind wir nur beim Fußball."

DIE FRIEDLICHE SCHLACHT MIT HARNONCOURT

Ein rotes Auto, wie damals bei der Klavierlehrerin, das nicht vom Tisch fallen konnte, fuhr an einem wichtigen Tag vom Wiener Burgtheater in Richtung St. Georgen im Attergau. Es war auf dem Weg zu einem Dirigenten, der nicht erst seit seiner Gründung des Concentus Musicus Wien auf dem Weg zum Weltstar war.

Man kam durch Orte mit so wunderbar absonderlichen Namen wie Vöcklabruck oder Attnang-Puchheim, beide im Hausruckviertel gelegen, so dass es schon eine Herausforderung ist, dort mit seinem vergleichsweise einfachen Pölarölara überhaupt noch ein wenig aufzufallen. In Hinblick auf den – wegen seiner Tiefe so wunderbar türkisblauen – Attersee oder den Mondsee, wo Michael Gielen wohnte, könnte die Gegend wohl das „Tor zum Salzkammergut" sein, was von einem Piefke hier einfach mal behauptet wird.

Dass im Burgtheater die neue Leitung, weil sie aus Deutschland kam, „die Piefkes" genannt wurde, mag witzig oder maliziös gemeint gewesen sein, niemals aber kann ein Schwabe ein Piefke sein, war er doch schon 1866 mit Österreich im Krieg gegen die Preußen verbündet, die allerdings, wie es heißt, die bessere Waffentechnik (Königgrätz!) hatten.

Gestartet war man mit dem roten Auto in der Reisnerstraße 50, im 3. Bezirk. Man wohnte in einer Dachwohnung im Palais Seybel, von wo aus die Architekten Fellner und Helmer gegen Ende des neunzehnten Jahrhunderts Wien und Europa mit ihren Theaterbauten beglückten. Auf ihren ehemaligen Büros war jetzt eine Dachterrasse, von wo man nicht nur auf die serbisch-orthodoxe Kirche mit ihrem silberhellen Glockengebimmel hinunterschauen konnte, das einen zart-gemein sonntags aus dem Schlaf riss; man überblickte von dort auch ein gutes Stück der Reisnerstraße, die, obschon sie eher eine kleine Straße ist, trotzdem ein großer Spiegel der Welt werden konnte: wenn vom Rennweg her, gegen die Einbahnstraße, der sowjetische Außenminister Schewardnadse mit Blaulicht und röhrenden Begleit-Motorrädern zu seiner Botschaft (Hausnummer 45–47) raste, wohl in wichtigster Angelegenheit; wenn chinesische Studenten mit weiß beschrifteten Schleifen um den Kopf erbittert in der Metternichgasse vor der chinesischen Botschaft demonstrierten, wegen des Massakers auf dem Platz des Himmlischen Friedens in Peking, oder wenn DDR–Flüchtlinge – in Ungarn war ihnen im sonst so undurchdringlichen ‚Eisernen Vorhang' einfach ein Tor in einem Grenzzaun aufgemacht worden – sich in dichten Gruppen vor der um die Ecke liegenden deutschen Botschaft drängten. Weltveränderung?

Wieviel Geschichte verträgt eine Straße?

In Göppingen, Pölas Familie wohnte seit Kriegsende dort, kam diese Rolle der Jebenhauser Straße zu: Den Berg hinunter rasten die wahnwitzigsten kleinen Einmannautos – Seifenkisten – am Gartenzaun vorbei, kleine Mondautos, jedes eine einnehmende schnurrige Persönlichkeit aus Holz, Sperrholz, Pappe oder dünnem Blech. Sie waren wie kleine Schiffe auf Rädern, aus denen Kugelköpfe – Mädchen oder Buben mit Skihelmen oder dicken Mützen, manchmal mit am Kopf festgezurrten Kochtöpfen, – herausschauten. Die Zuschauer waren ganz aus dem Häuschen und sogar kleine Preisverleihungen gab es, auch Zeitungsberichte.

Über diese Straße ging aber vor dem Krieg auch ein einfacher Handwerker, ein Kunsttischler, immer im dunklen

Anzug und im weißem Hemd, der die Weltgeschichte hätte verändern können. Zu seiner Freundin ging Johann Georg Elser die paar Kilometer nach dem kleinen Vorort Jebenhausen. Er soll ein Kind mit ihr gehabt haben, oft in der Gastwirtschaft Waldhorn auf sie gewartet und mit ihr etwas getrunken haben. Er sollte zu dem Mann werden, dem 13 Minuten fehlten. Er habe den Krieg verhindern wollen, sagte er später, nach dem misslungenen Bomben-Attentat auf Adolf Hitler.

Genau diese Gegend war nach dem Krieg auch Pölas Revier, der im Waldecksee in der Nähe des Waldhorns sein Schwimmtraining absolvierte, auch sein Schulweg führte über die Jebenhauser Straße.

Folgerichtig war er derjenige am Schauspiel Bochum, der von seinen Kollegen ausersehen wurde, das neue Stück *Johann Georg Elser* von Peter-Paul Zahl zu inszenieren. Ein Tonbandgespräch gab es dazu, das der Pfarrer von Heidenheim mit Elsers Freund Eugen Rau geführt hatte: Bewegende Erinnerung, sehr langsam erzählt in breitestem Schwäbisch, über sein letztes Treffen mit Elser: „Du … Eugen … brausch du en Schrank?" … „Noi …", antwortete der, „brausch du a Fahrrad?"… „Noi." – „Lass doch des Deng bleiba, Schorsch – du bringsch ons älle ins gröscht' Oglück."

In St. Georgen im Salzkammergut standen sich jetzt Graf Johann Nikolaus de la Fontaine und d'Harnoncourt-Unverzagt und Alfred Kirchner, der Mann von Pölarölara, gegenüber. Die beiden sollten jetzt gemeinsam den ultimativen *Don Giovanni* in Amsterdam machen, mit dem legendären Concertgebouw Orchester. Oh, oh.

„Wenn ich das Ziel erreiche, habe ich es nicht hoch genug angesetzt", so Harnoncourt. Also wurden jetzt zum Kennenlernen und Diskutieren besondere Aufnahmen – von Furtwängler mit Cesare Siepi in Salzburg, von Bruno Walter mit Ezio Pinza ebendort und von Fritz Busch mit Willy Domgraf-

Fassbaender in Glyndebourne – sehr eifrig und selbstverständlich mit Demut angehört.

Der wunderbare Hugo Lindinger meinte übrigens, im Burgtheater schon als Peter Squenz (*Sommernachtstraum*) auf dem roten Feuerwehstuhl hinter dem Vorhang auf seinen Auftritt wartend: „Du, Alfred, i hob g'hört, du machst den *Giovanni* in Amsterdam. Do komm i. I woar Statist 1937 in Salzburg. Do hot da Pinza gsunga. Bei dem host imma gmeint s' Hosntürl steht offn …"

Dezember in Amsterdam, Het Muziektheater. In der Kantine sieht man durch ein weit geschwungenes gläsernes Oval auf die Amstel mit ihren Hausbooten. Zugefroren ist sie nur alle paar Jahre. Jetzt ist so ein Jahr, viele laufen Schlittschuh auf dem Eis, das so ebenmäßig glatt ist, dass es schwarz wirkt. In einiger Entfernung steht die Magere Brug. Eine Ziehbrücke aus Holz, weiß, wie man sich das in Holland vorstellt. Hunderte von Glühbirnen spiegeln sich am Abend im Wasser – oder im Eis. Sie kann hochgezogen und auseinandergeklappt werden, wenn Schiffe unten durch fahren. Vorsicht: küsst man jemand auf ihr, bleibt die Liebe ein Leben lang.

Die Probebühne ist hell, neu, es gibt einen schönen Flügel, ein Hammerklavier und ein Cello für die Rezitative. Man hielt diese für so wichtig, dass sie ganz gegen den gewohnten Opernbetrieb schon vor dem eigentlichen Amsterdamer Probenbeginn in der Oper Zürich mit dem Ensemble vorgearbeitet worden waren. Einen Blick darauf wollte Harnoncourt allerdings auch haben, weil in den nicht vom Orchester begleiteten ‚trockenen' Rezitativen (*Recitativi secci*) der Regisseur rhythmisch freie Hand hat, um im Sprechgesang dieser „Oper aller Opern" das Maß und die Intensität der Verzweifelten oder Weltverrückten selbst zu bestimmen.

Die Sopranistin Edith Wiens war bei der weiteren Arbeit so unendlich gut geworden, dass man am liebsten, sich an sie erinnernd, wie in einer anderen *Don Juan*-Geschichte der enthusiastische Bewunderer, auf die leere nächtliche Bühne in Amsterdam zurückgegangen wäre, um leise ihren Namen „Donna Anna" zu rufen. Vielleicht würde ein silbriger Ton ihrer Stimme zurückzittern, wie es in der „fabelhaften" Geschichte heißt. Man würde ein luftiges, brillant ausdrückliches, wenn es sein muss auch raues Harnoncourt Orchester hören, würde die Freude und Begeisterung von Giovanni William Shimell noch einmal erleben. Wie er mit Pöla bei „la ci darem la mano" den ‚Panthergang' ausprobiert, um sich zeitlupenlangsam – das Bein bleibt beim Singen in der Luft fast stehen – mit samtener Mafioso-Stimme der verlockenden Zerlina (Ruth Zisak) zu nähern. Versunken in diese schönen Erinnerungen würde man auch Peter Mattei – er war der Giovanni des letzten Aufführungsjahr in Amsterdam – mit seiner Stimme von „unmenschlicher Schönheit" hören, und wenn es dann ganz still geworden wäre „den berühmten Herrn Mozart aus Wien"* am Cembalo.

Zurück zur schönen Probebühne. Zur Heldentat. Nach der Auftrittsarie der Donna Elvira, die vom kastilischen Burgos aus tausend Kilometer ihrem Kerl nachgereist war, um ihn zurückzugewinnen, stoppte ein alarmierter, aufgeregter Regisseur die Probe und bat alle, in die Kantine zu gehen! Wegen einer mit dem Dirigenten zu klärenden Situation. Verwunderung!

Alle gingen. Nur Alice, Harnoncourts Frau und Beschützerin, blieb an ihrem Tisch, etwas in ihre Noten schreibend, sitzen. Die Augen des Dirigenten wurden noch eine Spur größer, weil ihm etwas Unangenehmes schwante. Also

---

* E.T.A. Hoffmann: *Fantasiestücke in Callots Manier.*

sprach der Mann von Pölarölara: „Nikolaus Harnoncourt, wenn du diese Arie so langsam dirigierst, kann ich einen Film machen, aber nicht die dramatische komische Kraft dieser Szene: ‚Wer kann mir sagen, wo der Unmensch ist, und kommt er nicht zurück zu mir, werde ich ein Gemetzel veranstalten!‘“ – Welch ein Vorwurf! Welche Einmischung! Hatte gerade doch die Tempodramaturgie für Harnoncourt die allerhöchste Wichtigkeit.

Bei der Premiere verbeugte man sich gemeinsam, Nikolaus Harnoncourt führte Alfred, den Regisseur, an der Hand. Schon wegen des Beines.

Was aber ist aus „Schorsch“ Elsers Fahrrad geworden? Hat der großartige Martin Schwab in Bochum diesem Elser mit seinem archaischen Gefühl für Gerechtigkeit ein Denkmal setzen können? Martin konnte allein schon mit seiner unnachahmlichen schwäbischen Sprachfärbung diesen einsamen Beharrlichen, aber auch den frechen Zitherspieler Elser, man kann sagen auferstehen lassen – „weil er sich nicht einmal der Geliebten anvertrauen kann, bleibt dem ausgelaugten Einsamen kurz vor Stückschluss nur eins: ein bloß sekundenlanges Flattern der Hände, als er vor dem Kriminalrat seine Hosenbeine hochziehen und die vereiterten Knie entblößen muss. Das und die Frage ‚Was kriegt einer, der so was gemacht hat?‘“ (*Spiegel* 9/1982)

Elser wurde nach fünf Jahren Haft, kurz vor Kriegsende, erschossen.

Nachdem die ersten abgründigen d-moll Akkorde, von Harnoncourt eindringlichst mit dem Concertgebouw musiziert, das Spiel eröffnet hatten, betritt jetzt gegen Ende ein toter Mann die Weite der Amsterdamer Bühne: Der steinerne Gast, Grabskulptur des von Giovanni ermordeten Komturs, Vater von Donna Anna. Es gibt wohl keine gelungenere dramatische

Musik. Sie ist majestätisch, erschreckend, grenzenlos – und unendlich schön, vielleicht die Ahnung aller Vergänglichkeit. Harnoncourt akzentuiert die Posaunenakkorde zur Schärfe. Die eigentlich nicht irdische Gestalt steht erhöht. Don Giovanni ist kleiner, aber bärenstark. Leporello, sein Diener, japst vor Angst. Die Musik öffnet Räume für Vorstellungen und Gedanken. Man kann es Alfred nicht verdenken, dass er, weil das Elser Stück in Bochum nicht lange zurückliegt, an die fehlenden 13 Minuten denkt. Was wäre gewesen, wenn? Was weiß der Steinerne Gast, die auf der Bühne lebendige Vergangenheit davon? Welt ging verloren.

Wieder in Wien steht man nach der Aufführung mit einigen Zeitungen in der Hand vor einer Trafik am Rennweg, schaut auf das Schloss Belvedere hinüber. Die Rezitative habe man noch nie so eindringlich gehört, schreibt *Die Welt*.

Alfred denkt an Bauke van der Meer, der sie mit einstudiert und sie auch in den letzten Vorstellungen auf seinem Hammerklavier begleitet hatte. Wie kann man nur so einen schönen, lebensfrohen Namen haben. Das gibt es nur in Holland. Hallo Bauke!

BAYREUTH

„Mir bleibt auch nichts erspart", sagte Opa Alfred oft, der Bruder von Paul Bonatz, von dem die Familie einen sehr schönen, sehr feinen Bronzekopf von Georg Kolbe besaß.

Der Mann von Pölarölara stand im Park des Bayreuther Festspielhauses vor der Wagner Büste von Arno Breker, Hitlers liebstem Bildhauer und dachte dasselbe wie der Opa.

Bei den Vorbereitungen zur Uraufführung des Rings, 1876, hatte man genau beobachtet, wie auffallend klein Richard Wagner, der selbst die Inszenierung übernommen hatte, mit einem für ihn viel zu großen Schwert als Siegfried beim Drachenkampf auf der Bühne herumsprang. Trotzdem war daran nichts Lächerliches, wegen seiner übergroßen, skurrilen Intensität, seinem unbeugsamen Optimismus, die Szene trotzdem hinzubekommen, obwohl er so klein war.

Pöla war, vor besagter Büste stehend, etwas davon abgestoßen, dass ein Mensch, der so schöne, auch zarte Musik des Nichtangekommenseins geschrieben hatte, Klänge des nicht erfüllten Augenblicks, Klänge, die etwas suchen, etwas erahnen – wie im Vorspiel zu *Lohengrin* „in fernem Land, unnahbar euren Schritten" –, dass der nun so einschüchternd, Angst machend, monströs groß dargestellt wird. Auch wenn das wohl symbolisch für seine globale Wirkung stehen sollte. Warum aber hatte dieses hässliche Standbild keine Seele und knüpfte nahtlos an vergangene Großmannssucht an?

Insofern hat dieses wunderschöne im Sinne der gemeinschaftlichen Konzentration auf Musiktheater gedachte Festspiel über einige Ecken dann doch etwas mit den Bomben in Santa Fee zu tun. Alles, was man sich an politischer Niedertracht, allerdings auch an hochfliegendem Geist, vorstellen kann, hier hat es sich gespiegelt, ist zum „Ereignis geworden".

Die ganz in der Nähe der Breker-Büste aufgestellten Gedenktafeln „Verstummte Stimmen" erinnern zumindest an die diffamierten, verjagten und ermordeten, meist jüdischen Künstler.

Es ist schwer, von dort wieder nicht nachdenklich, unberührt wegzugehen, oder von Schuld gar nichts zu verspüren. Auch Pöla hatte einst recht Übles veranstaltet, großen Mist gebaut, man traut sich nicht so recht, es zu berichten. Man hatte ihm in der Zeit der Vernichtung, in der Zeit mit Ljuba Barantschenko, in der Zeit als er sieben Jahre alt war und voll Zuneigung zu ihr, da hatte man ihm eingeredet, dass es während des Zähneputzens lustig sei zu sagen:

„Gigel, gigel ratzen, morgen kommen Katzen, übermorgen Finken, alle Juden stinken."

Es nützt nicht unbedingt, das dem Kindesalter zuzuschreiben, man kann es auch nicht anderen Schweinekindern in die Schuhe schieben, nur ein wenig Dummheit könnte man gelten lassen. Was bleibt ist die Beschämung über diese Verführbarkeit.

Zum 50-jährigen Bestehen des Staates Israel kommen nun 1998 Historiker und Kulturwissenschaftler aus der jüdischen Geisteswelt, aus Israel, aus den USA und aus Deutschland anlässlich des brisanten Symposions „Richard Wagner und die Juden" zum ersten Mal nach Bayreuth. In Israel gibt es die inoffizielle Richtlinie, Wagners Musik nicht öffentlich zu spielen, manchen israelischen Wissenschaftlern fällt es nicht leicht, das Festspielhaus zu betreten.

Eine geballte Ladung an Koryphäen ist da: Yoram Dinstein, der Präsident der Tel Aviv University; Ignatz Bubis, der Vorsitzende des Zentralrates der Juden; Avi Primor, der

Botschafter Israels; der Hausherr Wolfgang Wagner natürlich und der Bayerische Kulturminister Hans Zehetmair.
Die Leitung liegt in Händen des Komponisten Ami Maayani,
Verfasser der ersten hebräischen Wagner-Biographie, und
der Professorin für Musik- und Theaterwissenschaft Susanne
Vill. Der Präsident der Bayerischen Akademie der Schönen
Künste, Dieter Borchmeyer, und der Politikwissenschaftler
Udo Bermbach halten sich bereit zum hitzigen Disput. Bundespräsident Roman Herzog ist der Schirmherr.

Die Wechselwirkungen zwischen der jüdischen Gedankenwelt und Richard Wagner ist das Thema und es soll versucht
werden, zwischen seinen antisemitischen Schriften einerseits
und der Bayreuther Weltkultur andererseits für Israel einen
neuen Weg zu Wagner zu finden.

Obwohl der Mann von Pölarölara am selben Tag wie
Richard Wagner, am 22. Mai, geboren worden war und er von
Wolfgang Wagner während der Ringproben zu diesem Anlass immer eine Flasche Bordeaux Mouton-Rothschild 1977
geschenkt bekam, hatte er es sich nicht träumen lassen, dass
diese konfliktbeladenen Weltthemen nun auch mit seinem im
fünften Jahr gegebenen *Ring* verwoben und diskutiert würden. All die hohen jüdischen Gäste waren in seine Inszenierung eingeladen und gingen auch brav hin: Beginnend mit
Rheingold am 6. August, *Walküre* einen Tag später, am 8. war
Sabbat, dann *Siegfried* und am 11. *Götterdämmerung* dran.

Man sah nun in *Rheingold,* auf einer zu ihrem Mittelpunkt
hin sich erhöhenden Scheibe, einen Zug von drei Figuren –
Götter oder Menschlein – sehr einsam im weiten Raum.
Vorne weg, mit leicht rötlich goldenem Schimmer, der
möglicherweise nur halbgöttliche Feuergott Loge (Siegfried
Jerusalem), der einen buckligen Zwerg von dennoch beachtlichem Ausmaß an einem Seil, also gefesselt, hinter sich
herzog, der wiederum mit einem zweiten Seil in einigem
Abstand mit dem großen Wotan verbunden war, von dem

also gesichert wurde. Der Kriegsgott trug einen wunderbar leuchtenden, blauen Rock aus Neopren, einen schlichten, silberfarbenen Helm, der sehr schmal Nase und Auge bedeckte, weil der Gott ja einäugig war. Seinen Speer, vor dem die Welt sich bekanntlich fürchten sollte, trug er beschwingt, wegen des Sieges über diesen schlammig schmutzigen, aber doch so wertvollen Zwerg. Der kleine Zug setzte sich haarscharf gegen den hellen Holzboden ab, wirkte absolut traurig, aber auf der großen Weltenscheibe auch nicht unkomisch, weil man genau spürte, dass die Gottheiten zwar Überlegenheit vorgaben, jedoch etwas gaunerhaft Fieses mit dem Gefangenen vorhatten. Und gleich darauf entrissen sie ihm auch brutal seinen Ring, er schrie fürchterlich, denn damit wurde er seiner Hoffnung beraubt, dass aus ihm, dem schlammigen Krötenwesen des Rheingrundes, eine Art schmucker König über die Welt werden könne. Alberich war der Name des Herrschers über das Zwergengeschlecht, sein nachfolgender Zusammenbruch, gespielt/gesungen von Ekkehard Wlaschiha „kam so bewegend lyrisch, so atemberaubend mitleiderregend heraus, wie man es sonst kaum je erlebt hat. Als er dann von göttlicher Tücke überwunden zusammenbrach, herrschten im Festspielhaus lange Sekunden vollkommener, ja ergriffener Stille." (Joachim Kaiser, *Süddeutsche Zeitung*)

Dass dieses Wagner-Glück auch dem aus einer jüdischen Musikerfamilie stammenden Dirigenten James Levine zu danken war, wurde von den Gästen bestimmt mit Interesse wahrgenommen, auch Daniel Barenboim hatte sein Erscheinen beim Symposion zugesagt.

Dass Jimmy/James und Alfred – Pölarölara war selbst für einen begnadeten Musiker aus Cincinnati, Ohio, etwas schwierig auszusprechen – sich, wie man sagte, fast somnambul verstanden, ist wohl auch Alfreds Vorstellung vom Ring zu verdanken, nämlich, dass die Trauer und Melancholie über die nie stattgefundene Revolution von 1848 zwar eine Grundhaltung im Stück ist, die Musik aber vordringlich von der Verletztheit der Menschen erzählt, von dem, was diese eigentlich wollen könnten und auf dieser Suche nach Glück eben auch Figuren einer verzweifelten Komödie sind. Diese nicht auf den ersten Blick erkennbaren Strukturen innerhalb der „Familienbande" (Karl Kraus) zu finden und sichtbar zu machen, war eine stundenlange Arbeit mit den Sängerinnen und Sängern und in Einzelproben am Klavier. Silbe für Silbe. Levine kam immer nur kurz vorbei und sagte den bemerkenswerten Satz: „Since I was a child, I didn't have this much fun."

Auch wenn die Zuschauer von den Klang-Räuschen, wie sie Jimmy/James im Trauermarsch nach Siegfrieds Tod hinbekommen hat, elektrisiert und hingerissen sind; auch wenn sich tiefste Empfindungen bei ihnen auftun, wenn bei einem der zärtlichsten Momente auf der Bühne der große John Tomlinson als Wotan der fraulichsten und magischsten Göttertochter Deborah Polaski als Brünnhilde mit seiner ganzen Zärtlichkeit Gesicht und Augen berührt, so sind doch vor allem innere Heiterkeit und Bereitschaft zur Komik ein Schritt zur Wahrheit, ein Schutz vor fataler Überwältigung und heroischem Bombast.

Da war der Regisseur Alfred äußerst dankbar, dass seine hervorragenden Vorgänger die klare Kritik am Kapitalismus schon ausführlich umfassend behandelt hatten. Jetzt wäre der historische Punkt gekommen, mit den 68ern „abzurechnen", wie *Die Zeit* glaubte zu erkennen. Das war aber vom 68er selbst so gar nicht gewollt.

Damit der aus seiner amerikanischen Herkunft lässig konservativ angehauchte Jimmy/James und der immer wieder vom nachbarlichen schwäbischen Schillerdenken stark berührte Alfred im Wagner Wunderland, trotz der Entdeckung der darin enthaltenen Komik, nicht gefühlvoll untergehen, gar ertrinken, hat sich Alfred mit der in kein gängiges Klischee einzuordnenden Künstlerin Rosalie* verbündet, wie schon bei *Idomeneo* in der Staatsoper Hamburg, wo er nicht nur beim Zuschauer Helmut Schmidt gewisse Verwunderung hervorrief. Denn Rosalie stand für Überraschung, Farben, Ungewöhnliches, sie war eine provokante Augenweide und zwar nicht nur auf der Bühne. Sehr viel Zeit hatte man nun miteinander zu verbringen, in wahrhaft unzähligen Begegnungen und Besprechungen, wollte man doch diesen 16 bis 18 Stunden Musik/Welttheater näherkommen, dieses Gesamtkunstwerk ergründen und es wie noch nie gesehen und gehört auf die Bühne bringen.

Nach New York, zu Jimmy, wurde geflogen, um seinen Ring in der MET anzusehen. Man ging natürlich mit dem Hochmut des modernen, deutschen Theaters hinein. Nicht ganz zu Unrecht, wie sich herausstellen sollte. Man wurde von Jimmy mit den aufregendsten Einladungen umgarnt, es ist schwerlich jemand zu finden, der mehr Freude am Essen hat, vielleicht der Mann von Pölarölara himself. Und schließlich saß man in einem Café vor dem samtigsten New York Cheesecake von ganz Brooklyn. Und Pöla wurde aufgefordert, sich umzudrehen, weil hinter ihm Tony Curtis sitze. Aber Pöla wollte sich an diesem Tag nicht umdrehen und Tony anglotzen. So hat er Tony nie von Angesicht zu Angesicht gesehen. Dafür x-mal in *Some Like it Hot*.

Wieder in Bayreuth überzeugte Alfred Rosalie, die Götter und Walküren, dem Zwischenbereich des Mythos entsprechend, unbedingt entweder fliegend oder wenn's sein muss als Fußgänger der Luft, also ganz gegen die gewohnte

---

* Sie hat sich als Schülerin von Jürgen Rose Rosalie genannt und wird nur mit diesem Namen in Büchern oder Programmheften genannt.

Theaterrealität sich bewegen zu lassen. Rosalie, als tief emp-findende auch esoterische Person sah wie als Bekräftigung dieser Idee auf der Bühne des Festspielhauses in der Nacht einen wunderschönen Falter flattern. Der dann dazu beitrug, einige der schönsten, farbintensivsten und heitersten Bilder in der Geschichte Bayreuths zu schaffen.

Rosalie ist viel zu jung 2017 gestorben. Umso mehr ist das Glück des „grünen Bildes" mit ihrem Andenken verbunden. Dem, wenn man so will, „Erhabenen" wird Poesie, gestal-tet aus Dingen des Alltags, gegenübergestellt. Das „Wald-weben", die schwebende Natur, dargestellt mit grünen Pa-pierschirmen, entwickelte sich im weitesten Sinne durch Erwähnung von „Schirmchen im Speiseeis". So wurden sie zumindest diskutiert und schließlich in heiterer Verfremdung mit einem Durchmesser von 2,5 Metern an Zugstangen im Bühnenhimmel reihenweise befestigt, mit der Schirm-Au-ßenfläche nach unten zeigend, ein luftig schwebendes grünes Dach. Scheinwerfer aus großer Höhe strahlten darauf herab, durch es hindurch, warfen Licht und Schatten auf die jetzt in *Siegfried* grüne Weltenscheibe, manchmal ins bläuliche changierend, fast noch schöner als im richtigen Wald. Leichte Bewegungen der Zugstangen machten das „Weben" körper-lich fühlbar, zusammen mit der Musik entstand so eine fast überirdische Magie. Für das Lied des Waldvogels, wie herr-lich es hier klingt! Für Siegfrieds Gedanken an seine, durch ihn bei der Geburt gestorbene Mutter. Für sein Spielen auf dem Horn, dem Hornruf, mit dem er sich einen Gespielen herbeilocken will, wie klang es silbern sehnsüchtig.

Da blies der berühmte Hornist der Berliner Philharmoni-ker einmal in seinem Leben daneben.

Die Poesie des Bildes hob den Fehler ins Exorbitante, der Beklagenswerte musste stoppen: Kunststillstand. Das Orchester saß, erstarrte in gefühlter, endloser Stille, der Di-rigent … Siegfried nun bläst auf der Bühne in sein Horn …

grauenvoll … kann ihm keinen Ton entlocken … die Zuschauer …? Alfred stand an diesem Tag auf dem Bühnenturm dicht neben den Bläsern. Er sagte in den tausendfach stockenden Atem – nicht sehr leise – „Scheiße".

Ähnlich wie bei Pölarölara, als er sieben Jahre alt war, entwickelte sich nun wieder eine kleine Romanze, diesmal zwischen seiner fünfjährigen Tochter Emilie und Wolfgang Wagner, der für sie so etwas wie der Märchenkönig des Festspielhauses war. Emilie war zu den ersten Proben noch im Tragetuch an Mutter Gabriela hängend in die Halle gekommen, wo eben Fricka und Wotan ihren berühmten Ehestreit unter der Regie ihres Vaters probierten. Bei Fricka Hanna Schwarz, mit Motorrad und schwarzem Ledermontur sei sie früher immer vorgefahren, hieß es, musste man aufpassen, sich nicht in sie zu verlieben, bei der Waltraude, die sie auch sang, verführte sie mit ihrer tiefen, warmen Stimme zum Losheulen. Emilie erlebte unzählige große und kleine Abenteuer im Haus. Entweder schlug die Probenkoordinatorin Frau Taut ihrer ansichtig werdend immer wieder die Hände überm Kopf zusammen und rief entzückt „ein Wunder, ein Wunder", oder der den Goldschatz bewachende Riese Fafner, Eric Halfvarson, spazierte lässig und riesengroß mit Emilie über die Weltenscheibe und zeigte ihr sein Versteck als Drache (den er auch spielte). Einen grünen Drachen bekam sie von Gudrun Wagner geschenkt, da ihrer beider Geburtstag nah beieinander im Juni war. Manchmal war man bei Siegfried, Wolfgang Schmidt, eingeladen, zusammen mit Fasolt, dem zweiten Riesen, alias René Pape, der zum herzzerbrechenden Abschied von Freia die Zeit still stehen ließ und als einer der besten Bassisten der Welt gilt. Falk Struckmann war als Gunther zur Stelle. Auch er ein berühmter Sänger, war vor allem aber sein Donner unschlagbar. Wahrscheinlich, weil er nicht nur Sänger, sondern auch Schwabe ist: „Heda! Hedo!

Heda! Donner, der Herr, ruft euch zu Heer!" Er singt völlig unverkrampft, ohne Anstrengung, der Schwabe ist einfach der Donner! Mit dem Hammer in Händen steht er im weiten Raum: „Schaut her, mir könnet älles!"

Siegfried hat zum Abendessen eingeladen. Man sitzt im Freien in der erholsamen milden Nacht. Eigentlich liebt er fränkische „Schäufele" sehr: Schweineschulter in dunklem Bier mit Kümmel – woraus er wohl seine tenorale Kraft bezieht. Heute aber gibt es einen großen, eingelegten Käse, leicht duftend. Emilie fremdelt etwas. Die drei Bässe bzw. Baritone machen einen Witz. Sie lachen so überdimensional gewaltig laut, dass die Tiere im angrenzenden Wald erschrecken, einige Vögel flattern kreischend auf, als sich in höchstem Diskant auch der Tenor dazu mischt.

Emilie fragt gedämpft: „Haben die Leute auch Bücher?"

Es rückten nun die aufregenden Tage der öffentlichen Generalproben heran. Jimmy Levine saß im verdeckten Orchestergraben und nur wenn man auf der Bühne war, sah man sein weißes T-Shirt mit Kragen und das breite, orangefarbene Handtuch, das er immer darüber drapiert hatte. Es gab ihm die Anmutung eines mächtigen Generals, ein Eindruck, den sein Lockenkopf jedoch ein wenig dämpfte: Er wirkte nicht sehr furchteinflößend, eher ein wenig lustig-skurril.

Der Beginn der öffentlichen *Walküre*-Generalprobe rückte näher, Beginnzeit war traditionsgemäß 16 Uhr. Wolfgang Wagner, der die geringste Störung der fast „heiligen", spannungsgeladenen Atmosphäre fürchtete und unbedingt vermeiden wollte, rief noch schnell, als ob es einen Notfall gäbe: „Hat jemand ein Handy?", nahm es dann den überraschten Hilfsbereiten weg und ließ es vorsichtshalber andernorts aufbewahren. Das Licht erlosch langsam und die ersten Takte brachten unendliches Leben in den Saal. In dessen unübertroffenen Akustik hört man aus den bedrohlich peitschenden

Akkorden wohl Siegmunds Flucht vor seinen Feinden, die ihn ausgerechnet zu seiner Zwillingsschwester Sieglinde führt, die er noch nicht kennt, und damit auch zu seinem Todfeind Hunding (Hans Sotin), dem Monstermann, mit dem sie gegen ihren Willen verheiratet worden war. Eine hohe Wand von Silberketten war hinter der Weltesche platziert. Siegmund gelingt, was keinem gelang: „Ein Schwert verhieß mir der Vater, ich würde es finden in höchster Not." Er kann tatsächlich Nothung, das Schwert seines Vaters Wotan, aus dem Stamm des Weltenbaums ziehen, der nach germanischem Mythos mit seinen immergrünen Zweigen die Welt umspannt.

In diesem Moment werden die Ketten aus ihrer Halterung gelöst, stürzen mit ziemlichem Krach, genau in einer musikalisch möglichen Pause, zu Boden. Leicht aufgewirbelter Staub breitet ein Spinnengeweb morgendlichen Nebels über die Szene und die unglaublich schönen Dänen Poul Elming und Tina Kiberg, blond, langhaarig und sich geschwisterlich ähnlich sehend, singen jene Worte, auf die alle warten: „Winterstürme wichen dem Wonnemond, in lindem Lichte leuchtet der Lenz; auf linden Lüften, leicht und lieblich. Wunder webend er sich wiegt."

Wolfgang Wagner verharrt am Rand des Regiepultes. Neben ihm, in fünfjähriger Kleinheit, steht Emilie auf einem der harten Bayreuther Holzstühle – und pfeift mit! Und Wolfgang – unvorstellbar – sagt nichts, lächelt, freut sich.

Wolfgang Wagner wurde oft mit Dreck beworfen, unterschätzt, stand im Schatten seines verstorbenen Bruders Wieland. Und doch war er ein bedeutender Theaterleiter, einer der letzten Giganten. Seine großen Leistungen und Erfolge als Intendant im modernen Musiktheater sind überall nachzulesen. Alfred ist äußerst dankbar für die überragenden Künstler, mit denen er das Glück hatte, arbeiten zu dürfen: „Maßstab für Jahrzehnte", hieß es nach der Premiere seiner Inszenierung, und sicher galt dieses Bravo auch Dorothea

Glatt – sie und Alfred hatten schon in Frankfurt bei *Die Soldaten* miteinander gearbeitet –, die ein geniales Gespür für Stimmen und deren Zusammenklang hatte.

Die heute alles überstrahlende Nina Stemme sang die Freia das erste Mal, sie trug ein leicht transparentes, naturgrünes, kolumbinenartiges Kleidchen mit einem zarten Propeller auf dem Kopf, was der Göttin der Jugend auch gewollte frohgemute Komik gab, also einen leicht revolutionären Touch verlieh und insbesondere Siegfried Jerusalem begeisterte, der bei strittigen Diskussionen immer dem Regisseur zur Seite sprang.

Das Festspielhaus ist kein normales Opernhaus. Schon wie es da liegt, auf ziemlich einsamer Höhe, hat es etwas Märchen- und Traumhaftes, es erinnert an immer wieder neu erzählte Geschichten, an Legenden, nicht nur an deutsche. Es kommen die Leute von überall her, wie auf der Jagd nach der ultimativen Illusion, auf der Jagd nach dem Einzigartigen, dem anders Möglichen. Das Festspielhaus erinnerte Pöla wieder an Großvater Alfred, der als Erstgeborener dem kaiserlichen Staat als Soldat „geschenkt" und, wie *Im Westen nichts Neues* beschrieben, von diesem Staat dann belogen, verraten und verkauft wurde. Trotz der vielen Katastrophen, die er erleben musste, saß er im hohen Alter auf einer Gartenbank und war in der Lage, auf Griechisch Homer zu zitieren: „Sage mir, Muse, die Taten des vielgewanderten Mannes, welcher so weit geirrt (…) und so unnennbare Leiden erduldet." Richard Wagner hat mit seiner Muse, seiner Kunst versucht, die „viel gewanderten Männer" und Frauen zu beschreiben, zu besingen, hat damit berührt, auch verführt. Patrice Chéreau wiederum hat mit seinem musischen Instinkt und der klaren Interpretation von Wotans Machterhaltung als Selbsttäuschung (nach G. B. Shaw) die Menschen zu neuem Sehen verführt, so dass es 1976 nach der *Rheingold*-Premiere ein solches Buh-Inferno gab, dass Wolfgang Wagner in der Aufregung zum genialen französischen Regisseur sagte: „Patrice, du musst jetzt vor den

Vorhang!" Und da das damals nach *Rheingold* noch nicht üblich war, wollte mancher Zuschauer sich vor Wut zerreißen, weil Patrice nur Jeans anhatte. Man hielt es für Provokation. Und von diesen Leuten wurde auch Gudrun Wagner angefallen, ein Teil ihres Kleides heruntergerissen.

Durch all diese von seinem Großvater Richard entfachten Emotionen steuerte Wolfgang hindurch, hielt diese Büchse der Pandora geschlossen und doch am Leben. Holte beste Dirigenten und Regisseure und engagierte sich grenzenlos. Stritt mit all seiner List, seinem Witz wie einst Kurt Hübner, empfing bei der ersten Probe des *Siegfried*-Bildes Alfred mit den Worten „das ist das schlechteste Bühnenbild, das ich seit Götz Friedrichs *Parsifal* 1980 gesehen habe", oder berief, weil ihm Siegfrieds Bär, also dessen Kostüm, etwas wunderlich vorkam, eine „Bärensitzung" ein, nach der Probe, um 14 Uhr. Rosalies Nerven lagen schon ziemlich blank und ihre an sich sehr hübsche Nase wurde immer schmaler und länger. Der in solchen Fällen doch etwas abgebrühtere Pöla sah indes beim Betreten des Sitzungszimmers den Bärenkopf wie bei einer Gerichtsverhandlung auf dem Buffet stehen, mit einer Miene, als ob er lächelte und nahm Wolfgangs Drohung deshalb nicht so tragisch, er werde, wenn dieses Kostüm keine Änderung erfuhr, bei der *Siegfried*-Premiere auf keinen Fall in Bayreuth sein.

Heiner Müller, mit dem Alfred Zigarren rauchend – Heiner rauchte Zigarren Kette – in Bochum die Uraufführung der *Wolokolamsker Chaussee* gemacht hatte, inszenierte unverhofft *Tristan und Isolde*. Waltraud Meier und Siegfried Jerusalem wurden das Traumpaar. Bei der Pressekonferenz beschwerte sich einer der 200 Journalisten, dass das Liebespaar zu statisch sei, worauf Heiner meinte: „Solln se knutschen?"

Bei dem ewigen, gefühlt tausendjährigen Familienstreit der Wagners fand Alfred es schon ein starkes Stück, dass unterstellt wurde, Wieland Wagner sei gestorben, weil sein

Bruder Wolfgang es gewagt hatte, nach ihm selbst den *Ring* zu inszenieren. So sagte er bei derselben Konferenz, dass es ihm nicht bewusst gewesen sei, neben einem Brudermörder zu sitzen. Oh, oh!

In diesem Strudel der Ereignisse freute man sich über Wolfgang Wagners Lieblingstochter Katharina, die bei einem von Alfreds Telefonanrufen im Hause Wagner und auf die Frage, ob er störe, den im Gedächtnisbuch dieser Zeit ultimativen, liebevollen Frankensatz prägte: „Herr Kirrchner, Sie stöhrren doch nie!"

Man kann die unzähligen Besprechungen, Vorschläge und Ideen zu Verbesserungen im Sinne der Werkstatt Bayreuth, die Treffen in Wien, Dresden und in Berlin (im Kempinski, Preis der Weinflasche exorbitant) kaum aufzählen, den listigen Humor, die Gewitztheit, die schlauen Briefe der Beteiligten, den Unmut Wolfgangs über die „Radlerhosen" der Rheintöchter, „über die er ja schon unflätige Bemerkungen genug gemacht hätte".

Oft berieten sich Alfred und seine überaus kluge und begabte Assistentin Nicola Panzer, wie man sich ein bisschen aus der Umarmung Wolfgangs befreien könnte. Weil sie seine Schülerin gewesen war, hörte Alfred später mit besonderem Vergnügen, dass sie bei Tankred Dorsts *Ring*-Inszenierung, klein wie sie war, aber voll ungeheurer Energie, den großmächtigen Christian Thieleman, weil er wohl ziemlich patzig gewesen war, laut schreiend die Partitur vor die Füße geworfen und die Probe verlassen hatte. Was einem revolutionären Akt gleichkommt.

Die letzten Szenen dieses *Rings* rückten heran. „Alles, was ist, endet." Siegfried wird von Hagen ermordet. Chor: „Hagen, was tust du?" und, fast unhörbar flüsternd, „Hagen, was tatest du?" Wolfgang Schmidt nimmt Abschied von seiner „heiligen Braut" Brünnhilde, leise, ergreifend schlicht, bleibt alleine auf der Bühne; sechs einfache, hohe, eiserne Stahlstangen – Bäume – nun ohne jedes Grün, knicken bei dem Trauermarsch, der zu einer Art immer furioser anschwellendem Wirbel des Todes wird, in halber Höhe ein, neigen sich mit dieser oberen Hälfte zur Erde: Gebrochen. Trauer und Kälte für den deutschen Mythos.

Deborah Polaski singt mit fast göttlicher Stimme den Schluss, wirft die Fackel – um Walhall auszulöschen –, entfacht somit den „Weltenbrand". Ihr von Rosalie mit scharfen Konturen geschnittenes weißes Kleid – wenn sie die Arme ausbreitet, scheint sie zu fliegen – hebt sie zur absoluten Kunstfigur empor. Sie ist mit ihrem schönen, auch wilden Gesang nur demütig zu bewundern, wirkt sehr groß und alles beherrschend. Die weite, die ganze Bühne füllende silberne Wand des Hintergrunds soll den Brand darstellen. Sie ist übersät mit *air movies*, auf Metallstiften montierten Aluminiumplättchen (130.000 sollen es gewesen sein), die, wenn ein gezielter Luftstrahl auf sie trifft, sich wellenförmig bewegen und wie ein phantastisches Flammenmeer das Ende oder die Erneuerung der Welt simulieren. Tritt der Rhein über die Ufer, wird die silberne Wand weit nach vorne gezogen, als wolle sie den Zuschauerraum, nun riesig angewachsen, mit ihrem fahlen Grün erdrücken.

„Im Inneren dieses Untergangs wohnt das Nichts", postulierte einst Adorno, wohl angewidert von Wagners Antisemitismus. Jetzt und hier hingegen verbinden sich die D-Dur-Klänge des Orchesters mit dem strahlenden, verheißungsvoll leuchtenden Blau der Weltenscheibe. Das Heranbrausen der Revolution kündigt diese Musik und dieses Bild nicht an. Aber es erzählt von den unsagbaren Möglichkeiten, den Schönheiten von Leben und Theater. James Levine ist in solchen zugleich opulenten und zärtlichen Momenten unschlagbar. Vielleicht auch ein bisschen *amerikanisch*. „Knock, knock, knockin' on Heaven's door." Jedenfalls: *entrance to heaven*.

Das Symposion sei ein Meilenstein zu Wagner gewesen. Für die Aufhebung des Wagner-Aufführungsverbots in Israel versprachen nun der Botschafter Avi Primor und Yoram Dinstein, der Präsident der Universität Tel Aviv, sich dringlich einzusetzen, bestärkt vielleicht durch das in der Aufführung Gesehene: Beim Zug der Götter über die „Regenbogenbrücke" nach Walhall gibt es eine sehr draufgängerische, ja heldische Musik. Doch gleichzeitig senken sich äußerst sacht in vielfältigen Farben hohe, schlanke Säulen zur Weltenscheibe herab. Sie scheinen mit ihrem berückenden Licht dem hohen, feierlichen, pathetischen Augenblick angemessen. Gefertigt aber sind sie aus unzähligen aneinander befestigten Plastikeimern. Es sind Putzeimer ohne Boden – wegen der Kabel und Lichter, die durch sie hindurch geführt werden müssen. Wotans Allmachtsphantasie wird letztendlich in spielerisch heitere Ironie verwandelt. Die Umsetzung des Konzepts war ein Genieblitz von Rosalie. Und nur Alfred hat es gehört, wenn sie über die Eimer sprach, mit südlichem, schwäbischem Herzenston: „Wir brauchen noch oi Oimerle." – „Damit wissend würde ein Weib", wie Brünnhilde es zum Schluss sich wünscht.

PETER DER GROSSE
Bestien zu Menschen machen

Alfreds hübsche Patentante in Göppingen hieß Annemarie. Ihr Mann war Jurist, er galt als sehr intelligent, war deshalb während des Zweiten Weltkriegs in Russland ein sogenannter Melder. Das bedeutete, die Übermittlung von Nachrichten zwischen Truppe und „Gefechtsführung" unter allen Umständen aufrecht zu halten, also mit Kabelrollen herumzuflitzen, auch unter Beschuss kaputte Leitungen zu reparieren und neue zu legen. Oder Befehle von einem zum andern Truppenteil persönlich zu überbringen, zu Fuß oder per Motorrad. Nun haben die deutschen Sturzkampfflugzeuge sich aber fatal geirrt, haben ihre Bomben anstatt auf die Russen aus Versehen auf die eigenen Leute geworfen und den Mann von Tante Annemarie dabei getötet. Sie hat ein Päckchen bekommen, mit seiner blutigen Mütze und seiner Brille.

In seinem daher ganz besonderen, fast heiligen Bett hielt nun der ziemlich kleine Pöla, zu Besuch weilend, Mittagsschlaf – und pinkelte hinein. Vater Julius öffnete die Tür nur einen Spalt weit, erfasste die Situation und sagte dem Unglückseligen so kurz wie schwäbisch: „Du Russ!"

Entgleisung? Struwwelpetererziehung? War es für den kleinen Mann demütigend, fühlte er sich total schuldig, hilflos. Oder war es ihm schnuppe? Wie steht es mit der Erinnerung an den oft liebevollen Vater? Soll man sich hier am besten an Max Reinhardt erinnern, an dessen Berliner Schule man oft seinen Spruch vom Schauspieler hörte, der einfach

„seine Kindheit in die Tasche steckt, um bis an sein Lebens-
ende weiter zu spielen".

Und man glaubt es fast nicht, ein paar Jahre später stand
nun der Mann von Pölarölara, von seinem Papa als Russ ge-
schimpft, vor dem Staatlichen Russischen Chor in Moskau
und spielte den vielen Chor-Damen und -Mannen versoffe-
ne, daher ewig betrunkene Strelitzen vor, immer zum Meu-
tern bereite Söldner, die wegen des Aufstandes gegen Peter
den Großen geköpft, gerädert, gefoltert und aufgehängt werden sollten.

Die vielen Bewegungen, die nun auf der Probe von ihnen
verlangt wurden, waren für die russischen Sänger ganz und
gar ungewöhnlich: das intensive Kriechen und Robben auf
dem Boden, die breitbeinig über ihnen stehenden Frauen und
das Singen in schwieriger Position – die Männer dabei auf
dem Hintern möglichst wild, sozusagen entäußert, auf und
nieder hopsend. „Der einzige, der hier schwitzt, bin ich",
beschwerte sich Pöla, sein feuchtes T-Shirt demonstrativ
wechselnd. In seinen dramatischen Anforderungen ließ er
aber keinen Millimeter nach, bis der Chor schließlich auch
schwitzte und dabei nach und nach die Spielfreude entdeckte.
Sie ließen ihren Gos-po-din (russisch für „Herr") nach jedem
Probenende gegen 17 Uhr mit sagenhaft gutem Wodka und
rotem Kaviar hochleben und mit einer archaisch anmutenden
Wurst, die vor dicken, weißen Fettstücken nur so glänzte.

Die neuen russischen Chorfreunde strahlten dann, waren
superlaut mit ihren schönen, starken Stimmen; es roch nach
Arbeit, bisschen nach Toilette, die nicht so super in Ordnung waren, und es klang, als ob sie Pöla inzwischen sogar
schätzten. Nach *Chowanschtschina* 1 in Wien, wurde nun für
Chowanschtschina 2 ein großer Extrachor für Zürich trainiert.

Nächster Tag. Ende der Probe. Es geht los: „Hey, Gospo-
din!", riefen sie ihren Chef und Antreiber Pöla zu, dem ein-
stigen kleinen „Russ" aus dem Bett des gefallenen Melders.

Der Regie-Gast sollte jetzt bezaubert, ja eingeweiht werden in den wundersamen Reichtum, die phantastischen Kostbarkeiten ihrer Kultur. Schau mal, deutscher, nicht so übler Regisseur, du sollst sehen, wer wir sind.

An jedem einzelnen Tag wurde er mitgenommen, oder entführt, in eine Welt, die man nur von Bildern kannte: In Gedächtnislandschaften der Blütezeiten, zu den Schauplätzen der geschichtlichen Paukenschläge ihres großen slawischen Reichs. Sie taten das sehr stolz, aber auch nie ohne ihre oft überraschende Ironie, wenn etwa der begnadete Bassist Anatoly Kocherga flachste, er sei nur wegen Tschernobyl so groß gewachsen.

So stromerte man nachmittags auf leichten Wodkaflügeln rund um das Kloster des Heiligen Andronikus herum, auf Sommerwiesen, zwischen Bienen und Hummeln, die genauso aussahen, wie am Hohenstaufen. Uralte weiße Holzbalken rahmten Gärten ein. Und ehrfurchtgebietend stand da die Klosterkirche aus dem 15. Jahrhundert, nicht übermäßig groß, aber kompakt, wie ein Panzer Gottes, als ob die Türme, sich gegenseitig untergehakt, ganz dicht drängen, weil sie etwas zu bewahren haben: die erste Ikone, *Das nicht von Menschenhand geschaffene Bildnis des Erlösers*. Heute befindet sich auf dem Gelände des Klosters das Andrej-Rubljow-Museum für Altrussische Kultur und Kunst.

Und genau hier wurde Andrej Tarkovskijs *Andrej Rubljow* gedreht, einer der größten Filme aller Zeiten: über eine historische Weltfigur, über das russische Leben, als Passion, als eine Kreuzigung im Schnee, über das Christentum als Achse der russischen Welt, über die Einfälle der Tataren und die Überlebenskämpfe mit ihnen. Vom wahnwitzig wunderbaren Thomas Bernhard wird das rohe, blutige Tartaren-Beefsteak in *Der Ignorant und der Wahnsinnige* eine metaphorische Selbstvernichtung genannt. Im Film muss in der blutigen Welt ein fünfzehnjähriger Junge eine übergroße Glocke gießen oder sterben. Er findet die Legierung, stirbt nicht. Es ist Andrej Rubljow, dem mit seiner Dreifaltikeitsikone – *Troiza* – etwas Überirdisches gelungen ist, was die Ewigkeit zumindest berührt. Es sind drei Gestalten in denen irdische Geschlechtlichkeit endet: drei Frauen, die aus ihrem Inneren zu leuchten scheinen, aber genauso auch Vater, Sohn und Heiliger Geist sein könnten. Die Figur in der Mitte trägt ein leichtes Tuch von innigem Blau über der Schulter, was der Ikone eine grazile, himmlische Hoheit gibt.

Im und um das Kloster herrschte ein ganz eigener Geist, der fühlbar in der Luft herumzuschwirren schien. Da gab es keine Linken, keine Rechten, keine Mächtigen und Ohnmächtigen, nicht Vater oder Mutter, obwohl man hier, mitten im fremden Moskau, dennoch so etwas wie Heimat fühlte. Und der Chor schenkte am Abend seinem schwäbischen Chef ein auf Holz gezogenes Farbbild der Ikone, etwa 15 mal 10 Zentimeter groß. Es hängt seither in Alfreds Berliner Wohnung, an einer weißen Wand nahe dem Fenster, und harmoniert aufs Schönste mit dem hellen, hölzernen Schreibtisch.

Die Originalfassung von *Andrej Rubljow* wurde von der sowjetischen Zensur verboten und kam in der UdSSR nie ins Kino.

Am Ende eines Probentages fuhr man 71 Kilometer weit nach Sergijew Possad, dem Sitz des Patriarchats von Moskau und der ganzen Rus*. Das Ensemble von Klöstern und Kirchen in Sergijew Possad war eindrucksvoll und wirkte irgendwie schrill. Die „Kirche der Ausgießung des Heiligen Geistes" ist eine weiße, schlanke Unheimlichkeit, in der Ivan

---

* Rus ist die historische Bezeichnung für das riesige Gebiet des heutigen Russlands, der Ukraine und Weißrusslands und seiner Völker.

der Schreckliche, der den eigenen Sohn erschlagen hatte, seine Schuld sühnen und abbeten wollte. Den ultimativen Blickfang stellen aber die alles überragenden Zwiebeltürme der Mariä-Entschlafens-Kathedrale dar. Auch sie ist schneeweiß, wirkt fast inbrünstig kontemplativ, wie eine weiße Rose. Die Kuppeln ihrer Türme erstrahlen in leuchtend griechischem Blau mit goldenen Sternen darauf. Was wollte man mit diesen Bauten? Das Licht der Sonne verdunkeln? Wollte man den Geprügelten, den Enttäuschten einen Goldhelm der Illusionen aufsetzen? Die orthodox-sakrale Baukunst der vergangenen Jahrhunderte ist in diesem Weltkulturerbe so überaus beeindruckend versammelt, dass man sich heute, angesichts Putins, den ganzen Zauber der Vergangenheit fast zurückwünscht. Oder war er zu blutig?

Peter der Große jedenfalls hat sich während des Machtkampfes gegen seine Schwester, die Zarewna Sofia, hier, im Dreifaltigkeitskloster, versteckt gehalten. Er galt als liberal, als Kulturmensch, tatsächlich war er ein blutgieriger Wilder, was er bewies, als er – später – die Strelitzen, die Palastgarde der Zarewna, die diese zum Aufstand gegen ihn aufgehetzt hatte, auf dem Roten Platz in einer so bizarren wie eiskalten Hinrichtungsorgie ermorden ließ. Binnen einer Stunde wurden vierhundert Strelitzen abgeschlachtet, in erzieherischer Absicht – durch seine eigenen Beamten, die, ungeübt, was das Töten betrifft, ein fürchterliches Blutbad anrichteten, vor den Kindern, vor den Frauen der Opfer. Es muss jammervoll, bluttriefend und daher pervers-malerisch gewesen sein, wie ein historisches, grausiges Gemälde davon Kenntnis gibt. Peter soll selbst tatkräftig beim Köpfen mitgeholfen haben.

Pöla und seine Assistentin von der Kunstakademie Düsseldorf wurden in Sergijew Possad kurzzeitig lahmgelegt, wegen des Genusses von „Heiligem Wasser", das ihnen eine Deutsch sprechende Dame aus einem filigranen blauen Brünnlein aufgenötigt hatte.

In *Chowanschtschina* in Wien schleppten die Strelitzen ihre eigenen Richtblöcke auf die Szene. In dieser Erzählvariante kündet ein kunstvolles Trompetenspiel von zehn auserlesenen Peter-Soldaten dessen Gnade an, beschreibt ihn für einen Moment als den Gnadenreichen. Der historische und als rachsüchtig geltende Peter soll, als er vom Aufstand des Strelitzenführers Chowanski erfahren hatte, lediglich „Chowanski-Sauerei" gesagt haben: „Chowanschtschina."

Bei der Ankleidezeremonie für den Empfang bei der Zarewna wurde Chowanski dann hinterrücks erstochen und seine schönen Kleider mit Blut durchtränkt.

Pöla fragte sich beim Frühstück im gediegenen Hotel, warum wohl die Servierdamen so hübsche Uniformen trugen und so hohe Stilettos … Und welche Musik lief da im Hintergrund? Ganz eindeutig Morricones „Spiel mir das Lied vom Tod".

Neun Wodkas hatte man schon getrunken. Trotzdem spürte Alfred eine beträchtliche Erleichterung, weil man an diesem Abend „nur" zum Essen, nicht zu einer Sehenswürdigkeit eingeladen worden war. In ein georgisches Restaurant. Große Ehre. Brot wurde gereicht, ganz dicht sollte man mit der Nase drangehen, um den wunderbaren Korianderduft zu riechen. Mit der fantastischen Suppe dazu, meinte Professor Minin, der sehr strenge Chorleiter, könne man niemals betrunken werden. Die Wodkaflasche steckte in einem Ring an der Wand. Gnadenlos kam der Kellner wieder und wieder, um nachzuschenken. Das schwäbische Herz war gerührt, wie hingebungs- und liebevoll es umsorgt, der Wodka geradezu hineinmassiert wurde. Und Pöla dachte an seine Kinderliebe Ljuba Barantschenko. Wo war ihr Schoß, auf dem er gesessen hatte? Wo war ihr Heimweh?

Wenn man vom Tisch des etwas erhöht liegenden Restaurants in die violette Abendsonne hinaus sah, bot sich an der Biegung der Moskwa ein Anblick, der nicht so leicht zu vergessen sein würde: Tiefer unten im Tal lag ein riesiges, beseelt scheinendes Gebäudeensemble, das Neujungfrauenkloster. Was aus der Entfernung wie ein riesiges Spielzeug anmutet, ist mit seinen weißen Mauern und den vielen roten Backsteineinsprengseln ein Musterbeispiel des unglaublich ergreifenden russischen Barocks. Ergreifend auch, weil diese Pracht Kloster, Gefängnis und Friedhof gleichermaßen beherbergt. Die Mauern sind vier Meter dick, da gibt es kein Entkommen. Als Nonne, mit kahl geschorenem Kopf, ist Peters besiegte Schwester nach Änderung ihres Namens von Sofia Alexejewna in Susanna dorthin eingeliefert und nie mehr gesehen worden.

Auf dem Friedhof sollen die Dichter Gogol, Tschechov und Majakovskij liegen – und auch Chruschtschow. Wo war wohl sein Schuh geblieben? Der Schuh, mit dem er in einer UN-Vollversammlung im Jahre 1960 auf den Tisch gehämmert und dabei geschrien hatte: „Warum darf dieser Nichtsnutz, dieser Speichellecker, dieser Fatzke, dieser Imperialistenknecht und Dummkopf – warum darf dieser Lakai der amerikanischen Imperialisten hier Fragen behandeln, die nicht zu Sache gehören?"

„Nicht zur Sache" hatte für Chruschtschow gehört, dass der philippinische Delegierte Lorenzo Sumulong in einer Debatte über die weltweite Beendigung des Kolonialismus die Sowjetunion beschuldigt hatte, sie habe Osteuropa aller politischen und bürgerlichen Grundrechte beraubt.

Kommen wir wieder zum Nonplusultra der Esskultur, zur georgischen Küche: *Chatschapouri* heißt ein rundes oder bootförmiges, helles Brot, das mit Käse gefüllt und golden gebacken wird, am Ende kommt in die Mitte ein Spiegelei. Dazu aßen wir Wachteln.

Die Atmosphäre in dem Restaurant war aufregend und fremd, gezaubert von einem georgischen Sänger mit einer Panduri (einer Art Gitarre), manchmal auch mit einer

Duduk (der armenischen Flöte). Die georgische Musik soll ja die Ur-Freude vorstellen, das Kosmische der ungeteilten Seele. Es heißt, dass all die Neuentdeckungen und -entwicklungen der modernen Musik nichts seien im Vergleich mit dem Gesang der Georgier. Man könne sich dieser Tiefe nicht entziehen, so Strawinsky über die Musik seiner Heimat. Und so vergisst Pöla auch Paata Burchuladze nicht, der in der Wiener *Chowanschtschina*-Aufführung, wie um den Weltraum zu füllen, den Priester der „Altgläubigen" gesungen und den Mann am Regiepult mit seinem großen orthodoxen Kreuz zu blenden versuchte hatte. Und da man nun, noch immer an dem Tisch in dem georgischen Lokal sitzend, inzwischen zwölf georgische Wodkas intus hat, sich an seine Lehrtätigkeit in Athens, Georgia, USA erinnert, findet man es nicht peinlich, den Sänger mit der Gitarre zu fragen, ob er auch „Georgia on my mind" von Ray Charles spielen könne. „Why not", war die stolze georgische Antwort und der schöne amerikanische Südstaaten Song wehte zum Neujungfrauen Kloster hinüber, das nun, die Nacht war gekommen, etwas fahl und bleich vom Fluss heraufleuchtete. Die roten Zinnen waren schwarz geworden.

Die Proben näherten sich ihrem Ende und man hatte die Trumpfkarte noch nicht ausgespielt: die verstiegenste, sagenhafteste, angeberischste, selbstredend größte Trumpfkarte der Welt, in Form der Moskauer Christ-Erlöser-Kathedrale, als den Ort, wo Russland fortwährend gesucht und nie gefunden wird.

Ihre – den Himmel versinnbildlichenden – goldenen Kuppeln wurden von Stalin, der Arbeiter-und-Bauern-Staat war jetzt der Himmel, 1931 gesprengt. Sie sollten durch ein überragendes Sowjetdenkmal von 415 Meter Höhe, mit einem jubelnden Lenin auf der Spitze, ersetzt werden. Wegen des Krieges und der damit verbundenen Stahlknappheit reichte es schließlich nur für ein riesiges Schwimmbad auf den

Grundmauern, dessen beheiztes Wasser in den eisig kalten Wintern dann immerhin für malerisch-bizarre Nebelschwaden gesorgt haben soll.

Nunmehr neu erbaut und „auferstanden aus Ruinen" wurde Alfred stolz in die Kathedrale geführt, man wollte den Anschluss an vorrevolutionäre Zeiten vorführen. Er durfte auch mit dem Fahrstuhl hinauf zu den goldenen Türmen fahren und von diesen wieder auferstandenen Himmeln auf das Welttheater Moskau schauen. Im Inneren der Kathedrale ist alles achtunggebietend: Sieht man von unten zu einer hohen Kuppel hinauf, so ist dort ziemlich weit entfernt eine Vaterfigur mit ausgebreiteten Armen zu sehen, die Arm-Spannweite beträgt mindestens 20 Meter, man könnte das Ganze auch einschüchternd hässlich nennen. Im Sand der mannshohen, kunstvollen Schalen stecken so viele brennende Gebetskerzen, dass immer jemand löschen muss, um explosive Stichflammen zu verhindern. Und drumherum: Gold, Gold, Gold. Und eine Vergangenheit, die nie vergeht.

Der 1918 ermordete Zar Nikolaus II. wurde heiliggesprochen. An seinem 100. Todestag hieß es anlässlich einer Gedenkfeier auf dem Platz vor der Erlöserkirche, wo seine Überreste und die seiner Familie liegen: „Er hat vollständig das Schicksal von Jesus Christus wiederholt. So wie er ermordet wurde, wurde unser Zar ermordet."

Das Einfallen der feministischen Punkband Pussy Riot in diese Kathedrale, um die Obrigkeit – speziell Putin und den Patriarchen Kyrill – daran zu erinnern, dass Menschen nur Menschen sind, war nicht nur inhaltlich groß, auch das schreiend rot-blau-grüne Vermummungs-Outfit der Aktivistinnen und ihr Singen, in seiner beschwingten, unverschämten Aufmüpfigkeit, ist dem Mann von Pölarölara nahe gewesen. „Zwei Jahre Straflager", sagten Putins Richter dazu. Und: „Pussy Riot Sauerei!"

LOHENGRINS SCHWAN HEISST
IDA MÜLLER

Hat schon jemand einen Schwan – heutzutage vielleicht besser gesagt eine Schwänin – von 1,80 Meter Größe gesehen? Der Mann von Pölarölara hatte wieder einen seiner Einfälle. Er meinte, es wäre gut, in der Norske Opera Oslo den *Lohengrin* im Bühnenbild eines Campingplatzes zu machen. Also sah man zunächst eine sanft nach hinten ansteigende leuchtend grüne Wiese, begrenzt von einem malerisch in ferne Weiten weisenden Himmel (Gral). Davor einen schönen Fluss, der vom Heerrufer auf einem hohen Schiedsrichterstuhl überwacht wurde. Der König saß auf einem Campingstuhl; zum Zeichen seiner Würde an einem blühenden, allerdings sehr kleinen Bäumchen.

Lohengrin sollte dann, vom Schwan gezogen, in einem roten Schlauchboot stehend, vor den verwunderten Campingleuten erscheinen: „Ein Schwan, ein Schwan!"

Dieser Schwan war ein zehnjähriger Junge, mit einem aufblasbaren Schwanen-Schwimmring um seinen durchaus trainierten Körper, war er doch Eleve der Schule des Norwegischen Balletts.

Alfreds Assistenten waren Ida Müller und Vegard Vinge. Er, ein überaus hübscher Norweger, „männlich" wenn man so sagen will, sehr eigenwillig scheinend, das erste Mal bei einer Großproduktion mit dabei. Sie kam vom Bühnenbild-Studium an der Hochschule der Künste Berlin und war halb Norwegerin, halb Deutsche. Und wenn der Junge vom Ballett nicht da war, weil er Unterricht hatte, half Ida aus und war der Schwan. Sie erschien am Horizont, linkseitig auf dem Fluss, und von Ferne schien sie wie aus dem Himmel zu kommen. Trotz ihrer alles überragenden Größe und ihrer schlanken Schönheit wirkte sie ein wenig beklommen, schüchtern, weil sie das Spielen gar nicht gewohnt war – der Schwimmring mit dem Schwanenhals mutete wegen ihrer poetischen Ausstrahlung ganz ernsthaft an, so dass selbst dem Chor, der „Ein Wunder, ein unerhörtes, nie gesehenes Wunder" zu singen hatte, nicht zum kleinsten Lächeln oder gar Lachen zumute war – eher schien durch die Probehalle eine Art von Ergriffenheit zu wehen.

In einem hellen Sommeranzug stand der Tenor dann in seinem roten Boot – und auch er schien beim Hereinfahren wie gefangen von der berührenden und gleichzeitig spannungsgeladenen Atmosphäre. So schön war das Bild von Ida als Schwan. Schillers in *Über Anmut und Würde* nachzulesende Behauptung, dass Schönheit nur aus einer schönen Seele komme, war hier aufs Eindrucksvollste demonstriert.

Obwohl alles unfertig, improvisiert war, Kaffeetassen, Kleidungsstücke lagen überall herum, war die Szene in ihrer bizarren Schäbigkeit, begleitet vom etwas abgespielt klingenden Probenklavier, in besonderem Sinne erhaben. Lohengrin sang: „Nun sei bedankt, mein lieber Schwan! Zieh durch die weite Flut zurück (…)." Und Ida zog mit dem roten Boot, mit ihren Jeans und langen Schwanenbeinen sehr vorsichtig weiter, um ja keinen Fehler zu machen. Den Chor hörte man dazu ganz leise, piano, still: „Wie fasst uns selig süßes Grauen! Welch holde Macht hält uns gebannt!"

Mit noch einem anderen, so nicht erwarteten Auftritt beschenkte uns der Theatergott. Anstelle des von Wagner vorgeschriebenen Brautgemachs, mit großem Prunk und reich geschmücktem Brautbett, stand auf der schönen, abendlichen Wiese ein zartes Zelt aus weißer Fibergaze, eigentlich gedacht als Schutz vor Mücken, jetzt vielleicht ein Versprechen hinreißender Zweisamkeit. Ausgedacht von der begnadeten Bühnenbildnerin Maria Elena Amos aus Chile; genau wie die exquisit schönen Blumen, deren Stiele Pfeilspitzen hatten, mit denen der Chor beim Hereinrennen zur mitreißenden Musik den Boden in hohem Bogen bewarf und die, steckengeblieben, ein heiteres Meer um das kleine Liebeszelt bildeten. „Treulich geführt …" – zum allerberühmtesten Hochzeitsmarsch treten nun Elsa und Lohengrin auf. Da ihre eigentlichen Darstellen an diesem Tag krank oder indisponiert sind, kommen Ida und Vegard, wunderbar jung, mit jeweils einem großen, dicken, neu gekauften norwegischen Schlafsack unterm Arm. Und wie die Regie es wollte, halten die Chorsänger, in großen Kreisen um das kleine Zelt sitzend, Feuerzeuge in den Händen und entzünden ein Lichtchen nach dem anderen zum charmantesten Elsa/Lohengrin Auftritt aller Zeiten.

Die Entscheidung in Oslo rückte näher. Ob die Menschen einen Lohengrin, der im Hier und Heute spielt verstehen können, ob sie mit der Poesie der einfachen Leute auf dem Zeltplatz mitgehen werden, wo die Burgen jetzt Wohnwägen sind, wo die Reinemachefrauen in ihren Kittelschürzen für einen Tag Königinnen sein dürfen und daran glauben, dass es etwas „Wahres, Schönes, Gutes" geben muss und sich sofort mit der des Brudermordes angeklagten Elsa solidarisieren, mit ihr beten. Ob das Osloer Publikum eine solche Aufführung mittragen oder ob es, wie man gerüchteweise schon gehört hatte, wegen des Ungewohnten wütend auf die Protestbarrikaden gehen würde?

Dass Schloss von Oslo oder Kristiania, wie es vormals hieß, lag gerade in tiefstem Schnee und blickte in einfacher Schönheit aus seinem wahrhaft königlichen, englisch angelegten Park auf die Stadt herab.

Emilie, inzwischen zehn Jahre alt, war mit Gabriela aus Berlin angereist, um bayreuthgestählt den zu erwartenden

Theaterkampf zu unterstützen und schon allein mit ihrer auffallenden Kleinheit Sympathie im Zuschauerraum zu generieren. Sie kam aus der bilingualen Berliner Quentin Blake Schule, konnte sich damit im norwegischen Ausland immerhin verständlich machen. Vorerst inspizierte sie mit der wegen der Premiere schon leicht aufgeregten Gabriela noch die Wachablösung im Royal Palace, mit ungefähr 35 Soldaten in schwarzer Uniform, die im weißen Schnee sehr attraktiv aussahen, tolle Exerzier-Schrittfolgen machten, jedoch weniger militärisch als ein wenig wie Kaminfeger aussahen – weil sie weder Helme noch martialische Mützen trugen, sondern von Kinnriemen gehaltene Bowler Hüte mit etwas melancholisch, seitlich herabhängenden Federbuschen. Diese königliche Garde hat ein besonders schönes Maskottchen: einen Königspinguin namens Nils Olav, der von König Harald zum Ritter geschlagen und zum Brigadegeneral ernannt worden war.

Auch das Grand Hotel in der Karl Johans Gate, der prächtigen Hauptstraße, wurde besucht, wo im sehr eindrucksvollen Speisesaal der Himmel durch eine riesige Glaskuppel hereinleuchtete und ein in der Mitte hängender Kronleuchter mit schönstem buntem Murano-Glas überraschte. Pölas eindrücklichste Erinnerung an Emilie und Gabriela in Oslo ist, wie sie Kuchen essen, unter einem großen Ölgemälde mit Ibsens Konterfei, der mit seinem unverwechselbaren weißen Backenbart aussieht wie ein Opa aus lange vergangener Zeit, tatsächlich aber der Vulkan moderner Dichtkunst in Europa war. Besonders in Berlin. Und genau dort sollte Emilie zehn Jahre später, als erwachsene Studentin, eine unglaubliche Ibsen-Explosion, ein Ibsen-Gesamtkunstwerk miterleben dürfen. Denn Ida Müller und Vegard Vinge, Pölas Elsa und Lohengrin hatten in Berlin mit ihrem *John Gabriel Borkman* ein ästhetisches Erdbeben ausgelöst. Es war eine Aufführung der Besessenheit. Auch zeitlich völlig entgrenzt. In zwölf Stunden langen Ereignisnächten wurde die Inszenierung

26 Mal gespielt. Im Prater der Berliner Volksbühne. Sie hatten eine eigene Welt geschaffen, die man so noch nicht gesehen hatte. Von Moskau bis New York wurde darüber diskutiert. Die Bildzeitung schickte gleich zwei Reporter, um für ihre Leser die vermeintlichen Schweinereien aufzulisten – und half damit tatkräftig, sie legendär zu machen. Die Jury des Theatertreffens adelte diesen *Borkman* als eine der besten, außergewöhnlichsten Inszenierungen des Jahres. In der Pause ging der Mann von Pölarölara zu den Berliner Technikern und sagte ihnen, die bis vier Uhr früh aufbleiben mussten, dass die beiden seine Assistenten gewesen wären. Darauf die Techniker: „Dann gehört Ihnen der Arsch versohlt!"

Aber wie sah diese genialische Rebellion aus? Schwer zu beschreiben. Müllers und Vegards Theater ist das Gegenstück zur Gleichläufigkeit der Seh- und Erlebensgewohnheiten. In monatelanger Arbeit werden Räume „ermalt", entstehen Bilder, ob nun grundiert mit *Hamlet-* oder *Tosca-*Handlung, immer wieder Wagner und Ibsen natürlich, die Darsteller nie erkenntlich, lächelnde Masken, verzerrte Stimmen. Dazu ein randalierender Vegard, der die Leute öfter auffordert, zwischendurch mal nachhause zu gehen, der endlos lange den Bühnenboden mit leeren Umzugskartons zu füllen, zu überfüllen versucht, der dann (an einem Tag wohl mit gebrochener Hand) aus vier Meter Höhe in die Kartonlandschaft hineinspringt, nicht ohne vorher auf sie gepinkelt zu haben. Und da ist diese längliche Person, auch mit lächelnder Maske, es ist augenscheinlich der Borkman-Sohn Erhard, der sich im Bett, ein Heftchen lesend, mit einem sehr großen, lustigen Pimmel selbst befriedigt. – Alfred flüsterte Emilie zu, dass das Ida sein müsse, niemand sonst könne dies so poetisch spielen.

Das Geheimnis dieser wunderbaren Aktionen, die nächste hatte im Rahmen der Berliner Festspiele den Namen Nationaltheater Reinickendorf, ist, dass sie nicht verletzend oder obszön sind, sondern eine tief menschliche Wärme ausstrahlen. Selbst wenn der in den Seilen hängende (abgeschlaffte) Zuschauer gegen Morgen mit einer Wasserpistole erfrischt wird, zeigt sich, dass diese Aufführungen im Kern dionysisch sind, wie liebevolle Umarmungen, sehr archaisch, mit einem nicht erklärbaren Inhalt, wie bei Lohengrin: „Nie sollst du mich befragen, noch Wissens Sorge tragen (...)"

So begannen mit dem roten Schlauchboot in Oslo ganz neue, bisher unbekannte Geschichten, über die sehr aufgeregt berichtet wurde.

MÄDCHEN MIT KUH,
DIE SCHWEFELHÖLZER
Brüder – überm Sternenzelt (…)

Der Mann von Pölarölara liebt es, hin und wieder von ganz besonders schönen, gerne auch originellen Tellern zu essen. Zwei davon besitzt er selbst, sie tragen den Namen *La maison inondée*, das überschwemmte Haus. Es sind wunderbare Gebilde aus glänzendem Porzellan. Fast gleichen sie normalen Suppentellern, allerdings nur fast, weil es in ihrer Mitte eine Anhöhe gibt, auf der ein Häuschen mit rotem Dach steht. So kann sogar das Essen zu einem Abenteuer werden: „The soup is rising. Soon it will reach the hill. Save it before it floods." – Wie auf der website des MoMA-Design-Stores in New York zu lesen ist. Es gibt tiefblaue, intensiv grüne – woraus das rote Dächlein besonders frech und lustig herausschaut – und weiße Teller. Alfred hatte dem Chef der Berliner Freunde der Nationalgalerie vor einigen Jahren zwei von den weißen geschenkt. Ihm, Peter Raue, ist es bald darauf gelungen, das MoMA in einer sogenannten Blockbuster-Ausstellung nach Berlin zu bekommen. Mit 212 Exponaten – es war ein Glücksfall für die Stadt. Zuschauer stellten sich in langen Schlangen an, mit großer Vorfreude und daraus entstanden spontane, beschwingte Happenings.

Peter freute sich jedenfalls sehr, dass er mit den Tellern nun etwas aus dem MoMA besitze. Als Anwalt hatte er Pöla wiederholt aus peinlichen Gerichtsverhandlungen herausgehauen und war zu einem echten Freund geworden. Beim Fahrradfahren trägt er – neben seiner ewigen kapriziösen Fliege – einen goldenen Sturzhelm, an dem er schon von weitem ganz gralsmäßig zu erkennen ist. Einmal, bei einer Verhandlung wegen Missachtens des Rauchverbots auf der Bühne, argumentierte die streitbare Staatsanwältin, dass dem Angeklagten das Leben seiner Kollegen schnuppe gewesen wäre und verlangte 10.000 Mark Strafe. Peter schaffte es als Verteidiger mit glänzendem Redefluss und dem Hinweis, dass das Verbot für die *Faust*-Vorstellung im Schillertheater zu spät bekannt gegeben worden sei, den Betrag auf 2.000 zu reduzieren.

Es könnte sein, dass Peter am Anfang des letzten Jahrhunderts einen Bruder im Geiste hatte, der als Entdecker und Magnet für Maler und Schriftsteller ebenfalls Großes für die Berliner Kunstwelt geschaffen hat, nämlich Paul Cassirer. Verblüffend sind die Parallelen zwischen diesem Peter und Paul-Paar. Dass Pöla in Santa Fe in einem Cassirer-Haus gewohnt hat, war schon besonders genug, wird aber von weiteren, fast esoterischen Verkettungen erstaunlich vertieft.

Im verbissenen Streit um neue politische Einfühlsamkeit in den siebziger Jahren, in der harten Stuttgarter Kampf- und auch Todeszeit, der man mit den Aufführungen und mit dem Oberbegriff *Frühlings Erwachen,* mit Peymanns und Freyers *Faust,* mit Brechts *Die Mutter* (inszeniert von Helmut Palitsch) und der jede Rotfront-Attitüde vermeidenden Herzschauspielerin Edith Heerdegen ausdrücklich entgegengetreten war, sollte dann auch einmal eine hellsichtige Komödie von Wert sein: *Die Glückskuh* des schwäbischen Dichters Hermann Essig aus Truchtelfingen auf der schwäbischen Alb war die Wahl.

Kaum jemand kannte diese Wundertüte gegen die Dumpfheit, komische Gemeinheit, den Neid und die erfindungsreiche Hinterhältigkeit einer schwäbischen Dorfgemeinschaft. Rebekkle, das schwangere Mädchen ohne einen Pfennig, ohne Besitz – weshalb jeder „Bauernseckel" glaubt, bei ihr ins Fenster steigen zu dürfen – ist Franziska Walser. Mit wunderbar dicken Zöpfen und naturgemäß dickem Bauch –

„Du goldig's aufplat's Knöschple", sagt Nane, die Freundin zu ihr. Rebekkle tut etwas Revolutionäres: Nachts stiehlt sie eine trächtige Kuh. Damit ist sie nun begehrt – eine Partie, ein Star, den man unbedingt in der Familie haben möchte.

Hermann Essig, inzwischen in Berlin, erhält 1913 den Kleist-Preis. Verlegt wird er tatsächlich von Paul Cassirer, der auch Wedekind und Heinrich Mann in seinem Verlag vertritt.

Die Suche nach dem Text der *Glückskuh* gestaltete sich unglaublich spannend. Aufregend! Pöla war gerührt, fast etwas bestürzt über so faszinierend ideelle, auch generationsübergreifende Berührungspunkte. Er fand das Textheft im Internet, absolut lesbar, in schöner alter Schrift, mit dem Wappen der University of Princeton, New Jersey, und der Aufschrift „Pan Verlag", von Paul Cassirer, Berlin 1910.

In Stuttgart ging es jetzt aber darum, ob man mit einer Kuh in den politischen Kampf ziehen kann. Ist es eine verrückte Pöla-Idee oder ist sie brauchbar, sogar schlagend? Eine entscheidende Idee war: Es sollte keine Papp- oder sonstige künstliche Kuh sein, sondern eine lebendige! Das Kammertheater im vierten Stock über der Staatsoper Stuttgart sollte in ein schwäbisches Dorf verwandelt werden: „Wir müssen einen kuhfrrreundlichen Rrraum bauen", wie Karl Kneidl mit seinem fränkischen R voll Hingabe und wie immer etwas leidenschaftlich nervend vorschlug. So wurden helle, nach frischem Holz duftende Planken in dem ehemals etwas muffigen Saal verlegt, ein wunderbarer weißer Bettschrank für Rebekkle gebaut. Die Techniker hatten große Freude an einem herzustellenden Misthaufen mit Mäuerchen und Güllepumpe, einem Stück biederen Rathauses und an einer schönen Ecke mit Stroh für die Kuh, die dort eines unvorstellbaren Tages ihren Platz haben sollte. Auch an Tische und Bänke mit Brezeln und Most für die Zuschauer dachte man, die dann beim Vesper gleichzeitig zu Mitbewohnern des Dorfes werden sollten. Dazwischen gab es kleine Plätze und Wege für das Spiel mit der Kuh. Wenn man den Raum über ein paar Stufen betrat, war es wieder wie der Blick vor langer Zeit ins Weihnachtszimmer: verheißungsvolle, wundersame, traumartige Schönheit.

Woher aber eine Kuh nehmen und nicht stehlen? Wer sollte sie bezahlen? Wie sollte sie in das vierte Obergeschoss gebracht werden?

Trickreich, wie er meinte, verhandelte Pöla mit den verschiedensten Bauern, die zäh und schwäbisch unnachgiebig waren, konnte schließlich dem Intendanten siegesgewiss melden: Kuh wird vor der Vorstellung gewaschen, in den vierten Stock gebracht und wieder abgeholt. Für 400 Mark.

Der Intendant darauf: „Bub'sche, wenn wir 50 Vorstellungen spielen, macht das 20.000 Mark, da verliere ich meinen Posten, da hätte ich ja vier kaufen können."

Schließlich lag eine wunderschöne Kuh namens Finte auf ihrem Stroh, kostenlos gebracht in einem Veterinärswagen der landwirtschaftlichen Uni Hohenheim, von dort in den Lastenaufzug des Theaters bugsiert. Oben, im Spielraum angekommen, wirkte sie unvermutet monsterriesig und Schauspieler wie Team doch erheblich erschrocken. Herausfordernd war es auch, wenn sie sich einfach auf den Boden legte, dabei ungeheure Luftmassen gleich einem großen Gebläse ausschnaufte und keiner wusste, wie man sie jetzt zum richtigen Zeitpunkt in einer Szene, zum richtigen Satz, wieder hochkriegen sollte. Nur Franziska Walser, aufgewachsen am Bodensee, blieb entspannt, klatschte ihr zum Hochkommen auf den Hintern, hatte sofort einen Eimer zur Hand, der im Nullkommanichts voll Finte-Urin war, während alle anderen nur hinstarrten und Angst um die schönen neuen Bodenplanken hatten. Auch die beiden jungen Schauspieler Martin Schwab und Peter Sattmann.

Während der Aufführung kam es dann zum unvergesslichen Moment, zum erhofften Gleichnis – man konnte sich beim Beobachten von Rebekkles Spiel zu der Behauptung aufschwingen, dass das Dargestellte jetzt einfach wesentlich wurde. Sie hatte sich von der keifenden Dorfbagage entfernt, holte aus einer Ecke Finte von ihrem Stroh, deren Hufe beim Gang zurück in die Mitte des Raums – tock, tock, tock – optimistisch auf den Boden klopften – absolute Stille im Publikum – und sagte mit vor Schalk blitzenden Augen: „Frieden auf Erden."

Mit Rebekkle, ihren Zöpfen und der Kuh Finte verwandelte sich Agitation in Poesie.

„Aber im Winkel des Hauses saß in der kalten Morgenstunde das kleine Mädchen mit roten Wangen, mit Lächeln um den Mund – tot, erfroren am letzten Tag des alten Jahres. Der Morgen des neuen Jahres ging über der kleinen Leiche auf, die mit den Schwefelhölzern, wovon fast ein Schächtelchen verbrannt war, dasaß. ‚Sie hatte sich wärmen wollen', sagte jemand."

Des *Mädchen mit den Schwefelhölzern* hatte sich der Komponist Helmut Lachenmann, schon wieder ein Schwabe, angenommen und nahe des Geistes von Martin Luther-King in ein Musiktheater-Kunstwerk umgesetzt, so wie man es noch nie gehört hatte. Mit Texten von Hans Christian Andersen, Leonardo da Vinci, Gudrun Ensslin. Diese *Musik mit Bildern* – aus jedem akustischen Ereignis lässt sich Musik formen – war radikal neu und basierte stark auf der Zeit in der man Erneuerung so sehr wünschte. Sie ist schön, weil sie alles Überkommene verweigert, es gibt keine herkömmlich melodischen Tonfolgen. Durch Lachenmanns geniale Originalität und seine einzigartigen musikalischen Erweiterungen wirkt der Jammer, die Verlassenheit des obdachlosen Mädchens bestürzend konkret.

Helmut Lachenmann hat übrigens einen ebenso markanten, anmutigen Kopf wie ein griechischer Philosoph – nur

Kollege Arvo Pärt kann da mithalten: Euripides und Sopho-
kles als neuzeitliche Musiker. Bei Pärt zuhause hatte Pöla
bei einer anderen Arbeit einen duftenden Bratapfel aus einem alten, grünen Kachelofen bekommen, von Lachenmann
beim *Mädchen mit den Schwefelhölzern* den Autographen „Für
meinen Telefonseelsorger" – wegen vieler aufgeregter Nachrichten um vier Uhr morgens.

Alfred schuf bei den Wiener Festwochen 2004 im Gasometer – wieder mit Karl Kneidl – einen großen konzentrischen Raum, in dem man, die Zuschauer sitzen im geschlossenen Rund von Orchester und Chor, fast preisgegeben,
beinahe durchflutet wird von Klängen und Geräuschen beim
elenden Sterben des Mädchens. Das Publikum reagiert mit
einem Gramm distanzierten Verwunderns über den Chor
beim rhythmischen Aneinanderreiben von unzähligen Styro-
porstücken, ein rätselhaftes Geräusch, das die Eiseskälte eines
schneidenden Ostwindes auf einer Hochebene suggeriert.
Oder die Blechbläser: tonlos, leise, nur mit Luft lassen sie
Verwehen, Auszehrung, Vergehen hörbar werden. Dazu gibt
es eine Art ewigen Meeresrauschens, wenn die Geigenbögen
nur das Holz der Saitenspanner streichen. Kann man Utopie
in Klang verwandeln?

„Und die Schwefelhölzer verbreiteten einen solchen
Glanz, dass es heller war als am lichten Tag. So schön, so groß
war die Großmutter nie gewesen; sie nahm das kleine Mädchen auf den Arm, und hoch schwebten sie empor, in Glanz
und Freude. Kälte, Hunger und Angst wichen von ihm."

Aber da sitzt nun Mayumi Miyata beim Mädchen, dicht
bei den Zuschauern, auf dem Bühnen-Rondell und bläst die
Shō. Diese Mundorgel besteht aus 17 Bambuspfeifen, die in
einer hölzernen Luftkammer stecken, in die durch ein feines
Mundstück Luft geblasen wird, die eingeblasene Luft wird
gleich wieder zurückgezogen, wodurch der Ton unendlich
wirkt. Er schwebt nun zart, utopisch fremd und vor allem

wie immerwährend durch den etwas kalten Raum – an dessen Wänden Duplikate von Gerhard Richters Gemäldezyklus *18. Oktober 1977* hängen –, lässt den Klang des Orchesters hinter sich, und auch das Elend der Menschen in diesem Märchen- und Musiktheater.

1.000 Kinder wurden, laut dem Kinderhilfswerk der Vereinten Nationen, im Februar und März 2018 in Syrien getötet. Über eine Million sind während des gesamten Krieges zu Waisen geworden.

MISTER HELDENPLATZ UND DER KAKTUSFICKER
Die Welt war im Untergehen begriffen

Es gab nur noch weniges. Eine Konifere, der ihr schwarzes Inneres auslief, ein armes Schwein, das noch im Sterben „ich muss an meine Rippen tippen" grunzte, es hingen noch ein paar Götter herum, ein 1., ein 2. und ein 3. Gott. Und ein schon fast vertrockneter Kaktus.

Auf der Donau waren noch 20 Schwarze, die in einem mächtigen Einbaum ruderten. Sie mussten bei dem Verhängnis ihre Kleider verloren haben und blöderweise wohl auch ihre Sprache. Für beides hatten sie die bayrische Entsprechung gefunden. Sie trugen Lederhosen, mit Hirschhorn Edelweiß und Silberschnallen an den Trägern, Wadl-Strümpfe natürlich, schön bestickte grüne Joppen, und aus ihren ausdrucksvollen Mündern klang martialisch und kraftvoll bayrisches Liedgut. Sie ruderten auf dem leidlich breiten Strom.

Afro-Bajuwaren könnte man sie nennen. Fraglich, ob sie jemals einen Ozean erreichen würden, das Schwarze Meer wenigstens, oder eher doch den Weg in die Ewigkeit.

Ihnen entgegen kamen – wie im Traum – zwei Chinesen in einem kleinen Boot. Sehr zierliche Chinesen, weil der eine ein Wiener Sängerknabe war und der andere, sein Meister, der kleinwüchsige Fritz Hakl vom Burgtheater. Beide in glänzend weißer Seide. Der hohe Sopran des kleinen Sängers legte sich so klar wie wolkenloser Himmel über den Gesang der schwarzen Männer – lockte aber auch eine rosafarbene, nackte Frau herbei, die, mit dem zwanzigfachen Ausruf „Du sollst unsere Göttin sein!", aus dem Wasser ins Einbaumboot gehoben wird.

„Das spielt sich ins Tragische hinüber", heißt es schon bei Nestroy. Hier nun hören wir die Klagerufe des kleinen, singenden Chinesen, weil er meint, nach einer Handvoll Wasser, aus der Donau getrunken, zu verbrennen. Der Kaktus, das Lieblingsgeschöpf des 1. Gottes („mein Kaktus ist mein Pimmel, mein Kaktus ist mein Himmel"), sinkt zusammen und begräbt den 1. Gott unter sich. Der 3. Gott versucht, ihn mit einer Schaufel zu retten und weint bitterlich. Dazu hört man Olivier Messiaens „Quartett für das Ende der Zeit".

Heil ist an dieser Welt nichts mehr. Sie scheint zerstückelt, verloren, bringt aber allen, die im Wiener Akademietheater daran arbeiten, Antrieb, ja Beglückung. Für Herbert Achternbusch, Autor des Stückes *An der Donau* und Visionär dieser leicht verrückten, untergegangenen und traurigen Welt gleichen Namens, war die Aufführung in Wien eine Genugtuung. Nicht nur, weil ihm, dem avantgardistischen Filmemacher, die Filmförderung durch den deutschen CSU-Innenminister gestrichen wurde, sondern auch, weil sein damals neuester Film, *Das Gespenst*, in Österreich sogar beschlagnahmt wurde – und bis heute verboten ist. Der 42. Jesus (Achternbusch) – alle 41 davor waren gestohlen worden – steigt darin in einem bayrischen Kloster lebensgroß von seinem Kreuz herab, um mit der Oberin (Annamirl Bierbichler) zu schlafen und mit ihr durch diese schlechte Welt und auch über den Münchner Marienplatz zu ziehen. Den Lebensunterhalt für sie beide denkt er als Ober zu verdienen. Vergisst dabei aber, dass der servierte Wein auch sein Blut sein könnte.

Bei der Berlinale 1983 hatten die Platzanweiser und Ordner ordentlich zu tun, weil – der Film war für den Goldenen Bären nominiert – der Saal voll unzähliger, in Bettlaken gehüllter Anti-Innenminister-Gespenster war, die flügelschlagend protestierend zwischen den Zuschauern und auf den Rückenlehnen der Sitze flatterten, tobten und hüpften.

Das *An der Donau*-Team vom Mann aus Pölarölara wirkt aus heutiger Sicht ein bisschen wie ein Häufchen Hochbegabter, die mindestens eine Klasse in der Schule übersprungen haben. Die Arbeit an diesem Stück war ein Paradebeispiel für die Sorgfalt, mit der ein aufstrebender Autor von der Burgtheater-Leitung betreut, ja eigentlich bemuttert wurde.

Katrin Brack, die Bühnenbildnerin, baute eine vom Zuschauerraum ansteigende Wasserwelle aus Holz, die zauberhaft schön war. Auf ihrem höchsten Kamm war eine bühnenbreite Öffnung eingeschnitten, in die sich die 20 bayrischen Afrikaner stellen und mit ihren herausragenden Oberkörpern für alle Ewigkeit rudern konnten. Sie waren die letzten Mohikaner.

Katrin, mit ihrem unwiderstehlichen Lachen, ihrem starken Händedruck, ihrer Phantasie, ging ihren Weg unaufhaltsam. Bei ihrem *John Gabriel Borkman* am Burgtheater (Regie: Simon Stone) schneit es zwei Stunden ununterbrochen, die Darsteller graben sich überraschend aus der tiefen Kunstschneelandschaft, also auch aus eisiger Seelenkälte. Nicht unkomisch war das beim Theatertreffen 2016, weil beim Ibsen-Familiendauerstreit die Schauspieler auch mal Schnee aus der Nase popeln oder prusten müssen oder ein nackter hübscher Hintern aus der weißen Landschaft blitzt. Immer sind die Erfindungen von Katrin heftig, meist einzigartig neu. *An der Donau* war eines ihrer ersten Stücke an einem großen Haus, 2017 erhielt sie für ihr Lebenswerk den Goldenen Löwen von Venedig – der Preis ging zum ersten Mal an eine Bühnenbildnerin. Und Pöla war sehr stolz.

Auch sein Geistes-Aufpasser und einer der besten Dramaturgen, Hermann Beil, war Teil des Teams – wie so oft.

Aus dem grazilen Chinesen-Sopran ist inzwischen ein großer Bariton und Professor für Gesang in Stuttgart geworden. Er begeisterte das Publikum als Wozzeck an der Mailänder Scala, oder am Bolschoi Theater. Von der Zeitschrift *Opernwelt* wurde er 2015 zum „Sänger des Jahres" gewählt. In Wien sagte er dann später mit großer Wiedersehensfreude zu Pölarölara: „Ich bin doch der Georg Nigl, ihr Chines' beim Achternbusch."

Der nun wieder, also Achternbusch, war damals, während einer Besprechung im Kloster Andechs, auf dem „Heiligen Berg Bayerns", ganz verliebt in ein gläsernes Bierseidel und deutete immer wieder auf den „letzten Glanz", durch den der Krug von der Abendsonne erleuchtet wurde und in den hinein beim Trinken die Verantwortung (ab)gegeben werden konnte. Seine Filmcrew, die er eingeladen hatte, war schon weit weg in anderen Bezirken des Bieres. Mit ausgestrecktem Arm und wunderbarem Andechser Humpen in der Hand, sagte einer von ihnen, der „Steinheber", der fünf Zentner mit einem Finger heben konnte, mit scheinbar tiefsinniger Ernsthaftigkeit und auf ebenso tiefem Bairisch aus dem Urgrund seiner Seele zu Karl Kneidl „Du schwule Sau!" und zu Vera Sturm, ein wenig väterlich streng, „Du Hure!" Peter Sattmann meinte, er halte das nicht aus. Pöla, insgeheim sauer, dass Schauspieler, nimmt man sie schon mal zur Diskussion mit, nicht hart genug im Nehmen sind, packte eine Notlüge aus: „Herbert, wir müssen gehen, wir haben morgen in Bochum Probe." Achternbusch, sehr hübsch, sehr schmaler Mund, sehr beleidigt: „Ja, aber eins muasst ma versprechn, dass d' mi nie mehr bsuachst. Des is mir z'anstrengend."

Kostbarer Heiner Goebbels, konnte man doch keinen schöneren Namen als „Sogenanntes Linksradikales Blasorchester" erfinden! Und mit diesem bei den Berliner Jazztagen in der erlesenen Philharmonie spielen. Und dann für dieses Blasorchester nicht nur komponieren, sondern es auch noch zu dirigieren! In den 1990er-Jahren komponierte er für die Junge Deutsche Philharmonie, das Ensemble Modern, später für die Berliner Philharmoniker, war auf der documenta mehrmals vertreten. Welch ein Aufstieg, der in der Spontiszene begonnen hatte!

Heiner Goebbels gab der Aufführung mit seiner Musik auch den „letzten Glanz", wenn's sein musste mit auf Tonnen schlagenden Ketten, zusammen mit Wolfgang Mitterer am Klavier, der ein Star als Organist, als Bach- und Ligeti-Interpret war, als Komponist besonderer elektronischer Musik, wofür es Preise geradezu hagelte.

„Glänzend beatmet", schrieb die *Zeit*, in ihrer *Donau*-Besprechung, man fand den Text des „glänzenden Abends" allerdings nicht „wütend", nicht „kakophon" genug.

Der 3. Gott aber war Wolfgang Gasser.

Eigentlich war das eine überschaubare, zu kleine Rolle für einen Burgschauspieler, der kurz vor seiner Pensionierung stand. Nach Trauer und Beerdigung des 1. Gottes und sogenannten Kaktusfickers, steckte er noch zusätzlich im Pelz des 2. Affen und sollte das Lied der 20 Afro-Bajuwaren singen:

„Affe 1: Ein singender Affe, so etwas Saudummes! Fang ja nicht an!

Affe 1 greift Affe 2 an. Sie verprügeln sich.

Affe 1: Immer müssen wir wegen dieser Menschenaffen streiten. Und ich möchte doch kein Mensch sein.

Affe 2: Ja, um Gottes willen! Ein Mensch!

Affe 1: Ich bitte Dich! Nie!"

Heinrich Böll: „Ich bekenne mich geschlagen (…) denn längst nicht alles, was da niedergeschrieben ist (…) habe ich ‚verstanden' (…) hier wird das Dasein selbst, privat und als Exempel, zum Experiment."

Gasser verriet nicht, wie er die Affenprügelei empfand. Er war sehr still und wurde von den „Piefkes", uns Neuen im Burgtheater, zunächst nicht sehr beachtet.

Pöla fühlte sich ihm und seinem tiefgründigen, mitfühlenden Antlitz allerdings nahe. Er hatte sich zwar wegen der kleinen Rolle etwas geschämt, ihn aber in *Der aufhaltsame Aufstieg des Arturo Ui* immerhin als Gemüsehändler besetzt. Das waren sehr ernsthafte Vorstellungen, 1988 eine Gastspielreise zum Theatertreffen Berlin und in die Volksbühne der noch bestehenden DDR. Gassers Frage an den von einem hohen Stuhl auf ihn herunterschreienden Ui (Franz Morak mit Tirolerhut) – „Darf man hier auch gehen?" – hat vielleicht vieles in ihm aufgewühlt oder bitter berührt, was man erst später wissen oder erfahren konnte.

Wolfgang Gassers Vater war SS-Obersturmführer gewesen und 1941 im Osten gefallen. Die Vormundschaft für den damals 16-Jährigen übernahm ein ehemaliger Freund seines Vaters: der Kriegsverbrecher und Massenmörder Odilo Globocnik, dem die Vernichtungslager Belcek, Sobibor und Treblinka unterstanden und der für die Ermordung von über zwei Millionen Juden und 50.000 Roma in den von den Deutschen besetzten polnischen Gebieten verantwortlich war.

Wolfgang Gasser selbst, er war 17-jährig zur deutschen Wehrmacht eingerückt und zwei Jahre bis Kriegsende an der Front gewesen, sagte in einem Interview: „Es kann mir nichts Schlimmes mehr passieren. Das war das Schlimmste. Das ist nicht zu verarbeiten."

1988, zum fünfzigsten Jahrestag des Anschlusses Österreichs an Hitlerdeutschland, wird am Burgtheater das Auftragswerk *Heldenplatz* von Thomas Bernhard uraufgeführt. Ein Jahr zuvor war die Schauspielerlegende Attila Hörbiger gestorben und – als Ehrenmitglied des Burgtheater-Ensembles – feierlich in einem Zug von Trauernden um das Haus am Ring getragen worden.

Thomas Bernhard lehnte im schwarzen Rollkragenpullover an einer weißen Wand im Direktionsbüro. Er schaute auf vier Männer in feinen schwarzen Anzügen: Peymann, Kirchner, Beil und Jensen (Vera Sturm war nicht dabei). Seine schwere Krankheit war nicht zu übersehen. Sein Gesichtsausdruck unvergesslich. Da war ein Hauch von Lächeln, durchaus Sympathie für die Herren, jedoch dieses Gramm Ironie über die ganze gravitätische Veranstaltung, vielleicht dachte er an seinen eigenen Tod. Wenn Pöla sich getraut hätte … eine behutsame Umarmung vielleicht … wäre schön gewesen.

Claus Peymann wird *Heldenplatz* inszenieren. Aus den Fenstern des Direktionsbüros ist er zu sehen, mit der Hofburg im Hintergrund, ein unendlich scheinendes, auch bedrohliches Halbrund. Ausgangspunkt und Teil nicht messbarer Barbarei. Auch Attila, der Verstorbene, war ein prominenter Darsteller in dieser Welttragödie gewesen.

Mit dieser Inszenierung bahnt sich in Wien ein Kulturkampf an. Aus dem Zusammenhang gerissene Zitate („6,5 Millionen Debile") werden für übelsten Kampagnen-Journalismus missbraucht. Am Tag der Premiere bringt die auflagenstärkste Zeitung Österreichs, die *Kronenzeitung,* auf dem Titelblatt eine Fotomontage des brennenden Burgtheaters. Der Hauptdarsteller Hans-Michael Rehberg legt – als Reaktion auf das legendäre Interview, dass Claus Peymann André Müller gegeben hatte – die Rolle zurück. Peymann besetzt Wolfgang Gasser. Es folgen Verbotsversuche der Aufführung von Politikern und die Verschiebung der Premiere. Im Stück lässt Bernhard sagen, die derzeitige Situation in Österreich sei schlimmer als jene des Jahres 1938. Die Stimmung ähnelt der in Stuttgart knapp zehn Jahre zuvor bei Filbinger und *Frühlings Erwachen.* Die reaktionären Wedekind-Lehrer gibt es noch immer, sie haben nur andere Namen. Rektor Sonnenstich heißt diesmal Präsident Waldheim: „Eine grobe Beleidigung des österreichischen Volkes", sagt er über Bernhards Stück. Affenschmalz könnte Alois Mock, der Vizekanzler, sein; Jörg Haider ist eindeutig Knüppeldick, der Peymann mit dem Karl Kraus-Zitat „Hinaus mit diesem Schuft aus Wien" abschaffen will.

„Ganz Österreich ist die Bühne, alle Österreicher sind Komparsen, die Hauptdarsteller sitzen in der Hofburg und am Ballhausplatz, in den Zeitungsredaktionen und in den Parteizentralen. Das Publikum aber ist die ganze Welt", schreibt Sigrid Löffler im Nachrichtenmagazin *profil*.

Die hinter vorgehaltener Hand gewünschte Erstürmung des Theaters, gar der Bühne, bleibt aus; es gibt Solidarität von Bundeskanzler Vranitzky, Kulturministerin Hawlicek, der Interessengemeinschaft (IG) österreichischer Autoren, von Dichterkollegen Erich Fried, Peter Turrini und der späteren Nobelpreisträgerin Elfriede Jelinek.

Am Abend der Premiere findet die angesagte Großdemonstration nicht statt, es gibt aber einen vor dem Theaterolymp abgeladenen Misthaufen, gegen den eine Menge von Fotografen und Fernsehleuten rennen, hinter dem armen Peymann her, der mit seiner Aktentasche auf dem Weg zum Bühneneingang ist und ins Theater will.

Wolfgang Gasser hat die aufgeheizte, von hasserfüllten Zwischenrufen gespickte Atmosphäre im Griff. Er spielt den Professor Robert Schuster sehr zart. Schwarzer Hut, schwarzer Mantel, gebrechlich. Sein Satz „Österreich, sechseinhalb Millionen Debile", der, aus dem Zusammenhang gerissen, Bernhard in der Presse den Todes-Diffamierungsstoß geben sollte, löst einen ungeheuren, donnernden Lacher aus.

Bernhards größter Coup, dass Schusters Schwägerin Hedwig (Marianne Hoppe) das Gebrüll der Menge vom Heldenplatz in ihrem Kopf immerfort hört, setzt dem Stück ein bestürzendes Ende. Zum Schluss, beim gemeinsamen Essen, bricht sie mit steinernem Schreckensantlitz zusammen, schlägt mit dem Kopf hart auf den Tisch auf.

Was folgte, war ungeheures Geschrei im Zuschauerraum. Und die, die sich am Schluss verbeugten, waren alles Königinnen und Könige. Gemeinsam mit dem umjubelten Thomas Bernhard. Es war sein letzter öffentlicher Auftritt und das erste Mal, dass er für den Schlussapplaus auf der Bühne des Burgtheaters stand. Er löste sich einen Moment aus der Reihe der Schauspieler, ging nach vorne und nahm die Hände von Zuschauern, die sich ihm entgegenstreckten, genoss die ihm entgegengebrachte Wärme. Er holte tief Luft, war erschöpft.

Danach gab es Ovationen für Wolfgang Gasser.

Thomas Bernhard und Claus Peymann waren die furchtlosen Sieger über die sich keiner Schuld bewussten Hetzer.

Wolfgang Gasser spielte die Rolle zehn Jahre lang, er wurde Mister Heldenplatz, erhielt die Kainz-Medaille. „Auch wenn er Hass predigte, zeigten sein Augen Versöhnung", schrieb Benjamin Henrichs in der *Zeit*.

Einige Jahre später, eine Einladung bei Bundespräsident Weizsäcker im Schloss Bellevue in Berlin. Man wollte Künstler loben, würdigen, ihnen danken. James Levine war da, vermutlich wegen Bayreuth. Auch Wolfgang Gasser und der Mann von Pölarölara gehörten zu den Ehrengästen. Levine sollte etwas ganz Besonderes auf dem Klavier spielen. Weizsäcker begrüßte die zum Teil von weit Hergekommenen und bekundete seine zugeneigte Hochachtung „from the bottom of my heart".

Wolfgang Gasser flüsterte in der furchtbar vornehmen, gedämpften Stimmung mit Pöla und steckte ihm behutsam eine mitgebrachte Havanna zu. H. Upmann Magnum 50. Sehr leise: „Hab' noch eine. Die rauchen wir nachher zusammen."

GLÜCK IM SCHILLERTHEATER
Schalom

Im Frühling 2018 hieß es: „Berlin trägt Kippa". Aus Solidarität. Wegen eines fiesen Angriffs auf einen Studenten, der – mit Kippa auf dem Kopf – in Prenzlauer Berg unterwegs gewesen war. Er wurde bedroht, beleidigt, angeschrien und geschlagen, bis eine Passantin die Polizei alarmierte.

Bei den Atombomben in Santa Fe, genauer Los Alamos, gab es, wenn man in der Lage war, seinen Blick von den monströs unheimlichen Dingern zu lösen, die Option, eine Zeittafel zu studieren: Sie war gläsern, hellblau leuchtend. Eckdaten der jüngeren amerikanischen Geschichte waren da notiert. Hiroshima und Nagasaki, japanischer Überfall auf Pearl Harbor, Landung der Alliierten in der Normandie, Kapitulation Deutschlands und Japans und auch der Film *Casablanca*, mit Ingrid Bergman, Humphrey Bogart und mit … Heinerle.

Heinerle, das war der legendäre Schauspieler Curt Bois aus Berlin, der mit sieben Jahren im Theater des Westens das Heinerle in der Operette *Der fidele Bauer* derart hinreißend spielte, dass er noch vor dem Ersten Weltkrieg zum Kinderstar wurde, inklusive allererste Aufnahmen auf Schellackplatten. Man kann sich seine hohe Kinderstimme vorstellen, wie sie ziemlich quäkend aus dem riesengroßen, handgekurbelten Grammophon kommt, bereits ein Hinweis für den bemerkenswerten Lebensweg eines ganz besonderen Menschens.

Sein drauf folgender Theaterauftritt war allerdings ernüchternd für ihn, weil er diesmal gar nicht gut ankam. Er hatte einen viel zu großen Bart im Gesicht kleben und weil man ihn deshalb nicht erkannte, warf er sich in hoher Not vor den zuschauenden Kindern auf die Knie, riss den Bart herunter und schrie verzweifelt: „Ich bin doch das Heinerle!"

Nach dieser so genialen, wie simplen Aktion reifte er vom begabten Kind zu einem der ersten Stars der deutschen Filmgeschichte. Seine sehr berührende Komik brachte ihm ein Engagement bei Max Reinhardt – von da an war er zu einem der eindrücklichsten Gesichter der Weimarer Republik geworden, sein Spiel war leichtfüßig, tänzerisch, modern.

In dem antisemitischen Nazi Pamphlet *Der Ewige Jude* hatte man einen Filmausschnitt mit ihm in Frauenkleidern unter der Überschrift „,Deutsche' Weltstars" hineinmontiert, um ihn, zum Beweis für die Dekadenz dieser Republik, zu diffamieren. In Berlin hatte er nämlich 1929 einen Riesenerfolg mit *Charleys Tante*, in einem schrillen Modellkleid, vorn und hinten tief dekolletiert.

Da er, wie er sagte, sich weder selbst umbringen noch umgebracht werden wollte, gelang ihm die Flucht nach Amerika und Hollywood, wo er sich durchschlagen und über Wasser halten konnte – immerhin, wenn auch nur in der kleinen Rolle des Taschendiebs, in einem der besten und berührendsten Filme aller Zeiten: *Casablanca*.

Es dauerte lange Jahre bis zur Heimkehr nach Berlin, bis zu seinem nicht wuchtig schweren, sondern konträr grazilen *Puntila* mit Brecht als Regisseur in Ostberlin, 1952. 1977 fand dann ein inniges und glückliches Treffen mit Alfred statt, so als ob man sich schon lange gekannt hätte. Bei den späteren Proben im Schillertheater, Bois wirkte schon zauberhaft homerisch alt, doch mit abgründigem, frechem Witz, gab es zur Pause immer eine kleine Plastikschachtel mit feinen Apfelschnitzen darin und das ganz vertraulich geflüsterte Geheimnis: „Viel lieber Kirchner, das wird meine letzte Rolle, danach will ich bei Ihnen Regieassistent werden."

Zunächst aber sollte er die Rolle des Gonzalo in Shakespeares *Sturm* übernehmen.

Man traf sich mit dem einzigartigen, für seine zeitweilige Schroffheit berüchtigten Bernhard Minetti, um das Abenteuer dieser *Sturm*-Inszenierung bei Hans Lietzau im Schillertheater zu wagen. Minetti, mit seinem Gesicht wie aus geologischer Urzeit, das trotzdem zu zartem Ausdruck fähig ist, wird als Prospero, wie Shakespeare selbst, am Ende des Stückes seinen Zauberstab niederlegen. Er wird das Unmögliche möglich machen, er wird es schaffen, als Flüchtling in einem zerschundenen Boot, nicht den Tod, sondern mit seiner Tochter und mit Gonzalos Büchern einen Platz zum Leben zu finden, er wird die Geister der Missgunst, der Abschottung, der Angst vor dem Fremden – kurz der Unmenschlichkeit – überlisten. Und er wird mit seinem Luftgeist Ariel, dem anmutigsten aller Freiheitsgeister, den dickfelligen Präsidenten, selbst denen heute, wo immer sie ihr Wesen treiben, eine Vorstellung von gelingender, sogar heiterer Hilfsbereitschaft in die Köpfe hexen, damit sie die Idee dieses Stückes über die Harmonie der Welt wenigstens im Ansatz verstehen: „Wir sind der Stoff, aus dem die Träume sind (…)"

Minetti war Realist, er wusste, was mit dieser Rolle auf ihn zukommen konnte und würde. Besonders auf der großen Bühne des Schillertheaters, für die Axel Manthey sich einen kühnen Entwurf erdacht hatte: Die ganze Bühne war völlig offen, ohne jede Kulisse, bis zur tiefsten Hinterbühne. Ein schmales, leuchtend gelbes Band von etwa 20 Zentimeter Breite war auf der Holztäfelung des Zuschauerraums in Kopfhöhe befestigt, verlängerte sich auf die Wände der Bühne, verlief dort bis zur rückwärtigen Backsteinwand – nun alles umfassend, „den großen Erdball selbst und alle, die darauf sind" wie es im *Sturm* geschrieben steht.

Auf dieser Bühne wird dann Minetti als Prospero in der Mitte sitzen, auf einem Stuhl – seiner Insel, – mit Tochter

Miranda (Angelika Thomas) und mit dem Schatz seiner Bücher, also in einem Paradies, aus dem sein weißer „Geisteskopf" strahlt. Er wird schon immer eine Viertelstunde vor Probenbeginn da sein und der Inspizient wird um zehn Uhr quer über die Bühne zu seinem Arbeitsplatz gehen, zur Begrüßung ein lässiges Berliner „Moi'n" murmeln.

Dafür wird es Blitze aus Minettis Augen geben und aus seinem Mund ein „G u t e n   M o r r r g e n !"

Aber bevor dies alles Wirklichkeit werden konnte, spannte er sich und uns, vielleicht auch Shakespeare selbst, auf die Folter: Denn mit über 70 ließ er sich beide Hüften operieren, um für die Aufgabe gewappnet zu sein.

Eines Vormittags stand er nun in der Rehabilitation – wie der Soldat auf einsamer Wacht – in seinem Klinikzimmer in Wintermoor, Lüneburger Heide, auf zwei Krücken gestützt, sehr blass unter der deutschen Gebirgsjägermütze, aber hoch aufgerichtet und kerzengerade. Die zwei Knöpfe des Ohrenschutzes über dem Mützenschild waren akkurat geschlossen, man hätte ihn herunterziehen, als Kinnriemen benutzen können, die eindringliche Ansage damit verstärkend: Sieh her, mein Regisseur, ich bin gesund und zum Kampf bereit.

Er war aufgeregt wegen des Besuches von Alfred, freute sich aber sehr. War nur irritiert, dass ihn hier in der Klinik niemand kannte, ihn keiner als Minetti wahrnahm. Er ließ auch keine der Krankenschwestern herein, sprach mit keiner. Bis sich die Tür öffnete und Gabriela, Auszubildende und Abiturientin aus Hamburg hereinkam und nicht nur lichterloh aus den Augen strahlte, sondern auch Peter Handke kannte. Damals begann die ewige Freundschaft zwischen Gabriela und Minetti (und Pöla).

Kann man das die Zuspitzung eines glücklichen Geschehens nennen? Dass irgendwann in naher Zukunft eine Geburtstagseinladung bei Peter Raue in Berlin sein wird, bei schönster Sonne, Minetti, gutgelaunter Gast, sitzt auf einer Wiese im Sessel, sieht Gabriela mit Baby Emilie, wie in Bayreuth, im Tragetuch – zeigt auf die beiden mit weit ausgerecktem Arm, „ho ... ho ... hooooo!", um das, was er schon geahnt hatte, der Stadt und dem Erdkreis, zumindest den Nachbargärten, zu verkünden.

Für ihr Masterstudium *English Studies: Literature, Language, Culture* war die herangewachsene Emilie dann doch tatsächlich bei den Weimarer Shakespeare Tagen. Als Studentische Hilfskraft ihrer Professorin, der Präsidentin der Shakespeare Gesellschaft. Shakespeare blüht.

Shakespeare irrlichtert, spricht zu Menschen, die sein magisches Traumland sichtbar werden lassen wollen. Unbedingt. Max Reinhardt verlangte, dass für seinen *Sommernachtstraum* Glühwürmchen gefangen und auf der Bühne losgelassen werden sollten. Klappte nicht. Alfred wollte ihm bei seinem *Sommernachtstraum* in nichts nachstehen, verbündete sich daher mit Ilona Freyer, eine der feinsinnigsten, ungewöhnlichsten Bühnenbildkünstlerinnen, die wie Lohengrin „aus fernem Land, unnahbar euren Schritten" zu stammen schien, wobei eine kleine Lücke zwischen den Schneidezähnen auf ihr charmantes wirkliches Dasein hindeutete. Sie fragte bei einem Gang über den zugefrorenen, schneebedeckten Grunewaldsee, ob Alfred im Traum auch alles umgekehrt sähe ... Nein. Tat er nicht.

Daraus ergab sich eine mögliche Glühwürmchen-Variante. Denn genau in dieser Curt Bois-, Minetti-, Gabriela-Zeit kam sein Stuttgarter *Sommernachtstraum,* zum Theater der Nationen eingeladen, zum Gastspiel nach Hamburg. Ganz in die Nähe von Minettis Klinik in Wintermoor.

Der listige Mann von Pölarölara konnte nun ein wenig den King spielen und Gabriela zu ihrem 21. Geburtstag in einer Probenpause das Schauspielhaus in seiner einzigartig schönen Metamorphose zeigen: Den beeindruckenden Zuschauerraum, mit den in weiß-gelb gehaltenen Logen. Auch die sonst roten Sitzpolster waren nun strahlend weiß, mit nicht-brennbaren Laken bedeckt, und auf jeder einzelnen Rückenlehne leuchtete schwach eine elektrische Kerze: die ultimative Glühwürmchen-Modulation. Die Zuschauer sitzen in Theseus' Palast. Die Kerzen – sind sie nur Festlichkeit oder schon Vorahnung des nächtlichen Zaubers? Doch dann, im dunklen, blaugrün bemalten Portal öffnet sich der rote Samtvorhang zum Traumwald der Sommernacht. Weil die träumende Ilona alles umgekehrt sieht, ist der Boden des Waldes eine vielversprechende Landschaft aus dicken Schlafkissen für die Paare, die vom unverschämten Puck mit dem Saft der Blume „Love in Idleness" – die Blüte zunächst weiß, von Amors Pfeil dann purpurrot – in fast blutige Liebeshändel gezaubert werden.

Darüber hängen – weil ja alles umgekehrt ist – eine Tanne und ein Reh. Ein einfacher Holzstuhl, auf dem eine Eule mit großen Augen sitzt, sehr still. Ein kultischer Raum wird es nun, wenn das Reh sich lautlos über der schlafenden, von ihrem Liebsten verlassenen Hermia in Zeitlupe heruntersenkt.

Um das Ganze ist ein blaues Himmelsrund aus leichtem Stoff. Gert Voss als Puck musste nur auf der Rückseite des lichten Himmels entlangrennen und dabei mit dem Finger den Stoff berühren und schon war er in drei mal drei Minuten auf der anderen Seite der Erde – außerirdisch.

Ilona ist, wie die Bayreuther Rosalie, noch sehr jung von uns gegangen, wer weiß, vielleicht in diese von ihr erträumte Heimat.

In der geteilten Hauptstadt Berlin aber wartete Hans Lietzau, der Intendant des Schillertheaters, dem man hellsichtige Leichtigkeit nachsagte und dass er bei aller analytischen Strenge ein charmanter preußischer Grandseigneur gewesen sei; er wartete auf seine Sturm-Crew, von der er sich sehr viel versprach. Weil er sich auch gegen den Glanz der jungen Schaubühne behaupten musste.

Bernhard Minetti, nun genesen, steht auf der Bühne oder sitzt auf seinem Insel-Stuhl. Hat sich einmal versehentlich daneben gesetzt – frisch operiert – und ist hart auf den Boden geknallt. Riesenschrecken bei den Umstehenden. Minetti stoisch.

Der ganz junge Edgar Selge ist dazu gekommen, spielt den Prinzen Ferdinand sehr ernst und zart. Minetti agiert, zaubert im hellen Pullover mit Hosenträgern, spielt exakt den Plan des Weltdramatikers, wie es wäre, wenn einmal ein Poet, ein humanistischer Denker – und wenn es nur auf diesem einen Eiland wäre – das Beispiel vom Regieren gäbe. Würde alles schiefgehen? Es ist ein starkes, ironisches Zeichen, wenn Tochter Miranda ihre ersten fremden Menschen – Politikverbrecher, Lumpen, Vertreiber ihres Vaters – sieht und sie die Worte findet: „O schöne neue Welt, die solche Einwohner hat."

Unvergesslich bleibt der Auftritt Curt Bois', als einziger im historischen Kostüm. Seine schmale Gestalt, die dünnen Beine in schwarzem Trikot und einfachen Schnürstiefeln, mit kurzer Pumphose, einem Wams mit weißer Renaissance-Halskrause: Es seien Momente der Bestürzung gewesen, als der spindeldürre, winzige Curt Bois die sehnsüchtigen Worte seines vernünftigen Weltentwurfs äußern darf, so der Kritiker Friedrich Luft über die Sätze Gonzalos, der einen Naturstaat ohne Eigentum vorschlägt, ohne Gewalt. Die ehemals Mächtigen, jetzt auf die Insel verbannt, verlachen und verhöhnen ihn. Bois hält dagegen, hat in der Aufregung Schwierigkeiten mit dem Text, rudert in der Not weit ausladend mit den Armen und gewinnt schließlich die Zuschauer (Heinerle lässt grüßen) und die Welt.

Dieser Welt schenkt Bois auch in Wim Wenders *Himmel über Berlin* ein berührendes Andenken. Uralt, feingliedrig,

schmächtig, geht er mit dem „Engel" Cassiel, dem groß-
gewachsenen Otto Sander, über die Wüste des zerstörten
Potsdamer Platzes, die Mauer steht noch. Er geht nicht, er
„dabbelt", mit der doppelten Schrittfrequenz von Otto. Mit
Berliner Ganovenmütze und dicken Ohrenschützern ist er
die poetische Wandlung Gonzalos in die Schelmengestalt
Ariels, „nicht mehr ganz von dieser Welt", aber ein wunder-
schönes, uraltes Kind.

Indessen fährt aus dem Bühnenboden des Schillertheaters
der „richtige" Ariel – Alfred hatte dafür einen Berliner Jungen, also ein Kind gewählt – mit riesigen Flügeln steht er
auf einer hohen Leiter, bläulich, „luftfarben" angemalt, zerschmettert jetzt in der Magie des *Sturms* mit einem enorm
schwer wirkenden Felsbrocken einen heranrollenden Teewa-
gen mit köstlichem Mahl, welches die Feinde Prosperos eben
zu sich nehmen wollten. Der Motor, der das Auseinander-
brechen des Wagens bewirken soll, fängt bei der Hauptprobe
falsche elektronische Signale von irgendwoher auf und fährt
mit fürchterlichem Surren und Quietschen in die Sätze Minettis, als er aus den Strahlen des Mondes, aus Hügeln und
Bächen Elfen und Nymphen herbeirufen will. Minetti eisern,
registriert es, unterbricht nicht.

Ein starker Wolfgang Pampel wird als Caliban (im Textbuch ein wilder, missgestalteter Sklave) von Prospero als
Dienertier unterdrückt und zu einfachsten Arbeiten herange-
zogen. In Shakespeares prophetischer Ironie wird ihm als der
Verkörperung des Fremden – seine Mutter ist eine „Hexe"
aus Algerien – alles angehängt, was Mächtige und Tölpel
suspekten Fremdstämmigen zutrauen mögen. Hat er Miranda
nicht vergewaltigt? Hat man so ein Ding je schon gesehen?
Klingt der Name nicht wie der eines Kannibalen? Stinkt er
nicht wie ein Fisch? Oder ist er gar der Teufel, wenigstens
ein Monster, Bastard, Ungeheuer? So bei Shakespeare 1623.
Die betrunkenen Matrosen Stefano und Trinculo halten ihn

wenigstens für ein „gutes Ungeheuer". Prospero versucht ihm Sprache zu lehren. Bekommt nur Flüche dafür.

2012 in London, zur Eröffnung der Olympiade: Calibans Traum:
„Sei nicht in Angst! Die Insel ist voll Lärm,
voll Tön und süßer Lieder, die ergötzen
und niemand Schaden tun (…) im Traume war mir,
als täten sich die Wolken auf
und zeigten Schätze, die auf mich herab
sich schütten wollten, dass ich beim Erwachen
auf's Neu nach Träumen schrie."

Im Schillertheater umarmte gegen Schluss der Flüchtling Prospero, den Minetti in unpathetischer Anmut gespielt hatte, seinen Retter Gonzalo, den einst wirklich aus seiner deutschen Heimat vertriebenen Curt Bois. „So betroffen machend (und so glücklich machend in seiner harten Nachdenklichkeit) wurde in Berlin der *Sturm* seit Menschengedenken nicht gespielt." (Friedrich Luft)

Während der Probenzeit wurde Alfred von Minetti eingeladen. Nach Dahlem, um die Ecke der Bibliothek der Freien Universität. Kühles, schönes Zimmer, mit beeindruckender Minetti-Büste. Frau Minetti mit leuchtend rotem Haar. Tolle Zigarren. Eindringliche Gespräche, die später in Wien fortgesetzt werden.

Auch bei Bois trinkt man Kaffee. Gemütlich. Kapriziös. Auch eine junge Schriftstellerin ist zu Besuch. Bei einem Stücklein Torte fragt Bois sehr unbefangen und guter Laune: „Herr Kirchner, ich hab' so schöne Pornofilme, einer heißt *Der Klempner,* der andere *Surprise Attack*" – Frau Bois schaut ein wenig genervt auf das Heinerle – „sollten wir die nicht anschauen?" Der Mann von Pölarölara – an diesem Tag nicht Welt-, sondern Kleinbürger – verneint. Und bedauert das bis heute.

BASLER TOTENTANZ
Buddy und Anne

Der, um den es nun gehen soll, war bestimmt ein entfernter Bruder von Heinerle, ähnlich zierlich, um nicht zu sagen ähnlich klein, jedoch sagenhaft durchtrainiert, war er doch ein begnadeter Schlittschuhläufer. Er (über)lebte in Basel, wohin die Frankfurter Familie gezogen war, wurde nach dem Krieg bei *Hollywood on Ice* ein um die Welt reisender Starkomiker, Mund und Nase feuerrot, mit großkarierter Jacke und schwarzem, breitkrempigem, spitzem Hut und unübersehbar weißem Schal.

Er trug den schönen Namen Buddy Elias und war der Cousin von Anne Frank. Es gibt zauberhaft bewegende Fotos von den beiden. Aufgenommen Mitte der dreißiger Jahre bei den sommerlichen Versteckspielen in Sils Maria. Man erzählt, dass die lustige, erfindungsreiche Anne oft schon überraschend hinter ihm stand, während er noch suchte, er als Verlierer dann zur Strafe seinen Nachtisch hergeben musste. Manchmal gnädigerweise auch nur die Hälfte. Sie lachte und lachte und lachte …

Alfreds Bremer Meister Hübner und Zadek hatten am 28. März 1968 im Phoenix Theatre London ein Ticket für ihn bestellen lassen, damit er sich dort Buddy als Schauspieler anschauen konnte, was schlussendlich zu einem Triumph für beide führte.

Aus den mittelalterlichen hochberühmten *Canterbury Tales* von Geoffrey Chaucer, dieser oft grell bis erotisch unverschämt erzählten Pilgerreise von London zur Kathedrale von

Canterbury, war ein Stück Musiktheater gemacht worden, das Zadeks Schützling Alfred in dessen Sinne ganz besonders auf die Bühne bringen sollte: verblüffend und ausgefallen und „gehst du runter vom Klischee", wie das Kind eines Schauspielkollegen während einer Probe diesen damals kursierenden Spruch vom 1. Rang in den Zuschauerraum hinunterkrähte.

Pöla verspürte bei den Gesprächen in Bremen eine Nähe zu Buddy; erwartete von ihm Ungewöhnliches, als er ihn in diesen „Spiegeln des Lebens" – wie es sowohl bei Chaucer als auch im ähnlich mittelalterlichen Bilderzyklus *Basler Totentanz* heißt – schließlich mit der Rolle des Januars betraute, einem uralten Männchen, das vor der Liebesnacht mit seiner blutjungen Frau erheblichen Bammel hat. Sie, die den Frühlingsnamen Mai trägt, soll ihre frischen Knospen und Blüten der eisigen und nackten Natur des Sir January aussetzen.

„There is time for a little drink", hieß es in der Londoner Aufführung.

In Bremen stand Buddy einsam im weiten Raum, sozusagen in einem elysischen Garten, mit einem verblichenen, trotzdem noch roten Mäntelchen, tastete er nach einem Fläschchen: „Wo ist mein Aphrodisiakum?" Ein Schluck – und ein Blitz schüttelte wie ein elektrischer Schlag diese poetisch-komische Gestalt, die ihre unvorstellbare Energie nun wundersam auf die Bühne brachte.

Dieser Mann, der mit seiner Cousine Anne alle Dunkelheit und alle Schwärze im Bewusstsein trug, war jetzt Licht und Wärme, sendete als wunderbarer Clown bewegende Signale von Hoffnung und Leben aus, ließ die Zuschauer vor Lachen kreischen und schreien. „Here stops the show", wurde in London geschrieben, was hieß, man konnte nicht weiterspielen, das Orchester musste kurz aufhören zu spielen.

In Bremen und etwas später auch in Stuttgart war es ähnlich: Der Charme, der Schmerz und das unbändige Glück des

Lachens ließen die Wände des Theaters wegfliegen, wohin auch immer. In das Land von Pölarölara, da war der Mann von eben dort sich ziemlich sicher. Im Traum stellte er sich Buddy einmal auf den Stelen des Berliner Holocaust-Mahnmals tanzend und springend vor, in seinem blassroten Mantel und mit dem berühmten Chaplin-Trick, bei dem der linke Fuß die rechte Wade umfasst und der Clown sich blitzartig um sich selbst dreht.

PECH IM SCHILLERTHEATER
Nichtberliner können das Kapitel überspringen

Also – Minettis und Curt Bois' Schillertheater sollte im schönen Sommer 1993 geschlossen werden. Ermordung, Erdrosselung. „Als Berlin Las Vegas wurde" titelte *Die Zeit*.

Oder war es in seiner Größe mit drei historischen Bühnen unlenkbar geworden? War die Aufgabe für die neuen Häuptlinge einfach zu schwer gewesen? Gab es gar einen Bandenkrieg? Man hörte von einer Viererbande, einer Weinpanscher-, gar einer Schillerkillerbande. Von einer der größten Barbareien der Nachkriegsgeschichte war auch noch die Rede. Und da der Mann von Pölarölara eine Affinität zum Ritter von der traurigen Gestalt verspürt, sieht er, genau wie dieser, nicht ein Heer, sondern eine staubumwölkte Hammelherde auf sich zutoben: Vorsicht! Er kommt, der ziemlich hässliche Berliner Senat.

„Weil es keinen Gott gibt", geht die Bitte an den Bundespräsidenten von Weizsäcker, *er* solle den Senat von dieser Schandtat abhalten. Schiller hätte einfach den Deckel seines Pultes geöffnet, seine Nase hineingesteckt, um sich an dem Duft der darin liegenden, teils angefaulten Äpfel zu beleben.

Einige Zeit zuvor: Schreckliches Telefongespräch! Vielleicht das schrecklichste überhaupt. In Wien. Ende der 80er fand es statt.

Zwischen dem uns schon vertrauten P. und einem anderen nicht minder bekannten P. – imposant wegen seiner Großartigkeit, seiner Empfindsamkeit, bei gleichzeitigem Hauch von Größenwahn, fast wie ein Popstar berühmt, zeitweise auch berüchtigt, genauer gesagt C. P., Claus Peymann.

Die beiden P.s hatten 15 Jahre überwiegend zukunftsweisende und glanzvolle Theaterarbeit hinter sich, mal waren sie Ehepaar, mal streitende Brüder, mal vertraute Kumpels. Und der eine P., der sich am Telefon lieber als Alfred ausgab, sprach wie's „Bäumlein, das andere Blätter hat gewollt" (Friedrich Rückert) von Trennung, wegen Berlin, wohin er ans Schillertheater kommen solle, als so eine Art Chef. Mit Blättern, golden sozusagen.

Die Pause, die nach dieser Ansage entstand, war wie Einsteins riesiges schwarzes Loch. Nicht enden wollend, sich fortsetzend bis zum Schluss der Burgtheater Spielzeit. Tiefe Verletzung. Kein Wort, kein Abschied.

Bald darauf fuhr man in die Ferien. Alfred und Gabriela waren in Andalusien, in der Alhambra in Granada. Eine Inschrift: „Selig das Auge, das die Schönheit dieses Gartens sieht (…)." Der *Patio de los Liones* beherbergt, umgeben von zartesten maurischen Säulen, einen von zwölf Löwen getragenen Brunnen, inmitten von Myrten und Wasserflächen, die wie blaue Spiegel aussehen, über die man gehen könnte und die in der warmen Samtluft das Liebesbad einer Suleika oder eines Scheichs erwarten lassen. „Da kommt der Peymann", sagt Alfred zu Gabriela. Ein von den Wassergeistern heraufbeschworener Streich oder einer, der ihm ähnlich sieht? Nein, da war er, C. P.! Und die Alhambra tönte von homerischem Gelächter, „aus unbändigem Herzen", wie es in der Odyssee heißt. Die fällige Verabschiedung folgte dann ohne Groll.

In monatelangen Verhandlungen, mit Flügen zwischen Berlin und Wien, sich überschlagenden Nachrichten über die

Vorgänge hinter der Mauer, an ihren Niedergang dachte noch niemand, in diesem aufgeheizten Klima der Verunsicherung kristallisierte sich zwischen dem „Senator für kulturelle Angelegenheiten" und Pölas Mitstreitern schließlich eine neue Schillertheater-Leitung heraus. Mit einer Geschäftsführung, einer Intendanz, einer Schauspieldirektion und einer Dramaturgie. Da ja der Berliner seinen Humor nicht so schnell verliert, machte das Wort Viererbande schnell die Runde, sehr wahrscheinlich mehr oder weniger liebevoll als Pendant zur gleichnamigen chinesischen gedacht, unter der Witwe von Mao Tse Tung, die ihre Kollegen und Freunde durch Schnellgerichte gern hinrichten ließ.

„Wie witzig", hätte Gamasche in Billy Wilders *Manche mögen's heiß* bestimmt gesagt, was er gerade noch stammeln konnte, als er aus einer riesigen Tortenschachtel heraus mit einer Maschinenpistole erschossen wurde.

Die Frau in der hiesigen Bande war aber die doch liberalere Vera Sturm und sie sollte für den neuen dramaturgischen Geist mit ihren kostbaren Erfahrungen wie ein Sturmwind durch das Schillertheater fegen.

Alexander Lang, der herausragende Regisseur vom Deutschen Theater und glänzende Schauspieler – vielgerühmt sein *Prinz von Homburg* –, ein melancholisch schlaksiger Kerl mit preußischem Gardemaß, wurde der Schauspieldirektor. Volkmar Clauß von den Bühnen der Landeshauptstadt Kiel der Geschäftsführer. Der Mann von Pölarölara, dort eher bekannt als Alfred Kirchner, sollte den nicht so hübschen Titel des Generaldirektors tragen.

Wie schon bei seinem Spiel mit den Soldaten-Postkarten, als er als Siebenjähriger gar nicht merkte, dass die Abgebildeten schon alle tot waren, registrierte er auch bei dieser Gelegenheit etwas Wesentliches nicht: dass Lang, wie man hörte, von einer eigenen Intendanz am Deutschen Theater oder Ähnlichem träumte.

Der Viererbande gelang es gleich in der ersten Spielzeit mit zwei Aufführungen zuzuschlagen, die zum – jetzt gesamtdeutschen – Theatertreffen eingeladen wurden, der ultimativen Auszeichnung, wie es so heißt. Mit *Grimms Märchen* und Schillers *Räuber*, beide von Lang inszeniert.

Minetti, inzwischen „so alt wie Höhl' und Wald"* und legendär auch durch Peymanns Bernhard-Abende in Stuttgart und Bochum, saß nun auf „seiner" großen Bühne, wie damals als Prospero, jetzt mit glitzerndem Seidenschal allerdings und schrägem, spitzem Zauberhut, das ewige deutsche Märchen beschwörend: „Blutwurst sprach zur Leberwurst: hätt' ich dich, so wollt ich dich."

Wohl nie hatte das „Schiller" einen so schönen Ameisenhaufen von jungen Kreativen und Begabten, der von der Viererbande einigermaßen gut zusammengebastelt worden war. Man könnte sich als Andenken eine Kette mit kleinen, gerahmten Bildchen um den Hals hängen, mit dem Schwabenstar Sebastian Koch; der wundersamen Katja Riemann aus Kirchweyhe, die eigentlich vollständig Katja Hannchen Leni Riemann heißt; mit Heino Ferch, im Nebenberuf noch Bundesligaturner und seiner damaligen Gefährtin Suzanne von Borsody; natürlich mit der großäugigen Katharina Thalbach; dem unvergessliche Freund Oliver Stern mit kleinem Trauerflor; Peter Lohmeyer, Schalke 04-Fan (deshalb natürlich *Das Wunder von Bern*); Michael Maertens, seine Traumrolle war der Franz Moor in den *Räubern,* später wurde er Burgtheaterliebling; Guntbert Warns; Sabine Orleans; Tatja Seibt (vielleicht wie sie mit ihrer Vespa durch Las Negras, dem Land von Lorcas *Bluthochzeit* flitzt); Wolfgang Pregler;

---

* Wagner, *Siegfried*, 1. Akt.

Steffi Kühnert und, und, und Ulli Noethen (ein Bild, fast ein wenig peinlich, von den schaurig schönen Preisverleihungen im Fernsehen: „Deutschlands beeeeeester Schauspieler"). Bestimmt nicht nur zweitbester: Christian Berkel, mit einem hübschen Polizeifoto aus New York beim Bochumer *Räuber*-Gastspiel.

In der spannenden Situation der Berliner Kultur zwischen Bedrohung und Hoffnung, dass alles gut werden würde, besuchte der Regierende Bürgermeister Eberhard Diepgen eine für das Theater ungemein wichtige deutsche Erstaufführung – Peter Turrinis *Tod und Teufel* – und verließ sie demonstrativ. Mit seiner Tochter ging er, wie man hörte, zur Pause, „wegen sittlicher Unzumutbarkeit".

Das *Neue Deutschland* schrieb: „Wenn es noch in Deutschland politisches Theater gibt, dann bei Turrini, dann bei dieser engagierten Inszenierung an der Berliner Staatsbühne. Eine der beklemmendsten Theaterszenen der Saison: Das Jagdmahl des Waffenhändlers (…) Die Opfer: ein Iraner, zwei Ägypter, ein Türke, ein syrischer Rosenverkäufer, ein Kurde. Jeder Leiche ist ein Auge durchschossen. Aber die neue Waffe, die sich auf Rassen programmieren lässt, hat noch einen Funktionsfehler. Auch ein Weißer ist unter der Beute. Keine Aufregung. Der Lapsus wird gefunden werden. (…) Eine streitbare Aufführung. Anhaltender Beifall im Schillertheater."

Was könnte anstößig gewesen sein? War es die prophetische Vision der auf Rassen programmierbaren Waffen? Oder die durch sie getöteten Migranten, nach Jägerbrauch ironisch mit einem Blätterzweig im Mund? Oder war es das ausgefeilte Kunststück des Technischen Direktors Hageneuer:

Auf der Suche des Pfarrers Bley nach der Sünde, trifft er auf die ältliche, stellungslose Kassiererin Magda Schneider: „Seit Jahren hat kein Mann mit mir geschlafen. Du bist der erste. Nach so langer Zeit und dann gleich ein Pfarrer."

Zu den Klängen von „White Christmas" hat es Hageneuer geschafft, dass sich am Fußende des großen Bettes eine breite Schublade öffnet, aus der eine große Gummivagina steigt, die sich selbst aufgeblasen hat, nun hoch aufgerichtet wie ein schönes rotes Boot dasteht, um den Pfarrer zu Magda Schneider hineinschreiten zu lassen, wie in eine Kirche. Dieter Montag knöpft sich vorher noch höflich seine schwarze Jacke zu. Die brillante Anneliese Römer antwortet mit einem zartkomischen Seufzer.

Alfred dagegen saß an einem neuen Tag im Theaterfoyer und wartete auf seinen alten Bekannten und Bochumer Flugzeugbeschaffer, den Nato Generalsekretär Manfred Wörner, der mit sechs schwer gepanzerten, natürlich schwarzen Limousinen aus Brüssel vorfuhr und anscheinend als einziger wusste, wie man sich in dieser Zeit dem Schillertheater zu nähern hatte.

Er besuchte selbstredend Lessings *Minna von Barnhelm oder das Soldatenglück*, in der Inszenierung Katharina Thalbachs. Die Minna war ganz gegen die überkommene Vorstellung mit der leicht korpulenten, spontan launigen, wenn's sein sollte auch ordinär-charmanten Sabine Orleans besetzt und den Major von Tellheim, das Urbild des preußischen Majors, spielte Oliver Stern, der – eher einem großen, fülligen Kind ähnlich – mit schönem, aus den Augen funkelndem Hintersinn den preußischen Moralkodex ganz famos in Frage stellen konnte.

„Eine grandiose Aufführung. Ein auf den Abend hochmotiviertes Ensemble spielt den rationalen Lessing perfekt, als hätten sich im klassischen deutschen Lustspieldichter ein Goldoni und Molière potenziert (…) Mit unvergleichlich souveräner Spottlust wird das ‚Soldatenglück' demontiert. Ovationen im Schillertheater." (*Neues Deutschland*, Juni 1991)

Das Schillertheater sei auf den Hund gekommen, meint dagegen Ulrich Roloff Momin, inzwischen verantwortlicher

Kultursenator, im Gegensatz zum *Spiegel*, der in der Ausgabe 26/93 konterkarierend meint, dass in Bonn wie in Berlin die Politiker nicht nur ihr Wahlvolk, sondern auch sich selbst über die Folgekosten der Wiedervereinigung bis zum Gehtnichtmehr belogen hätten. Was der Senat – aus Angst, wegen Überschuldung verfassungsbrüchig zu werden – im Netz der Täuschungen und Selbsttäuschungen jetzt unternahm, trage Züge eines verzweifelten Befreiungsschlages, einer erzwungenen „Stunde der Wahrheit".

Natürlich war davon auch der Mann von Pölarölara nicht ausgenommen. Während einer Einladung in die prächtige Wannseevilla des Finanzsenators Elmar Pieroth konnte er sich bei einem Glas Wein und eindeutigem Kulturdesinteresse selbst davon überzeugen. Es würde Pöla allerdings weit in seine Kinderjahre zurückwerfen, wenn er jetzt petzen würde, dass die Weinfirma des Finanzsenators und seines Bruders Gegenstand der Ermittlungen im Zusammenhang mit dem ersten großen Lebensmittelskandal der Republik war. „Die Mutter aller Lebensmittelskandale", hieß es in der *Welt*. Das Frostschutzmittel Glykol wurde in die Weine gepanscht. Wovon Pieroth natürlich nichts gewusst hatte. Er forderte jedenfalls spätabends im Senatsgästehaus, genutzt auch für Sitzungen der Landesregierung, den Kultursenator auf, mit vehementer und grober Unterstützung des Bausenators Nagel, das Schillertheater schließen zu lassen. Nicht bevor er es noch einem Musicalhai angeboten hatte, der aber abwinkte, weil es ihm ein zu kleiner Fisch war. – Das Theater mit dem größten Ensemble in Deutschland und legendären Schauspielern.

„Die Schließung des Schillertheaters ist außergewöhnlich gut dokumentiert und die Überlieferung zeichnet ein Bild der damals agierenden Berliner Lokalpolitiker, bei dem sich einem noch heute die Zehennägel aufrollen. Diepgen, Pieroth, W. Nagel – Namen aus fernen Zeiten." (*Die Zeit*, Juli 2003)

Wegen „Amtsmüdigkeit" und „heikler Angelegenheiten",
darunter dubiose Schweizer Geldgeschäfte, trat der Senator
Jack of all trades 1998 zurück. Für das Theater leider zu spät.
Der „Regierende" kam in die Nähe der Erpressbarkeit und
stürzte drei Jahre danach über ein Misstrauensvotum im Ab-
geordnetenhaus im Zusammenhang mit der Bankenkrise.
Resultat war ein monströser Milliardenschaden, eine Sum-
me, mit der man über Jahre Theater, Museen, Bibliotheken
und Orchester hätte bezahlen können.

„Ja, wo iss'n nu'die Kohle?", fragte die *Süddeutsche*.

Freund Jürgen Flimm, König der Diplomatie, stellte rückblickend fest: „Über dem Schillertheater lag kein Segen."

Vielleicht gab es aber immerhin einige gesegnete Momente. So als Martin Held, trotz seiner schweren Zuckerkrank-
heit, noch einmal auf Alfreds große Bitte in dessen *Faust* einen Auftritt im Vorspiel wagte. Er kam im dunklen Anzug
mit einer grauen Decke um die Schultern auf die Bühne, sehr
einfach, und setzte sich auf einem Erdhügel nieder:

„Ihr naht euch wieder schwankende Gestalten,
die früh sich meinem Blick gezeigt.
Versuch ich wohl euch diesmal festzuhalten?
(…) Was ich besitze seh ich wie im Weiten
Und was verschwand, wird mir zu Wirklichkeiten."

Danke. Einfach unvergesslich.

Oder der einzigartige Peter Matić, als er zur Eröffnung des
schön renovierten Schlossparktheaters in Mozarts *Schauspieldirektor* mit den glänzendsten von Götz Friedrichs Oper aus-
geliehenen Sängerinnen zu kämpfen hatte, die ihn, der zwar
sehr zierlich, doch charismatisch stark war, mit ihren aller-
höchsten silbernen Koloraturen nicht durchbohren, nicht
niederstrecken konnten.

Pölas *Faust* – mit dem so zeitgemäßen Christian Grashof,
der den faustisch „Gottähnlichen" berührend als Zerbrech-

lichen zeigt, und mit dem proletarisch harten Mephisto Hilmar Thates – kam nicht so gut an, wurde von manchen als Flop gesehen. Peter Stein sah das anders.

Von Arvo Pärt, Pölas großer musikalischer Liebe, stammte die Musik, Jochen Kowalski sang für das Gretchen von Therese Hämer.

Aber die Hammelherde trieb sich inzwischen auch im Inneren des Theaters herum, bis es später in dem großen Schlamassel zu zerbrechen begann. Freund Peymann ließ aus Wien verlauten, so was wäre ihm natürlich nicht passiert.

Zwiespältige Sternstunde: Als bei der Einladung zum Preis der Mühlheimer Theatertage, dem Forum deutschsprachiger Gegenwartsdramatik, die Besucher sich fast um die Karten prügelten, um Hannelore Hoger zusammen mit Harald Juhnke in Alfreds *Alpenglühen*-Inszenierung zu sehen und als Harald, sonst immer vorbildlich pünktlich und solide, an diesem wichtigen Tag nicht in Mühlheim erschien, niemand wusste, wo er war, da wurde Pöla zum Kampfstier. „Das Schwein" rief ein Zuschauer bei der Ansage von Haralds Ausbleiben. Aber Hannelore Hoger und Alfred, die schon manchmal ein Wunder hinbekommen hatten, spielten mit dem Autor Turrini für Juhnke wie die Irren. Schräge Liebesszenen, losgelöst von der Welt, auswendig oder abgelesen. Ende mit Jubel. Man bekam den Preis für die beliebteste, in den Augen des Publikums beste Aufführung. Ohne den einen. Trotzdem an Harald: Umarmung.

Die Zusammenarbeit mit dem Osten wurde ausgebaut. Thomas Langhoff, Intendant des Deutschen Theaters, inszenierte inzwischen bei der Viererbande. Vom zuweilen genialen Leander Haußmann gab es einen schönen *Clavigo*. Die Ost-Ikone Benno Besson machte mit seiner Tochter Thalbach das Stück *Hase Hase* (Coline Serreau), worin Katharina einen eigentlich außerirdischen Hasen mit ganz kurzem rotem Haar und blitzenden Schneidezähnen spielt, „macht es zum Pauken-schlag, dass der ganzen Theaterwelt die Ohren schlackerten und so viele Leute ins Theater liefen, wie sonst nur bei Rock-konzerten oder Fußballspielen." (*nachtkritik.de*, 1992)

Dass Pöla mit den Bühnenbildnern Vincent Callara und Axel Manthey vor 1989 unverdrossen mit Tüten voll Schwei-nekoteletts und Salat nach Osten gereist war – im Tränenpa-last oft leicht schikaniert und veräppelt, mal war Axels Ohr wegen zu langer Haare auf dem Passbild nicht klar zu erken-nen, mal hatte Pöla eine Platzpatrone aus Santa Fe in der Ho-sentasche vergessen – und mit Ost-Künstlern und -Freunden Verbindung hielt, zahlte sich aus.

Nicht so bei Alexander Lang, Spielzeit 92/93 im Schil-lertheater. Er, der einst siegreiche Prinz von Homburg, er bekam in der sehr rauen See Schiss. Für kurze Zeit wurde er als Schauspieldirektor am Thalia Theater in Hamburg gefei-ert, das verließ er aber vorzeitig wieder, ließ dann auch das „Schiller" sitzen und „zog sich in raue Berge zurück", nach Bayern. Worauf Volkmar Clauß unvermutet meinte, dass er sich als Freund von Alex betrachte, somit den Kahn unum-stößlich ebenfalls verlassen müsse. Geheimnisvoll war das, was wohl dahinter steckte?

Vera Sturm fühlte sich total im Stich gelassen und zog sich, als sie alle ausstehenden Arbeiten zur Gänze erledigt hatte, ohne viel Aufhebens zurück. Pöla meinte wie Müllers Esel bei Wilhelm Busch an den Mühlenflügeln aufgehängt durch die Luft zu sausen.

Zum Jahreswechsel 93/94 und zum Trost war Pöla bei Barbara Brecht und Ekke Schall, den er als Student 1957 im Berliner Ensemble als unvergesslichen Flieger in Benno Bes-sons *Guten Menschen von Sezuan* gesehen hatte, eingeladen. Es war notwendig geworden, dass Schall in *Besuch der alten Dame* für Erich Schellow, einem überragenden Star des Theaters, einspringen musste. Schellow war der ewige Jüngling, ein

Poet von eindringlicher Schönheit, seine Sprache war Musik. Die deutschsprachige Erstaufführung von Albees *Wer hat Angst vor Virgina Woolf?* mit ihm und Maria Becker ging in die Berliner Geschichte ein. Er habe zauberische Qualitäten, ohne Vorbilder, von einer intelligenten Instanz und Trauer, die nicht nachlässt zu beteiligen und zu berühren, beschrieb ihn Friedrich Luft. Schellow sei auf nüchterne Weise einfach phantastisch.

Nun konnte er auf einer Probe mit Alfred, sie fühlten sich einander sehr verbunden, die vorgesehene Zigarette nicht mehr anzünden, er zitterte. Setzte sich nach einer Zeit des Versuchens auf einen Stuhl, sehr still. Weil er sich in diesem Moment wohl für den endgültigen Abschied entschieden hatte, musste er weinen. Und weinte und weinte. Und Alfred auch. Die brutale Auflösung des Schillertheaters hat Erich Schellow nie verwunden, sagte Maria Becker, mit der er Triumphe gefeiert hatte, auf seiner Trauerfeier.

In der Brecht-Schall-Wohnung, gegenüber dem Friedrichstadt-Palast, rauchte man unter Barbaras riesigem Weihnachtsbaum eine Churchill. Die Stimmung war nicht froh. Man versuchte über die Welt zu reden, jedoch, man sah – mit Brechts *Der gute Mensch von Sezuan* – „betroffen/ Den Vorhang zu und alle Fragen offen".

Nicht sehr glanzvoll war einer der letzten Auftritte des mit dem Namen „Schillerkiller" bedachten Kultursenators, der dabei war, mit dem Schillertheater sein eigenes Flaggschiff direkt von der Bühne des Theaters aus zu versenken. Das evozierte die Erinnerung an ein Bild aus der Knabenzeit, an den Untergang der deutschen Auslandflotte bei den Falklandinseln 1914. Man sieht in bewegtem Meer laut Bildunterschrift den 1. Offizier Brinkmann in schöner, blauer Uniform auf dem Bauch seines gekenterten Schiffes stehen, die kaiserliche Flagge den siegreichen Engländern trotzig entgegenschwenkend. Vielleicht war das Bild recht kitschig, heroisch, schlecht gemalt. Siegfried Unseld, der Chef des Suhrkamp Verlages, erzählte allerdings, dass ihm als kleiner Junge, wie er es in Ulm so in der Küche hängen sah, auch immer die Tränen gekommen seien.

Unter dem Namen Kirchner saß Pöla leicht zerschunden mit dem zu Recht aufgebrachten Ensemble im Zuschauerraum und hörte des Senators Behauptung, dass sein Vertrag ein Gemeinschaftsvertrag mit Vieren sei und wenn einer gehe, alle zu gehen hätten.

Diese Ansicht wurde vom Gericht nicht geteilt und als Rechtsbruch eingestuft. Weiterhin seien die im Vertrag vereinbarten Bezüge zu zahlen und die Möglichkeit einer Fortsetzung der Arbeit als Generaldirektor offenzuhalten. – Das wurde allerdings von Kirchner und seinem Anwalt Peter Raue nach einer Bedenkzeit abgelehnt, weil die Grundlagen einer Zusammenarbeit zwischen Kultur und Politik nicht mehr gegeben waren.

Somit konnte Volkmar Clauß, der mit seinem vorzeitigen Rückzug eine nicht geringe Verunsicherung ausgelöst hatte, nun ein Fünfjahresvertrag angeboten werden. Als alleiniger Intendant. Am selben Tag aber, als er zur Pressekonferenz für seine zukünftigen Pläne eingeladen hatte, teilte man ihm die Schließung des Theaters mit.

Alfred dachte daraufhin an eine Szene in Bochum, mit Gert Voss am Schauspielhaus. Gert musste in der Rolle des Zwinkervogels* in einer vier Meter hohen gläsernen Badewanne in seiner eigenen Pisse herumwaten. Groß und schmal, wie

---

* Herbert Achternbusch, *Kuschwarda City.*

er war, im Nachthemd, hatte er eine gefühlte Ewigkeit „mir fällt nichts ein" zu sagen. Er jammerte, er schrie, machte endlose Pausen, brüllte, ja, sang sogar.

Das sei das Schönste der ganzen Bochumer Jahre gewesen, meinte die Venedig-gekrönte Katrin Brack bei Gerts Beerdigung in Wien.

Und Alfred, der Mann von Pölarölara in Berlin?

Kleiner als er? Keiner.

HOME IS WHERE ONE STARTS FROM
T. S. Eliot

In Reisekleidern, Reisebündel und Mappe auf dem Rücken, schlich sich der Maler Haberland bei E. T. A. Hoffmanns *Doppeltgänger* durch das Neudorfer Tor. „Ha", rief ihm Berthold entgegen, „Glückauf Bruder George – Ich weiß alles! – Gott sei gedankt, dass du kein regierender Fürst bist, da wäre freilich alles vorbei gewesen. (…) denn ich weiß, du bist und bleibst Künstler. Und die, die du liebst ? – Sie ist kein irdisches Wesen, sie lebt nicht auf der Erde, aber in dir selbst, als hohes, reines Ideal deiner Kunst, das dich entzündet, das aus deinen Werken die Liebe aushaucht, die über den Sternen thront."

Ist es nicht herrlich, dass diese, von einem Erzromantiker stammenden Sätze, die voll romantischer Ironie sind, mit all den überbordenden phantastischen Illusionen eines E. T. A. Hoffmanns, seinem Hin- und Herpendeln zwischen Tatsächlichem und Wunderlichen, dass diese Sätze jetzt in einem Flugzeug, hoch über den Anden Realität werden dürfen?

Der Mann von Pölarölara, nicht Alfreds Doppelgänger, aber doch ein Windmühlenkämpfer für ihn, sitzt im Flugzeug, das in São Paulo gestartet war, nicht gerade durch die Sterne fliegend, über denen die Liebe thront, aber gefährlich nahe an bunt grellen Heißluftballons vorbei, die auf dem Weg nach Santiago de Chile prächtig im brasilianischen südklaren Himmel schweben. Der Pilot gibt bekannt, man steige nun auf die Höhe von 12.000 Metern, um die Anden zu überfliegen, die viel, viel höher als der Hohenstaufen sind.

Und jetzt, nach *Peter Grimes* zum zweiten Mail im Teatro Municipal, sich in der fünf Millionenstadt wieder an Mama Alice erinnernd, mit ihrem Singen für den kleinen Pöla, sollte sich Pöla in der Gestaltung eines neuen Lohengrins ganz verlieren und fast aus sich heraustreten: „Das wird Tränen geben. Lass die Leute auf ihre Augen achten." – Wie schon Zettel im *Sommernachtstraum* behauptet.

Denn es geht ja um den Mann aus fernem Land, „unnahbar euren Schritten", den Fremden, der herbeigesehnt wird, um die unschuldig beklagte Elsa aus einer beträchtlichen Klemme herauszureißen Um einen, der seinerseits das Ankommen bei Menschen sucht, sich das Willkommen wünscht. Ausgrenzen, Abschirmung, Stacheldraht – das alles ist hier nicht bekannt.

So wird es bei der bühnenmäßigen Umsetzung in der fernen Stadt Santiago – man trinkt hier *Pisco sour* – auf den „höchsten Augenblick" hinauslaufen, bei dem es kein Vorher und kein Nachher geben wird, vermutlich wird man auch niemals mehr in die Stadt Pablo Nerudas zurückkehren. In Erinnerung könnte das Bild des Häuptlings der Mapuche, der Ureinwohner Chiles bleiben. Anstelle des Schwans hat er ein pfeilschnelles Pferd. Sein Name ist Leftraru, schneller Falke. Er trägt keine Rüstung, nur einen Lendenschurz. Aber wie Lohengrin, mit seinem fernen Land, hält der Häuptling Verbindung zu dem seinen – durch das Schamanische, durch Kontemplation und entrückten Tanz.

> „Old men ought to be explorers
> Here or there does not matter
> We must be still and still moving
> Into another intensity
> For a further union, deeper communion (…)"*

---

* T. S. Eliot, „East Coker", *Four Quartets*.

Dieses Weiterbewegen zu einer anderen Intensität, tieferen Verbundenheit fand zwei Jahre später statt, 2007, als er mit diesem leicht veränderten *Lohengrin* nach Dallas eingeladen worden war und nun bei der Premiere in der letzten Reihe der dortigen Oper saß, vor sich 4.000 Zuschauer, die mit ihrer texanischen Seele gespannt auf eines der deutschesten Musiktheaterstücke warteten.

„Abendmahl" als mögliche Deutung des englischen Wortes *communion*, das traut man sich kaum zu sagen – im Saal wurde es aber mäuschenstill, als die ersten Instrumente unendlich vorsichtig zu tönen, zu schweben begannen und Wagners Musik mit der äußersten Kunst der Verführung wie aus der Ferne, flüsterleise, beinahe außerirdisch zu klingen begann. Die Leute mussten nun wirklich auf ihre Augen achten. Während dem Mann von Pölarölara blitzartig einfiel, dass er am Vortag mit dem Sänger des Telramund noch *deep fried alligator* gegessen hatte. Aber noch mehr: Jetzt, in dem Augenblick, allein unter den vielen Menschen, weit weg von allem, bündelten sich tausende Momente, tausende Stunden in die eine: Der von Oma gesungene Tannhäuser, so manche Trostlosigkeiten, Liebesreinfälle, Zurücksetzungen wegen des Beines und Liebesauszeichnungen, etwa von der schönsten Sängerin in der Deutschen Oper Berlin: „Wenn du heute in meine Vorstellung gehst, werde ich nichts anhaben unter meinem Kostüm." Leben und Tode, alles durcheinander: „Alfred Kirchner, sofort in den Ballettsaal", hieß es vor langer Zeit in Bremen, wo die Tänzerin mit der großen Sehnsucht auf dem Boden lag, sie hatte Gift genommen, um zu sterben, weil Pöla bei ihren Rendezvous immer zu früh nach Hause gerannt war. Nun stand er vor den vernichtenden Blicken des ganzen Balletts und aus dem Lautsprecher tönte, übertragen von der Bühne her, allen Ernstes Salomes „Lass mich deinen Mund küssen, Jochanaan". Pöla hätte versinken mögen, aber der harte Boden ließ es nicht zu. Er hatte gefälligst weiterzumachen, vielleicht zur Strafe immerzu mit dem weißem Kopfverband eines Verwundeten, genau wie die genesene Angebetete immer weiter tanzen wird, im weißen Tutu, federleicht.

Jetzt aber in Dallas, der magische Moment: „Home" ist, mit T. S. Eliot, nicht nur „where one starts from", es kann auch genauso gut dort sein, wo man mit dem, was man konnte, hingekommen ist. In diesem Fall zu Menschen, die ein ungestümes texanisches Südstaaten-Amerikanisch sprachen, vereint „in a further union", durch die Musik des ungestüm sächsisch sprechenden Richard Wagners. Ein gemeinsames Erlebnis verband alle an diesem Tag auf der Bühne in Dallas. Ein Gefühl von Heimat und Kindheit ist in dieser Musik. Elsa und der Schwanenritter am Ende, zwei traurige, zerzauste Sturmvögel. Und wie endet Eliots Poem?

„The wave cry, the wind cry, the vast waters (...) in my end is my beginning (...)"

LEIPZIG, SCHABENBEKÄMPFUNG UND ANDERE WUNDER
Alles, was ist, endet

Gut, dass man sich schon in frühester Kindheit in zwei Personen aufteilte, weil man das Verführerische in allem Wunderbaren, auch das Bedrohliche, als alleiniger Alfred (der von Elfen Beratene) gar nicht aushielte.

So hält sich Alfred und der Mann von Pölarölara an einem Pfingstsamstag in der Leipziger Thomaskirche auf, um nach vielen spannenden Arbeiten in Leipzig das 800-jährige Bestehen des weltberühmten Chores mitzufeiern. Dieser singt mit seinen silberhellen, manchmal „weiß" genannten Knabenstimmen seit 1212 durch alle Zeiten, ob bei Hinrichtungen, Dreißigjährigen Kriegen, Völkerschlachten oder nach Bombenangriffen, und versucht, den Menschen Halt zu geben, wahrscheinlich auch sich selbst. Über die Jahrhunderte also singt der Knabenchor samstagnachmittags ab 15 Uhr und freitagabends ab 18 Uhr die Motette. Die Knaben sind trainiert wie Hochleistungssportler, sie singen unermüdlich. In ihren blauen Matrosenanzügen, mit den weiß gestreiften Krägen, sind sie Pöla, der ja schon in der Christmette der Göppinger Oberhofenkirche beim „Quempas" mitmachen durfte, nicht gerade fremd. „Quem pastores laudavere" (Den die Hirten lobeten sehre), sang er damals mit hoher Stimme, im schwarzen Anzug allerdings, mit schön gekämmtem Haar.

„An den Wind" heißt die zu Pfingsten neu komponierte Motette von Hans Werner Henze, die zur Feier des Thomanerchores und seiner langen Vergangenheit geschrieben wurde. Es geht um eine Taube, die im blauen Morgenlicht durch einen „Hauch" erwachen wird, durch ein „Rascheln" nur, ein Wehen von Wind, dem Symbol des Geistes. Für die Dämmerung einer neuen Welt.

Henze wollte bei den Proben die herrlichen Knabenstimmen immer noch mehr pianissimo haben, wollte Zartes, Leichtes, Durchsichtiges schaffen: „Leise, ganz leise, dass uns die Menschen nicht hören, nur der Wind."

Und wirklich gelang damit der gewisse, unwiderstehliche Augenblick, als man aus dem Geflecht der Stimmen ganz schwerelos Bachs „Jesu meine Freude" als Zitat heraushören konnte. Einerseits war das fühlbare Transzendenz, andererseits das handfeste Bild des gewaltig beeindruckenden Kopfes mit der Barockperücke, der als Thomaskantor für ein sehr lebendiges Leipzig und seine stolze Musikgeschichte steht.

Vielleicht auch aus dieser Kraft und Selbstachtung wurde 1989 der Mumm und die Zuversicht für die Friedensgebete gestärkt, die allerdings in der benachbarten Nikolaikirche begannen.

Hier nun zu Sankt Thomas, an diesem fast magischen Ort hatte sich eine große Pfingstgemeinde eingefunden, durch das Fest der jungen Sänger und ihre Musik verbunden, auch ein wenig erhoben. In der durch die hohen Fenster scheinenden Maiensonne bewegten sich die Menschen mit – man meinte es zu erkennen – hellem Herzen. Ganz unministerial lief der Gesundheitsminister mit seinen Kindern an der Hand herum, Gabriela war da, die Gewandhausmusiker saßen schon bereit. Emilie traf ihren Papst Hans Werner wieder, den sie vor vielen Jahren wegen seiner weißen Kappe, mit der er eine nächtliche Schramme verdecken wollte, für den selbigen gehalten hatte. Nun saß man nach dem Konzert im „Arabischen Coffe Baum", dem Kaffeehaus mit europäischer Vergangenheit; Henze am Kopf des Tisches, mit Emilie, nun fast zwanzig, Hof haltend. Neben den, wie behauptet wird, tatsächlich noch erhaltenen Kleiderhaken von Bach, Clara und Robert

Schumann, Wagner, Lessing, Liszt, Mendelssohn-Bartholdy, Mahler, sogar Goethe, oh, oh, oh.

Der Mann von Pölarölara sah seinen Freund Hans Werner an diesem Tag zum letzten Mal. Wunderschön alt war sein Kopf, waren seine Augen. Wie heißt es in seinem „An den Wind"? „Liebe – stärker als der Abschied. Abschied – beständiger als die Liebe."

Nun eine Gegenwelt, ebenfalls in Leipzig.

Die „Lange Lene", ein Plattenbau von 333 Metern Länge. Manche sagen 335. Die größte Platte in Ostdeutschland. Was bei Jim Jarmuschs *Down by Law* die Weiten des Mississippis, Tom Waits, John Lurie und der amerikanisch radebrechende Italiener Roberto Benigni waren, ist jetzt in Leipzig Pöla, mit einem kleinen Koffer, nachts gegen halb zwölf, und ein endlos langer Weg zu seiner Wohnung, entlang der Langen Lene, dieser schönen, schäbigen Einmaligkeit, in der oft jemand klingelte und einfach zur „Schabenbekämpfung" um Einlass bat. Zehn Stockwerke hoch, total gleichmäßig, weiß, grau, etwas Rot dazwischen, trotz unzähliger Fenster eine gewaltige Front. Nachtstille.

Das Auto neben einem unbewohnten Abbruchhaus geparkt, machte sich Alfred auf den Weg zu seiner Wohnung. Aus einiger Entfernung näherte sich eine große Gestalt, die im trüben Licht der Straßenlaternen nicht so gut zu erkennen war. Dann stand man sich gegenüber, von irgendetwas Unbestimmtem aufeinander zugeführt, genau an diesem Erdenpunkt mitten im weiten Sachsen. Sie war eine schöne Schwarze – freute sich und sagte: „Ich ficken gut."

Der oft so Heldenhafte radebrechte nun vor dieser schwarzen Eva, mit dem Apfel in der Hand: Äh … äh … er käme jetzt gerade von zuhause in Berlin … äh … von Frau und Töchterchen, er müsse morgen sehr früh zur Arbeit in die Oper, es sei jetzt im Moment etwas ungelegen. Oh!

Am nächsten Tag, Mittagspause in der Kantine, man saß an einer großen Glasfront, hinter der eine kleine Grünfläche lag. Zur Überraschung der Sängerinnen des Hänsels und der Gretel und einiger mitspielender Kinder klopfte nun eine anmutige schwarze Frau ans Fenster, die sich augenscheinlich ausnehmend über ein Wiedersehen freute, strahlend hereinwinkte, kurz überlegte und wieder ging.

Verblüffung, Stille.

Hänsel meinte: „Der Kirchner hat einen ganz roten Kopf gekriegt." Dieser ging dann einfach in Ulbrichts Büro. Das hatte grünlich-braune Polstermöbel mit Knöpfen, tief im Leder versenkt, wie Nagelknöpfe, die das Leder so eklig faltig zusammenzogen. Der Stuhl hinter dem Schreibtisch war viel höher als die beiden vor ihm. Und hätte Hänsel die Sache mit dem roten Kopf weiterhin behauptet, hätte Pöla einfach auf diesem „erhöhten" Stuhl Platz nehmen können und Hänsel und Gretel, ziemlich kleinlaut, auf den Stühlchen vor ihm.

Das ehemalige Ulbricht-Büro in der Oper Leipzig war jetzt nämlich das Arbeitszimmer des Regisseurs. Vormals war es auch der Empfangsraum zu der einzigen Loge an der linken Seite des Zuschauerraums gewesen. Betrat man diese, war man unübersehbar. Ulbricht aber war für alle Zeiten dahin, dahin, dahin, auf seine ehemalige Toilette ging man trotzdem höchst ungern.

Die *Hänsel und Gretel*-Aufführung jedenfalls wollte Pöla ganz groß machen, weil man gegen eine legendäre, im Herzen eines jeden Gewandhauskindes lebende und in Berlin Adlershof existierende Fernsehaufzeichnung mit einem richtigen Hexenhaus anzutreten hatte. Jetzt, einige Jahre nach der sogenannten Wende wurde der Mann von Pölarölara von den Leipzigern ein wenig als Besatzer angesehen, auch weil Annette Murschetz einen von innen beleuchteten phantastischen roten Kubus aus dem Waldboden wundersam auftauchen ließ. „Die haben nicht einmal ein richtiges

Hexenhaus", machte die schmähliche Runde und man konnte sich morgens beim Pförtner seine Fanpost abholen: „Wie kann man den Hänsel nur so verdrecken! Armer Humperdinck." Um Gotteswillen Lichttechnik! Macht bei der Orchesterprobe bloß das Meer von Lämpchen an, das Annette im schwarzen Samthimmel als Sterne hat einnähen lassen, damit die Gewandhausleute es bei der Probe sehen und gnädig gestimmt sein werden.

So machte sich ein kleines, vereintes Europa mit einem amerikanischen Gast auf den Weg zur Premiere. Ofelia Sala, ein spanischer Himmelspummel mit betörendem Sopran, war die Gretel; Cornelia Helfricht der Hänsel, mit leicht gerolltem, fränkischem R, aber Samt im Mezzosopran; Victor Sawaley aus Russland war eine Wahnsinnshexe; die spätere Bayreuther Brünnhilde Linda Watson die Mutter und Jürgen Kurth, der vielfach preisgekrönte Leipziger Sänger, der mit seinem warmen Timbre ein Herz dieser Veranstaltung war, der Vater. Bevor der Vorhang sich hob: Leichte Unsicherheit. War von den Ost-West Animositäten im Lande auch hierher etwas gedrungen?

Nach der Vorstellung steht Pöla mit seinen wunderbaren Leuten auf der Bühne. Auch Gundula Nowack, große Helferin und Assistentin mit ewigen Stöckelschuhen ist dabei, Vera, die Dramaturgin. Leuchtende Gesichter. Der Beifall dauert bereits eine halbe Stunde, als ein eher zarter, weißhaariger Bühnenmeister, mit blauem Arbeitsmantel, sagt: „Des hätt ich nich gedacht". Wie schön sächsisch doch klingen kann.

Es war der Beginn einer wunderbaren Freundschaft mit der Leipziger Oper. *Hänsel und Gretel* wurde dort 15 Jahre lang gespielt, natürlich, schon wegen des fortschreitenden Alters der Kinder, mit wechselnder Besetzung.

Hänsel blieb zwar ein Junge, stieg dann aber auf seiner Leipziger Karriereleiter eine Sprosse höher, wurde der Geliebte einer Feldmarschallin, ihr „Bub" und erstürmte glänzend gekleidet mit der „silbernen Rose" in der Hand die Bühne, um Sophie, die verheiratet werden sollte, die Ankunft des Bräutigams zu melden. Bombastisch überwältigende Musik. Ofelia ist Sophie. Cornelia der Oktavian im *Rosenkavalier*. – Eine Verwandlung, nur im Theater möglich oder im Traum. „Ist ein Traum, kann nicht wirklich sein, dass wir zwei beieinander sein."

Weil das Bühnenbild (Marcel Keller) in den Bühnenhimmel hinaufgeschwebt war, Sophie und Octavian nun wirklich allein waren, in der Weite der leeren Bühne, in den Tönen und Worten der Zärtlichkeit, ließ Alfred bei einer Probe einmal einige Zeilen des Textes von Schönbergs „Verklärter Nacht" (nach einem Gedicht von Richard Dehmel) auf einen Zettel kritzeln und den beiden als Gruß auf die Bühne bringen.

Verstärkt durch die legendäre Inga Nielsen als Marschallin, dem damaligen Gewandhauschef Jiří Kout und dem vital frechen Ochs von Lerchenau, Alfred Muff, gelang eine Aufführung (Dramaturgie: Hermann Beil), die nach 21 Jahren – in wechselnder Besetzung – noch immer gespielt wird. „Die Zeit, die ist ein sonderbares Ding (…) sie ist auch in uns drinnen. In den Gesichtern rieselt sie (…), in meinen Schläfen fließt sie. (…) Manchmal hör' ich sie fließen unaufhaltsam. Manchmal steh' ich auf, mitten in der Nacht und lass' die Uhren alle stehen."

Auf dem schönen, schweren Vorhang im Theater wurde zu Beginn der Aufführung ein kleines Schild befestigt: „Traum?" Emilie kam mit Gabriela zur Premiere, bayreutherfahrene fünf Jahre jung. In der Langen Lene gab es zu wenig Platz, weshalb man miteinander ins Marriott zog. Nachmittags im Zimmer gab es Chicken Nuggets. Auch das war ein Traum – für Emilie. Noch nie zuvor hatte sie einen Ober im Zimmer servieren gesehen. Im Hotel gab man sich große Mühe, alles sollte so gut sein wie im Westen. Das Frühstück ließ nichts zu wünschen übrig. Der Mann von Pölarölara saß zwischen seinen Frauen. Ein *Tagesspiegel* wurde zum Tisch gebracht: „Ja, es ist ein Traum", stand da über der Besprechung der gestrigen Premiere. Bei der Uraufführung 1911 in Dresden hatte es Richard Strauss geschafft, Max Reinhardt als Regisseur durchzusetzen. Sein Name wurde im Programmheft nicht erwähnt, aus Angst vor antisemitischen Anfeindungen.

Dem ehemaligen Kruzianer und Dresdner Udo Zimmermann gelang Ende der 1960-Jahre mit *Weiße Rose* ein Stück berückende Musik und eine fast brachiale Antwort auf dieses 1911 und die Folgen. Die Oper ist eine Hommage an die Geschwister Scholl, deren Bedeutung für den deutschen Widerstand fast mythisch ist. Sie erinnert an ihre Not, ihre Fassungslosigkeit und Angst vor dem bevorstehenden Tod.

Zimmermanns elementares Interesse galt dementsprechend der Musik des zwanzigsten Jahrhunderts, er gründete in der DDR ein Studio für Neue Musik, daraus folgend das Dresdner Zentrum für Moderne Musik. Nach der Wende war er von 1990 bis 2001 Intendant der Oper Leipzig. Seine oft in sächsischem Gewande daherkommende Beredsamkeit, seine Begeisterung, die kühnen Sprünge in seinen Aussagen waren oft nicht unkomisch, wenn er mit „charismatischen Wind" die abgewrackte „Rostkutsche" in Leipzig wieder flottmachen wollte und dazu seine kurze Pfeife, gestopft mit Sunday's Fantasy-Tabak, rauchte.

Nicht zu streichen aus dem Theatergedächtnis-Erinnerungsbuch sind Schönbergs *Moses und Aron* (Tabori und Kresnik), *Saint François d'Assise* von Olivier Messiaen, Stockhausens *Zyklus aus Licht*, mit dem Komponisten selbst am riesigen Mischpult, und auch Schostakowitschs *Die Nase* (Jurowski und Kirchner), die für die gnadenlosen Gemeinheiten des 20sten Jahrhunderts steht. In einem Meer von aufgepeitschter Musik findet sich am Ende dieser Oper eine wilde Menschenmenge auf der Bühne, die sich in den

Schläuchen der herbeigerasten Feuerwehr verheddert, gemeinsam mit den Polizeispitzeln, die hinter der als Staatsrat herumstolzierenden Nase her sind. Mitten drin: der entnervte, nasenlose Kowaljow. – Das furiose Toben im Gewandhaus hat seinen Höhepunkt erreicht, als auf einem sehr hohen eisernen Stuhl ein Mensch wie ein Schiedsrichter beim Tennis in das Gewimmel hineingerückt wird. Pöla hatte die Idee gehabt, den sehr vornehmen Lothar Wittke, dessen Platz als Empfangschef sonst im Foyer war, für diesen entscheidenden Auftritt zu bitten, und dieser sprach nun aus der Höhe in eine atemstockende Stille ein russisches Wort hinein: „Phänamjen!"

Vielleicht gehörte das auch zu den kleinen und großen Leipziger Wundern, denn „Schosti" hatte neben seiner wunderbaren, mitreißend-revolutionären Musiksprache wie sein Geistesbruder Gogol eine ebenso scharfe, wie entlarvende Waffe: Komik.

Komik gegen den Tod.

Auch an diese verwunschene Tür des Komischen und des Absurden klopfend wollend, schoben sich vor langer Zeit zwei 17-Jährige während der Schulstunden in einem jetzt noch existierenden blauen Heft übermütige Botschaften zu:

Lieber Kirchner!
Mein Füller ist heh (hin). Eine Verwirrung zerzaust mein Inneres. Nur die Oberfläche der Dinge ist ebenmäßig. Innen sind wir wirr. Es sträubt sich sogar mein braves Schreibwerkzeug, das nimmermüde, um Dir zu sagen, dass die Math. mir wie ein gräulich verschmierte und bekleckste Wandtafel die Aussicht auf das Leben versperrt, doch es sollte mich nicht ängstigen, könnte mein Blick, nach innen gerichtet, wenigstens dort Ruhe finden.

Dein Weigle

Lieber Weigle!
Ich habe eine 6 bekommen. Ich bin traurig und sehr müde. Die Trau-
rigkeit ist der Brautschleier meiner Seele. Er wartet auf die Stille der
Nacht, dass sie ihn lüfte.

Dein lieber Kirchner

Lieber Kirchner!
Meine Ruh ist hin. Meine Gedanken sind wie Stechmücken bei
Nacht. Mit unruhigem Summen umsurren sie mich, will ich sie fas-
sen, so sind sie weg. Wild schlägt meine Seele um sich und aus der
Ferne höhnen fratzenhaft die Mücken.
Alles ist unsicher.

Dein Weigle

Fritz Weigle, der immer beste Schüler, der, wie der Mann
von Pölarölara, das eigentlich Unteilbare teilte, nämlich seinen Namen. Mit F. W. Bernstein als Alter Ego ging er in die
Welt, nach Berlin, wurde gefeiert als ein König des Zeichnens
und des Reims und blieb doch unauflöslich mit dem schwäbischen Alltag verbunden. Sein Vater „schaffte beim Weber",
einem Sägewerk, die Mutter ging Putzen, um ihm das Kla-
vierspielen zu ermöglichen und so lang wie er war (an die eins
neunzig) lernte er dazu noch den Kontrabass, um darauf auch
wunderlicherweise Schostakowitsch zu streichen. Er stieg in
den späten Neunzigern von seinem Lehrstuhl für satirisches
Zeichnen an der Hochschule der Künste Berlin herunter und
besuchte eine Aufführung der *Nase* in Leipzig, was, nach dem
Austausch der lyrischen Botschaften mit seinem lieben Kirchner, eine schöne theatralische Fortsetzung war.

Mit seinem Zweizeiler „Die schärfsten Kritiker der Elche/
waren früher selber welche" hatte er den Vogel gewissermaßen abgeschossen – und den Kirchner leicht übertrumpft.

Weigle und Kirchner waren – man glaubt es kaum – älter
geworden, sie saßen in einem Park mit hohen, fast rötlichen

Fichten, wie es ihn, mit vielen ganz besonderen Geschichten, so in Berlin nur gibt. Der Sommer war heiß, sehr heiß und Weigle im Rollstuhl, weil sehr krank. Es musste bei jedem Besuch vorgelesen werden. Bitte aus dem Buch, das du gerade schreibst. Er hörte zu, mit riesigen schwarzen Augen, hörte vom vergangenen Leben. Damals hatte er ins Schulheft geschrieben:

Lieber Kirchner!
Möge doch dein Herz durch die Schönheit dieser Morgenstunde in Wonne aufgehen wie eine gedörrte Zwetschge im Wasser und Deine Trauer verkrieche sich, wie der schmarotzende Wurm im Apfel.
Sei fröhlich.

Dein Weigle

INSZENIERUNGEN VON
ALFRED KIRCHNER

1966 *Billy Lügner*, Keith Waterhouse/Willis Hall, Kammerspiele Bremen

1967 *Der Vogelhändler*, Zeller/West/Held, Dirigent Theodor Holterdorf, Theater Bremen

1967 *Maske in Blau*, Raymond/Henschke/Schwenn, Dirigent Theodor Holterdorf, Theater Bremen

1968 *Biographie*, Max Frisch, Theater Bremen

1970 *Sedanfeier*, Heinar Kipphardt, Theater Bremen

1971 *Ein Kinderspiel*, Martin Walser, Staatstheater Stuttgart (Uraufführung)

1971 *Der Coup von Trafalgar*, Roger Vitrac, Schauspielhaus Bochum (Deutsche Erstaufführung)

1972 *Was ihr wollt*, William Shakespeare, Theater Bremen

1972 *Die falsche Münze*, Maxim Gorki, Schauspielhaus Bochum (Deutsche Erstaufführung)

1972 *Romeo und Julia*, William Shakespeare, Staatstheater Stuttgart

1973 *Canterbury Tales*, nach Geoffrey Chaucer, Richard Hill/John Hawkins/Nevill Coghill, Dirigent Richard Hill, Staatstheater Stuttgart

1974 *Frühlings Erwachen*, Frank Wedekind, Staatstheater Stuttgart

1974 *Die kahle Sängerin*, Eugène Ionesco, Staatstheater Stuttgart (1975: Theatertreffen Berlin)

1975 *Die Glückskuh*, Hermann Essig, Kammertheater Stuttgart

1976 *Woyzeck*, *Zweimal erzählt*, nach den 4 Handschriften Georg Büchners, Staatstheater Stuttgart

1976 *Das Sauspiel*, Martin Walser, Schauspielhaus Hamburg (Uraufführung)

1976 *Sonntagskinder*, Gerlind Reinshagen, Staatstheater Stuttgart (Uraufführung)

1976 *Der Entaklemmer*, Thaddäus Troll, Staatstheater Stuttgart (Uraufführung)

1977 *Ein Sommernachtstraum*, William Shakespeare, Staatstheater Stuttgart (1979: Theater der Nationen, Schauspielhaus Hamburg)

1977 *Akte XYZ, Und schon bist du ein Verfassungsfeind*, Peter Schneider, Szenen nach dem gleichnamigen Buch, Kammertheater, Staatsschauspiel Stuttgart

1978 *Furcht und Elend des Dritten Reiches*, Bertolt Brecht, Kammertheater Stuttgart

1978 *Endspiel*, Samuel Beckett, Schauspielhaus Stuttgart

1978 *Der zerbrochne Krug*, Heinrich von Kleist, Schauspielhaus Stuttgart

1979 *Der Sturm*, William Shakespeare, Schillertheater Berlin

1979 *Jenůfa*, Leoš Janáček, Dirigent Michael Gielen, Oper Frankfurt

1980 *Die Soldaten*, Bernd Alois Zimmermann, Dirigent Michael Gielen, Oper Frankfurt (1981: Wiener Festwochen und Opernhaus La Monnaie, Brüssel)

1980 *Die heilige Johanna der Schlachthöfe*, Bertolt Brecht, Schauspiel Bochum in der Eisenhütte BO-Fabrik (1982: Holland Festival Amsterdam, live Übertragung ZDF, NOS)

1981 *Mutter Courage und ihre Kinder*, Bertolt Brecht, Schauspielhaus Bochum

1981 *Über allen Gipfeln ist Ruh*, Thomas Bernhard, Festspiele Ludwigsburg/Schauspielhaus Bochum (Deutsche Erstaufführung)

1982 *Die wundersame Schustersfrau*, Udo Zimmermann, Dirigent Peter Gülke, Schwetzinger Festspiele, Uraufführung mit Staatsoper Hamburg

1982 *Johann Georg Elser*, Peter-Paul Zahl, Schauspielhaus Bochum (Uraufführung)

1982 *Ein Maskenball*, Giuseppe Verdi/Eugèn Scribe/Antonio Somma, Dirigentin Judith Somogi, Oper Frankfurt

1983 *Wolokolamsker Chaussee*, Heiner Müller, Uraufführung/Robert Guiscard, Heinrich von Kleist Schauspiel Bochum, Theater im Keller

1983 *Die Weber*, Gerhart Hauptmann, Schauspielhaus Bochum

1983 *Der eingebildete Kranke*, Molière, Kammertheater Bochum (TV Aufzeichnung)

1984 *Die Räuber*, Friederich Schiller, Schauspielhaus Bochum (1986: Gastspiel New York)

1984 *Der Kaufmann von Venedig*, William Shakespeare, Residenztheater München

1984 *Wir erreichen den Fluss*, Hans Werner Henze, Dirigent Dennis Russell Davies, Santa Fe Opera (Amerikanische Erstaufführung)

1984 *Eugen Onegin*, Pjotr Tschaikowski, Dirigent Peter Hirsch, Oper Frankfurt

1985 *Herr Puntila und sein Knecht Matti*, Schauspielhaus Bochum (Preis beim NRW Theatertreffen, TV Aufzeichnung)

1986 *Nachtwache*, Lars Norén, Schauspielhaus Bochum, Akademietheater Wien (Deutsche Erstaufführung, 1987: Theatertreffen Berlin)

1986 *Stephen Climax*, Hans Zender, Dirigent Peter Hirsch, Oper Frankfurt (Uraufführung)

1986 Ein *Sommernachtstraum*, William Shakespeare, Burgtheater Wien

1987 *Geschichten aus dem Wiener Wald*, Ödön von Horvath, Burgtheater Wien

1987 *An der Donau*, Herbert Achternbusch/Heiner Goebbels, Akademietheater Wien (Uraufführung)

1988 *Die Minderleister*, Peter Turrini, Akademietheater Wien (Uraufführung)

1988 *Der aufhaltsame Aufstieg des Arturo Ui*, Bertolt Brecht, Akademietheater Wien (Gastspiel Volksbühne Berlin DDR, Theatertreffen Berlin)

1988 *Don Giovanni*, W. A. Mozart/Lorenzo da Ponte, Dirigent Nikolaus Harnoncourt, Amsterdam Het Muziektheater (Reprise 91/92, 95/96, 01/02)

1989 *Chowanschtschina*, Modest Mussorgsky, Leitung Claudio Abbado, Staatsoper Wien

1989 *Faust*, Johann Wolfgang von Goethe/Arvo Pärt, Schillertheater Berlin

1990 *Idomeneo*, W. A. Mozart, Dirigent Gerd Albrecht, Staatsoper Hamburg (1991: Gastspiel Semperoper Dresden)

1991 *Tod und Teufel*, Peter Turrini, Schillertheater Berlin

1992 *Die Ratten*, Gerhart Hauptmann, Schillertheater Berlin

1992 *Alpenglühen*, Peter Turrini, Schlossparktheater Berlin (1993: Mühlheimer Theatertage, Publikumspreis)

1992 *Der Besuch der alten Dame*, Friedrich Dürrenmatt, Schlossparktheater Berlin

1994–98 *Der Ring des Nibelungen*, Richard Wagner, Dirigent James Levine, Bayreuther Festspiele

1995 *Der Freischütz*, Carl Maria von Weber/Johann F. Kind, Dirigent Leopold Hager, Staatsoper Wien

1995 *Die Geisel*, Brendan Behan, Burgtheater Wien

1996 *Hänsel und Gretel*, Engelbert Humperdinck/Adelheid Wette/ nach Gebrüder Grimm, Dirigent Johannes Wildner, Oper Leipzig

1997 *Die Nase*, Dimitri Schostakowitsch, nach Gogol, Dirigent Michail Jurowski, Oper Leipzig

1998 *La Bohéme*, Giacomo Puccini/Luigi Illica/Giuseppe Giacosa, Dirigent Klauspeter Seibel, Oper Frankfurt

1998   *Die Zauberflöte*, W. A. Mozart/Emanuel Schikaneder, Dirigent Klauspeter Seibel, Oper Frankfurt

1999   *Manon Lescaut*, Giacomo Puccini/Antoine-François Prévost, Dirigent Paolo Carignani, Oper Frankfurt

2000   *Venus and Adonis*, Hans Werner Henze, Dirigent Richard Bradshaw, Santa Fe Opera (Amerikanische Erstaufführung, Übernahme nach Toronto, Canadian Opera Company)

2000   *Levins Mühle*, Udo Zimmermann, Dirigent Michail Jurowski, Oper Leipzig (Gastspiel Semperoper Dresden)

2001   *Tosca*, Puccini/Giacosa/Illica nach Victorien Sardou, Dirigent Paolo Carignani, Oper Frankfurt

2001   *Lohengrin*, Richard Wagner, Oslo Norske Opera

2001   *Tristan und Isolde*, Richard Wagner, Dirigent Sir Simon Rattle, Amsterdam Het Muziektheater

2001   *Chowanschtschina*, Modest Mussorgsky, Dirigent Vladimir Fedoseyev, Opernhaus Zürich

2001   *Peter Grimes*, Benjamin Britten/Montagu Slater, Dirigent Jan Latham-Koenig, Opéra national du Rhin, Straßburg (Danach Montpellier, Toulouse. 2005: Santiago de Chile, Teatro Municipal; Chilenische Erstaufführung)

2002   *Tristan und Isolde*, Richard Wagner, Dirigent Bertrand de Billy, Gran Teatre del Liceu, Barcelona

2003   *Das Mädchen mit den Schwefelhölzern*, Helmut Lachenmann, Dirigent Walter Kobéra, Neue Oper Wien und Wiener Festwochen, BA-Halle, Gasometer, Wien

2003   *Des Knaben Wunderhorn*, Achim von Arnim und Clemens Brentano, Alte Deutsche Lieder, Zimmertheater, Tübingen

2003   *Viva la Mamma*, Donizetti/Le convenienze teatrali e Le inconvenienze teatrali, Antonio Sografi, Dirigent Massimo Zanetti, Semperoper, Dresden

2004   *Aida*, Guiseppe Verdi/Antonio Ghislanzoni, Dirigent Gernot Sahler, Theater Freiburg, Großes Haus

2005 *Clavigo*, J. W. von Goethe, Theater am Schiffbauerdamm/ Berliner Ensemble, Berlin

2006 *Das Wundertheater*, Hans Werner Henze/Cervantes/Friedrich von Schack und *Das kleine Mahagonny*, Weill/Brecht, Dirigent Jan Latham-Koenig, Teatro Poliziano, Montepulciano (Zu H. W. Henzes 80. Geburtstag)

2007 *Figaros Hochzeit*, W. A. Mozart/da Ponte/de Beaumarchais, Dirigent David Stahl, Gärtnerplatztheater, München

2007 *Der Hauptmann von Köpenick*, Carl Zuckmayer, Festspiele Reichenau/Rax

2008 *Tristan und Isolde*, Richard Wagner, Dirigent Ingo Metzmacher, Het Muziktheater, Amsterdam

2008 *Lohengrin*, Richard Wagner, Dirigent Graeme Jenkins, The Dallas Opera, Dallas

2009 *Don Giovanni*, Dirigent Rory Macdonald, Opernhaus Magdeburg

2009 *Don Giovanni*, W. A. Mozart, Dirigent Pablo González, Koproduktion des Opernhauses Magdeburg mit dem Teatro Campoamor de Oviedo

2009 *Tosca*, Puccini/Giocosa/Illica, Dirigent Josep Caballé-Domenech, Volksoper Wien (2014: Gastspiel in der Oper Bukarest)

2009 *Love Letters*, Albert R. Gurney, Schlossparktheater Berlin

2011 *Die lustigen Weiber von Windsor*, Otto Nicolai/Salomon Mosenthal/Shakespeare, Dirigent Sascha Götzel, Volksoper Wien (2012: Gastspiel im Bunk Kaikan, Opera House Tokyo)

2011 *Tristan und Isolde,* Richard Wagner, Dirigent Giullermo García Calvo, Teatro Campoamor de Oviedo

2013 *Die Stützen der Gesellschaft*, Henrik Ibsen, Festspiele Reichenau/Rax

2014 *Zum 100. Geburtstag von Thaddäus Troll*, Vertretung des Landes Baden-Württemberg beim Bund, Berlin und Theaterhaus Stuttgart

2015 *Don Giovanni*, W. A. Mozart/da Ponte, Dirigent Pablo Mielgo, Opera Baluarte, Pamplona

2015 *John Gabriel Borkmann*, Henrik Ibsen, Festspiele Reichenau/ Rax

2016 *Hermann und Dorothea*, J. W. Goethe, Burgtheater Wien (2017: Gastspiele u. a. im Berliner Ensemble und bei den Ruhrfestspielen Recklinghausen)

2017 *Die Schwäbische Schöpfung*, Sebastian Sailer, Vertretung des Landes Baden-Württemberg beim Bund, Berlin

TEXTNACHWEIS

Achternbusch, Herbert: *An der Donau*, Frankfurt a. M., Suhrkamp Verlag 1987. (Uraufführung 1987 Akademietheater Wien)

Anouilh, Jean: *Dramen II*, München, Albert Langen-Georg Müller 1964.

Bernhard, Thomas: *Heldenplatz*, Frankfurt a. M., Suhrkamp Verlag 1988.

Bernstein, F. W.: *Frische Gedichte*, München, Verlag Antje Kunstmann 1917.

Brecht, Bertolt: *Die heilige Johanna der Schlachthöfe*, Bühnenfassung von 1931, 4. Auflage, Frankfurt a. M., Edition Suhrkamp 1978.

Britten, Benjamin: *Peter Grimes*, Oper in 3 Akten und einem Vorspiel, Libretto von Montague Slater nach dem Gedicht „The Borough" von George Grabbe, London, Boosey & Hawkes 1945.

Chaucer, Chaufrey: *Canterbury Tales*, Musical, Buch: Martin Starkie, Nevill Coghill, Musik: Richard Hill, John Hawkins, Warner Chappell Music Productions 1968.

Eliot, T. S.: *Four Quartets*, New York 1943.

Essig, Hermann: *Die Glückskuh*, Bühnenmanuskript, Frankfurt a. M., Verlag der Autoren 1974.

Hölderlin, Friedrich: *Werke und Briefe in zwei Bänden*, Frankfurt a. M., Insel Verlag 1982.

Hoffmann, E. T. A.: *Fantasiestücke in Callots Manier*, Frankfurt a. M., Insel Verlag 1990.

Hoffmann von Fallersleben, August Heinrich; Ernst Richter: „Die Gedanken sind frei", in: *Des Knaben Wunderhorn*, gesammelt von Achim von Arnim und Clemens von Brentano, Düsseldorf 2008.

Goethe, Johann Wolfgang: *Hermann und Dorothea*, in: Goethe, *Sämtliche Werke*, Berliner Ausgabe, Band 3, Berlin 1960.

Goethe, Johann Wolfgang: *Faust*, in: Goethe, *Sämtliche Werke*, Berliner Ausgabe, Band 3, Berlin 1960.

Gogol, Nikolai Wassiljewitsch: *Die Nase*, in: *Petersburger Erzählungen*, Stuttgart 1952.

Hentschke, Heinz: *Maske in Blau*, Große Operette in 6 Bildern, Musik von Fred Raymond, Gesangstexte von Günter Schwenn, Berlin 1937. (Uraufführung 1937 im Metropoltheater Berlin. „Festvorstellung zugunsten der Goebbels-Stiftung für Bühnenschaffende in der Reichstheaterkammer" unter der Direktion von Heinz Henschke)

Henze, Hans Werner: *We come to the river*. Actions for music, Libretto von Edward Bond, Mainz 1976.

Lachenmann, Helmut: *Das Mädchen mit den Schwefelhölzern*, Musik mit Bildern, Text von Hans Christian Andersen, Gudrun Ensslin und Leonardo da Vinci, Wiesbaden, Breitkopf und Härtel 1996.

Mussorgsky, Modest: *Chowanschtschina*, Bearbeitung von Schostakowitsch, Schluss von Strawinsky, Hamburg, Sikorski Verlag 1960.

Schiller, Friedrich: *Die Jungfrau von Orleons*, in: Schiller, *Sämtliche Werke*, Band 2, München 1962.

Schiller, Friedrich: *Don Carlos*, in: Schiller, *Sämtliche Werke*, Band 2, München, Carl Hanser Verlag 1962.

Schiller, Friedrich: *Kabale und Liebe*, in: Schiller, *Sämtliche Werke*, Band 1, München, Carl Hanser Verlag 1962.

Shakespeare, William: *Der Sturm*, in: *Alt Englisches Theater neu*, Band 1, hg. u. übersetzt von B. K. Tragelehn, Berlin 1978.

Shakespeare, William: *Ein Sommernachtstraum*, übersetzt von A. W. Schlegel, in: Shakespeare, *Sämtliche Werke*, Band 1, Heidelberg, Verlag Lambert Schneider 1978. (Bearbeitung von Uwe Jens Jensen)

Stendhal: *Über die Liebe*, hg. von Friedrich von Oppeln-Bronikowski, in: *Ausgewählte Werke*, Band 3, Leipzig/Jena, Eugen Diedrichs Verlag 1907.

Strauss, Richard: *Der Rosenkavalier*, Komödie für Musik, Libretto von Hugo von Hofmannsthal, Mainz, Schott Verlag o. J.

Wagner, Richard: *Ring des Nibelungen*, Frankfurt/London/New York, Verlag C. F. Peters 1942.

Wedekind, Frank: *Frühlings Erwachen*, in: *Prosa, Dramen, Verse*, 2. Auflage, München, Langen Müller Verlag 1960.

HOLLITZER

H

www.hollitzer.at